진보의 함정

*이 책은 2004년 매시(Massey) 강연 시리즈, 즉 2004년 11월에 캐나다 CBC라디오의 〈관념들Ideas〉 시리즈의 일부로 방송된 〈진보의 약사(略史)〉로 구성되어 있다. 이 시리즈는 전(前) 캐나다 총독 빈센트 매시(Vincent Massey)를 기념하여 만들어진 것으로, 현대의 관심사와 관련된 주제들에 대한 최고 전문가들의 독창적인 연구 결과들을 대중에게 전달하기 위해 1961년에 시작되었다.

지은이_ 로널드 라이트 Ronald Wright
소설가이자 역사가, 수필가로 그의 책들은 세계 10개 언어로 출간되었다. 그가 쓴 논픽션 중 최고의 베스트셀러인 《도난당한 대륙들Stolen Continents》은 고든 몬테이더 상(Gordon Montador Award)을 수상했고, 《인디펜던트》지와 《선데이타임스》에 의해 올해의 책으로 선정되었다. 그의 첫 번째 소설인 《과학적 로맨스Scientific Romance》는 1997년에 데이비드 하이엄 상(David Higham Prize)의 픽션 부문을 수상했고, 《글로브 앤드 메일》지와 《선데이타임스》, 《뉴욕타임스》에 의해 올해의 책으로 선정되었다.
영국에서 태어났고 캠브리지 대학에서 수학했으며 현재 캐나다의 브리티시컬럼비아에 살고 있다.

옮긴이_ 김해식金海植
서울대학교 사회학과 및 동 대학원을 졸업(사회학 박사)했고, 서울대 · 서울시립대 등의 강사를 역임했다. 현재 KBS 방송문화연구팀 연구원이다. 저서로는 《한국 언론의 사회학》, 《글쓰기 소프트》 등이 있고, 논문으로는 〈한국 언론의 성격 변화 과정에 대한 사회학적 연구〉 등 다수가 있다.

진보의 함정
글_로널드 라이트 | 옮긴이_김해식 | 처음 펴낸날_ 2006년 12월 7일 | 2쇄 펴낸날_ 2007년 6월 13일 | 펴낸이 박상영 | 등록 제10-1291호 | 주소 121-856 서울시 마포구 신수동 448-6 한국출판협동조합 내 | 전화 02-714-9800 | 팩시밀리 02-702-6655

89-313-7011-3 03300

*값 10,000원
*잘못된 책은 바꾸어 드립니다.

진보의 함정

로널드 라이트 지음_김해식 옮김

이론과실천

나의 어머니 셜리 필리스 라이트(Shirly Phyllis Wright)를 위해

오래전……

어느 누구도 보습으로 땅을 찢거나

토지를 분할하거나

노를 저어 바다를 휩쓸지 않았다.

해안은 세계의 끝이었다.

영리한 인간의 본성, 당신의 발명들의 희생,

파괴적이면서 창조적인,

왜 탑처럼 높이 솟은 벽들로 도시를 경계짓는가?

왜 전쟁을 위해 무장하는가?

—오비디우스(Ovidius), 《아모레스*Amores*》, 3권

감사의 말

버니 루흐트(Bernie Lucht)와 존 프레이저(John Fraser)의 지원에 대해 감사한다. 애넌시 출판사의 마사 샤프(Martha Sharpe), CBC의 필립 콜터(Philip Coulter)에게는 숙련된 편집과 유익한 제안들에 대해 감사한다. 리처드 아웃램(Richard Outram), 팔리 모왓(Farley Mowat), 브라이언 브렛(Brian Brett), 조너선 베넷(Jonathan Bennett)에게는 원고를 읽고 많은 가치 있는 논평들을 해준 데 대해 감사한다. 그리고 언제나 그러했듯 나의 아내 재니스 바디(Janis Boddy)에게는 꼼꼼한 독해와 날카로운 충고에 대해 감사한다.

차례

제1장

고갱의 질문들

프랑스 화가이자 작가인 폴 고갱(Paul Gauguin)—대부분 미치고 불량하고 위험하다고 알고 있다—은 다윈과 여타 빅토리아조(朝) 과학자들의 연구에 의해 유발된 우주론적 차원의 현기증적 혼란을 통렬하게 겪었다.

1890년대에 고갱은 열대지방에서 원주민 처녀들을 그리기(그리고 동침하기) 위해서 파리를 떠나 가족과 주식 중개업자를 피해 도피하였다. 많은 고통받는 영혼과 마찬가지로 그는 술과 아편의 도움을 얻어 엄청난 노력을 했음에도 자신에게서 그렇게 쉽게 벗어날 수 없었다. 그가 '야만인'—원시적 남자(여자), 자연 상태의 인간, 파악하기 쉽지 않은 인류의 본질—이라고 부르던 것을 발견하고자 하는 갈망은 늘 그를 불안하게 하였다. 이러한 것을 추구하던 끝에 결국 그는 타히티와 여타 남양 제도로 이끌려 갔는데, 그곳은 십자가와 프랑스의 삼색기 아래에서도 서방과의 접촉 이전의 세계—그의 눈에는 타락하지 않는—의 흔적들을 오래 간직하고 있었다.

1897년, 끔찍한 소식을 실은 우편 증기선이 타히티에 정박하였다. 고갱이 애지중지하던 자식 알린(Aline)이 폐렴으로 갑자기 죽은 것이다. 몇 달에 걸친 병고와 가난, 자살의 충동을 느끼게 하는 절망 끝에 이 예술가는 자신의 비탄을 동력으로 삼아 거대한 그림—캔버스가 아니라 자신이 고안한 벽지에[1]—을 그리기 시작했다. 거기에서 그는 빅토리아 시대 그 자체와 마찬가지로 존재의 수수께끼에 대한 새로운 답들을 찾아 헤맸다. 그는 과감하게 그 위에 표제를 썼다. 그것은 단순하지만 심오한 세 가지 어린애 같은 질문들이었다. "우리는 어디에서 왔는가?(D'Où Venons Nous?) 우리는 무엇인가?(Que Sommes Nous?) 우리는 어디로 가고 있는가?(Où Allons Nous?)"

이 작품은 야만의 타히티나 제멋대로 뛰노는 에덴동산의 작은 숲일지도 모르는 풍경 가운데 수수께끼 같은 형상들이 그려져 있는 길게 뻗은 파노라마이다. 여기에는 예배자들과 신들, 고양이들과 새들과 쉬고 있는 염소, 평온한 표정으로 내세를 가리키고 있는 듯 양손을 들어올리고 있는 커다란 신상(神像), 과일을 따고 있

1) 고갱은 진짜 캔버스를 구입할 여유가 없어서 자신의 대작을 기다란 거친 황마(黃麻) 천에 그렸다.

는 중앙의 인물, 고갱의 작품에 나오는 다른 여인들처럼 관능적인 천진난만함을 가지지 않고 페루의 미라에서 영감을 얻은 날카로운 눈을 가진 못생긴 노파로 묘사된 인류의 어머니 이브 등이 그려져 있다. 또다른 인물은, 고갱이 썼듯이, '자신들의 운명을 과감히 성찰하는'[2] 젊은 인간 한 쌍에 대해 놀라움에 빠진다.

고갱의 세 번째 질문—우리는 어디로 가고 있는가?—은 내가 이 책에서 다루고자 하는 주제이다. 그것은 대답할 수 없는 것처럼 보일지도 모른다. 시간을 가로지르는 인류의 여정을 누가 예언할 수 있겠는가? 그러나 나는 대략적인 필치로 다른 두 질문에 먼저 답함으로써 그것에 답*할 수 있다*고 생각한다. 만일 우리가 우리는 무엇이며 우리가 해놓은 것은 무엇인지를 명확히 안다면, 우리는 많은 시대와 문화에 걸쳐 지속되는 인간 행동을 인식할 수 있을 것이다. 이것을 알면 우리는 우리가 무엇을 할 *것 같고*, 우리가 여기에서 어디로 갈 것인지 말할 수 있다.

이전 문명의 대부분을 포함하고 있는 우리의 문명은 미래를 향해 빠르게 나아가는 커다란 배이다. 그 배는 이전의 어느 때보다 빠르게, 멀리, 많은 짐을 싣고 여행하고 있다. 우리가 모든 암초와 위험을 예측할 수 없을지는 모르지만, 우리가 그 배의 나침반 방위각과 항행속도를 읽고, 배의 설계와 안전 기록, 선원의 능력을

---

2) 다음에서 인용했다. Gavan Daws, *A Dream of Islands*(Honolulu: Mutual Publishing, 1980).

이해하면 우리는 전면에 어렴풋이 나타나는 해협과 빙산 사이를 현명하게 항해할 수 있는 항로를 짤 수 있을 것이다.

그리고 나는 지체 없이 이 일을 *하지 않으면 안 된다*고 믿는데, 그것은 우리 뒤에 너무도 많은 난파선들이 널려 있기 때문이다. 우리가 지금 타고 있는 배는 모든 시대에 걸쳐 가장 큰 배일 뿐만 아니라 남아 있는 유일한 배이다. 우리의 지성이 진화한 이래로 우리가 성취한 모든 것들의 미래는 다음 몇 년에 걸친 우리의 행위가 얼마나 지혜로운지에 달려 있다. 모든 피조물과 마찬가지로 인간은 지금까지 시행착오를 통해 이 세계에서 자신의 삶을 꾸려왔다. 또한 여타 피조물과는 달리, 우리는 실수를 할 여유가 없을 정도로 엄혹한 현실에 처해 있다. 세계는 우리의 어떠한 커다란 실수도 용서할 수 없을 정도로 작게 변했다.

진보 이데올로기와 선교 프로젝트

20세기의 특정 사건들에도 서구의 문화적 전통 속에서 사는 사람들 대부분은 여전히 빅토리아 시대의 진보의 이상을 믿고 있다. 그 믿음이란 1968년에 역사가 시드니 폴러드(Sidney Pollard)가 "인류 역사에는 변동의 유형이 존재하고 …… 그것은 단 한 방향으로 역행할 수 없는 변화들로 구성되어 있으며, 이 방향은 향상으로 향한 것이라는 가정"[3]으로 간결하게 정의한 바 있다. 그런 사고를 틀지을 수 있는 피조물이 지구에 출현했다는 사실 자체가 진보는 자연 법칙이라는 점을 시사해 준다. 즉, 포유류는 파충류보다 빠르고, 유인원은 황소보다 민감하고, 사람은 모든 피조물 중에 가장 영리하다는 사실 등이 그것이다. 우리의 기술 문화는 테크놀로지에 의해 인간의 진보를 측정한다. 곤봉은 주먹보다 낫고, 화살은 곤봉보다 나으며, 총탄은 화살보다 낫다는 것이다. 우리는 경험적 이유들 때문에 이러한 믿음에 이르렀다. 즉, 그것이 기대에 맞았기 때문이다.

폴러드는 물질적 진보라는 개념이 매우 최근의 개념—'과거의 3백 년 정도에서만 유의미한'[4]—으로 과학과 산업의 발흥과 거의 비슷한 시기에 발생하고, 전통적인 신념들[5]의 쇠퇴에 조응하는 것이라고 지적한다. 우리는 도덕적 진보가 물질과 보조를 맞추는 것이라고 가정할 때를 제외하고 도덕적 진보—이전 시대의 가장 큰 관심—에 대해 더 많은 생각을 하지 않는다. 우리는 문명화한 사람들이 야만인이나 미개인보다 냄새를 잘 맡을 뿐만 아니라 행동도 잘한다고 생각하는 경향이 있다. 이러한 관념은 역사가 진행됨에 따라 꾸준히 지속되는 논쟁거리인데, 나는 다음 장에서 '문

---

3) Sidney Pollard, *The Idea of Progress: History and Society*(London: C. A. Watts, 1968), p.9ff.

4) ibid.

5) 종교적인 신념만을 말하는 것은 아니다. 빅토리아 시대의 고고학은 금속을 통해 기술적인 진전을 규정했지만, 고전적 세계는 그것이 저렴한지 혹은 부패하는지—금의 시대에서 청동의 시대로, 마지막으로는 철의 시대로—만을 봄으로써 정반대의 결론을 이끌어냈다.

명'이 의미하는 바를 고찰할 때 이 문제를 다시 다룰 것이다.

진보에 대한 우리의 실제적 신뢰는 나누어져 하나의 이데올로기—진보가 도전하던 종교들과 마찬가지로 그 자격 요건의 특정 결함들에 눈감는 하나의 세속적인 종교—로 공고화되었다. 따라서 진보는 인류학적 의미에서 '신화'가 되었다. 나는 근거가 빈약하고 진실이 아닌 하나의 신념을 말하는 것이 아니다. 성공적인 신화들은 강력하며 종종 부분적으로 진실이다. 내가 이미 말했듯이 "신화는 한 문화의 가장 깊숙한 가치들과 열망들을 강화하는 유형들로 이루어진, 실제적인 것이든 상상된 것이든, 과거를 정리한 것이다. …… 신화들은 의미로 충만해 있어서 우리는 신화에 의해 살고 죽는다. 신화는 문화들이 시간을 통과하여 항해하는 지도이다".[6]

진보의 신화는 때때로 우리에게 좋은 도움이 되며—여하튼, 우리들 중에서 최고의 지위에 있는 사람들에게는—계속해서 그럴지도 모른다. 그러나 나는 이 책에서 진보의 신화는 위험스런 것으로 되기도 했다는 점을 주장할 것이다. 진보는 이성을 넘어 파멸로 이끌 수 있는 내적 논리를 가지고 있다. 성공으로 이르는 유혹적인 오솔길이 함정으로 끝날지도 모른다.

무기를 예로 들어 보자. 중국인이 화약을 발명한 이래로 폭발

---

6) Ronald Wright, *Stolen Continents: Conquest and Resistance In the Americas*(Boston: Houghton Mifflin, 1992), p.5.

물의 제조에서 큰 진보가 있었는데, 폭죽에서 대포로, 지뢰에서 고성능 포탄으로 발전하였다. 그리고 바로 고성능 폭약들이 완벽하게 되던 그때에 진보는 핵 속에서 더 큰 폭발을 발견하였다. 그러나 우리가 만든 폭발이 세계를 날려버릴 수 있을 때 우리는 오히려 너무 많은 진보를 이룬 것이다.

핵폭탄을 창조한 일군의 과학자들은 이 사실을 1940년대에 인식하였으며, 정치인들을 비롯한 여타 사람들에게 새로운 무기들이 파괴되지 않으면 안 된다고 말했다. 아인슈타인은 "어마어마한 핵의 힘은 우리의 사고방식들을 제외하고 모든 것을 변화시켰으며, 그리하여 우리는 과거의 것과는 견줄 수 없는 파멸을 향해 무작정 나아가고 있다."고 했다. 그리고 몇 년 뒤에 케네디 대통령은 "만일 인류가 전쟁을 종식시키지 못한다면, 전쟁은 인류를 종식시킬 것이다."고 말했다.

내가 소년이던 1950년대에 무기류—히로시마, 나가사키, 증발된 태평양의 섬들에서—의 너무 많은 진보의 그림자가 이미 세계를 뒤덮고 있었다. 그것은 이제 약 60년 동안 우리의 삶을 어둡게 하였으며, 내가 더는 말을 보탤 필요가 없을 정도로 그 주제에 관해서 많은 이야기가 있었다.[7] 여기에서 내가 말하고자 하는 요점

7) 지난 세기 미국의 냉전주의자들은 종종 "소비에트공화국을 폭격하여 석기시대로 되돌려 보내겠다."고 위협했다. 러시아 인들도 똑같은 위협을 했는지 나는 알지 못한다. 그러나 확실히 그 위협은 믿을 만한 것이었다. 비록 핵 '교환'(완곡어법에 따라)이 모든 고차원적인 삶의 형식들을 소멸시키지는 못했다고 하더라도, 전 세계에 걸쳐 문명을 종식시키기는 했을 것이다. 먹을 만한 어떤 농작물도 핵 겨울(핵 전쟁 후에 일어나는 전

은 무기 테크놀로지는 그것이 발달해 온 행성 자체를 파괴하려고 위협함으로써 막다른 골목에 이르는 인간 진보의 첫 번째 영역일 뿐이라는 것이다.

당시에는 이러한 진보 함정은 하나의 탈선처럼 보였다. 원자력과 화학 살충제를 포함하는 여타의 모든 영역에서는 진보에 대한 일반적 믿음은 대체로 흔들리지 않았다. 1950년대의 광고들은 적당한 브랜드의 진공 청소기를 사서 미래를 앞서 즐기고 있는 미소짓는 '미시즈(Mrs.) 1970년'을 보여 주었다. 각 해의 자동차는 전년도의 자동차와는 다르게 보였다(전년도의 자동차가 그렇지 않았을 때는 유달리). 소녀들이 "더 큰! 더 넓은! 더 긴!"이라고 외치면서 조잘조잘 노래부르고, 자동차 제조업자들은 지금과 마찬가지로 그때도 더 좋은 것으로 포장하여 팔기에 여념이 없었다. 그리고 농부들은 제3세계로 알려지게 된 곳—초강대국들 사이에서 찢어진, '후진성'의 유물로 보이는 비서구문화들의 풀어 헤쳐진 벽걸이 융단 같은—에 DDT를 풍부히 살포함으로써 해충에서 자유로워졌다. 자본주의적 유형이든 공산주의적 유형이든 현대성이라는 거창한 약속은 한계가 없고 끝이 없는 진보였다.

소비에트연방의 붕괴로 많은 사람들이 결국 진보에 이르는 길은 실제로 단 하나라는 결론을 내리게 되었다. 1992년에 미국 국무성의 관료를 지낸 프랜시스 후쿠야마(Francis Fukuyama)는 자본

지구의 한랭화 현상—옮긴이)에서는 자랄 수 없을 것이다.

주의와 민주주의가 역사의 '끝'—역사의 종착점일 뿐만 아니라 역사의 목표이기도 한—이라고 선언하였다.[8] 이 주장에 의혹을 품은 사람들은 나치 독일과 근대 중국, 군도(群島)처럼 전 세계에 퍼져 있는 노동착취 공장의 폭정을 예로 들면서 자본주의와 민주주의가 반드시 동침자(同寢者)는 아니라는 점을 지적하였다. 그러나 후쿠야마의 순진한 승리주의는 주로 정치적 우파 사이에서 참된 길로 나아가기를 선택하지 않은 사람들은 그들 자신을 위해서 그렇게 하도록—필요하다면, 폭력에 의해서—강요되지 않으면 안 된다는 믿음을 강화시켰다. 이런 점에서, 그리고 그것이 가리고 있는 자기 이익을 위해서, 현재의 진보 이데올로기는 7세기의 이슬람이든, 16세기의 스페인이든, 19세기의 영국이든 과거의 제국들이 추구하던 선교 프로젝트와 유사하다.

진보의 난파선

냉전이 종식된 이래, 우리는 핵이라는 악마를 구석에 몰아넣기는 했지만 그 병 속에 다시 집어넣는 일을 시작하지는 않았다. 그러나 우리는 좋은 도구들이 될 것으로 희망하지만, 그 결과에 대

---

8) 다음을 보라. Francis Fukuyama, *The End of History and the Last Man*(New York: Free Press, 1992).

해서는 예측할 수 없는 여타의 강력한 힘들—인공두뇌학, 생명공학, 나노테크놀로지—을 풀어놓는 데 분주해 하고 있다.

그러나 가장 즉각적인 위협으로는 우리 자신의 낭비보다 눈에 띄는 것은 없을 것이다. 테크놀로지와 관련된 대부분의 문제들과 마찬가지로 공해는 규모의 문제이다. 우리가 우리의 더럽고 오래된 친구들인 석탄과 석유를 점차적으로 조금씩 태웠다면, 생물권(生物圈)이 그것들을 견뎌낼 수 있었을지도 모른다. 그러나 그러한 소비의 불꽃이 너무도 격렬하여 우주의 밤에 지구의 어두운 쪽에서 퍼져가는 잿불을 생물권이 얼마나 오래 견딜 수 있을 것인가?

알렉산더 포프(Alexander Pope)는, 다소 속물적으로, 배움이 적은 것이 위험하다고 말한 바 있다. 토머스 헉슬리(Thomas Huxley)는 그보다 뒤에 "위험에서 벗어나 있다고 할 수 있는 인간이 어디 있는가?"라고 물었다.[9] 테크놀로지는 중독성이 있다. 물질적 진보는 오직 그보다 나은 진보에 의해서만 해결 가능한—또는 해결 가능한 것처럼 보이는—문제들을 발생시킨다. 다시, 여기에서 위험은 규모에 있다. 좋은 폭발은 유용할 수 있지만, 더 좋은 폭발은 세계를 끝장낼 수 있다.

지금까지 나는 그런 문제들이 마치 산업 테크놀로지들에서 발생한 순전히 근대적인 것처럼 얘기해 왔다. 그러나 세계를 파괴하

---

9) Alexander Pope, *An Essay on Criticism*, 1711; Thomas Henry Huxley, *On Elementary Instruction in Physiology*, 1877.

기에 충분할 정도로 강력한 진보는 근대적인 것인 반면, 이득을 함정으로 변형시키는 규모의 위험은 석기시대 이래로 우리를 계속 괴롭혀 왔다. 이것은 우리들 내부에 살고 있으며, 우리가 자연에 살금살금 다가갈 때마다 총명함과 무모함, 욕구와 탐욕 사이에서 어느 쪽으로 기울지를 좌지우지하면서 고개를 내밀었다.

매머드 한 마리보다 매머드 두 마리를 죽이는 방법을 배운 구석기 시대의 수렵인들은 진보를 이룩한 것이다. 200마리를 죽이는 방법—매머드 무리 전체를 절벽 너머로 몰아감으로써—을 배운 사람들은 아주 많은 진보를 이룩한 것이다. 그들은 잠시 동안은 풍족하게 살았겠지만, 그러고 나선 굶어죽었을 것이다.

지구상의 사막이나 정글을 아름답게 꾸미고 있는 거대한 폐허들 중 다수는 진보의 함정이 낳은 기념물이며, 자신의 성공에 희생양이 되고 만 문명의 주춧돌이다. 그런 사회들—한때는 강대하고 복합적이고 찬란한—의 운명 속에는 우리 자신을 위한 가장 유익한 교훈들이 놓여 있다. 그 사회들의 폐허는 진보의 함정들을 표시해 주는 난파선이다. 또는—보다 현대적인 유추를 빌려 표현하자면—블랙박스를 통해서 무엇이 잘못되었는지를 우리에게 말해줄 수 있는 추락한 여객기이다.

이 책에서 나는 우리가 비행 계획, 승무원 선발, 설계 등과 관련된 과거의 잘못들을 되풀이하지 않을 수 있다는 희망을 갖고서 이러한 블랙박스 몇 개를 읽어낼 수 있기를 바란다. 물론, 우리 문명의 세부적 항목들은 과거 문명의 그것과는 다르다. 그러나 우리가 생각하고 싶은 만큼 많은 부분에서 그런 것은 아니다. 모든 문화들은 과거의 것이든 현재의 것이든 역동적이다. 가장 천천히 움직이는 문화조차도 긴 안목으로 보면 진보가 진행중인 작업들이었다. 각 사례의 사실들은 상이한 반면, 시간을 관통하는 유형들은 놀랍게도—그리고 고무적이게도—유사하다. 우리는 우리 실수들의 예측가능성 때문에 놀라지 않을 수 없지만, 바로 이 사실 때문에 오늘날 직면한 상황을 이해하는 데 그것들을 유용하게 활용할 수 있다는 사실에 의해 고무되어야 한다.

고갱과 마찬가지로, 우리는 종종 순진무구하고 부패하지 않은 것으로서 먼 과거, 낙원에서 추락하기 이전의 안락과 순전한 풍요의 시대를 생각하기를 좋아한다. '에덴'과 '낙원'이란 단어는 인류학과 역사학의 대중적인 서적들의 제목에 유난히도 자주 나타난다. 어떤 사람들에게 에덴은 농경사회 이전의 세계, 즉 수렵과 채취의 시대였지만, 다른 사람들에게는 콜럼버스 이전의 세계, 즉 백인이 도래하기 전의 아메리카대륙이고, 많은 사람들에게는 산업화 이전의 세계, 즉 기계가 도입되기 이전의 오랜 고요를 의미했다. 확실히, 생존하기에 좋은 시대도 있었고 나쁜 시대도 있었다. 그러나 진실은 인간 존재들이 자기 자신들을 에덴 밖으로 몰았고, 자신들의 둥지를 더럽힘으로써 계속 반복해서 그렇게 했다는 것이다. 만일 우리가 지상의 낙원에 살기를 원한다면, 그것을 형성하고 공유하며 보살피는 것은 우리에게 달려 있다.

인간의 시간

고갱은 자신의 첫 번째 질문—우리는 어디에서 왔는가?—을 심사숙고하면서 체스터턴(G. K. Chesterton)의 다음과 같은 말에 동의했을지도 모른다. "인간은 다른 무엇이라고 하더라도 하나의 예외이다. …… 만일 신성한 존재가 타락한 것이 진실이 아니라면, 우리는 동물들 중의 하나가 완전히 머리가 돈 것이라고 말할 수 있을 뿐이다."[10] 우리는 이제 한 유인원이 머리가 돌게 되는 그 5백만 년의 과정에 대해 훨씬 더 많이 알고 있으며, 따라서 진화론의 함축들이 처음으로 명료해진 때에 전 세계가 느꼈던 충격을 되새기기가 어렵다.

1600년에 셰익스피어는 햄릿에게 "인간은 얼마나 대단한 작품인가! 이성은 얼마나 고상한가! 능력은 얼마나 무한한가! …… 행위는 얼마나 천사 같은가! 이해력은 얼마나 신과 같은가!"라고 외치게 했다.[11] 관객들은 인간 본성에 대한 햄릿의 놀라움과 경멸과 아이러니가 혼합된 감정에 공감했을 것이다. 그러나 설사 있다고 하더라도 극히 소수의 사람들만이 "하나님께서 가라사대 우리 형상을 따라 우리 모양대로 우리가 사람을 만들자."고 성경이 말하는 대로 만들어졌다는 것을 의심했을 것이다.

---

10) 다음에서 인용했다. Robert J. Wenke, *Patterns in Prehistory*(Harmondsworth, UK: Pelican, 1962), p.19.

11) 윌리엄 셰익스피어, 《햄릿》, 2막 2장.

그들은 성별, 인종, 피부색에 의해 제기된 신학적 허점들을 너그럽게 봐줄 준비가 되어 있었다. 하나님은 흑인이었을까 백인이었을까? 하나님은 배꼽이 있었을까? 그리고 그의 나머지 신체적 능력은 어땠을까? 그런 것들은 너무 상세히 생각하면 배겨내지 못한다. 이제는 너무도 명확해 보이는, 우리와 유인원의 친척관계는 생각지도 않았다. 유인원은 사람의 사촌이나 그랬을 법한 조상이 아니라 사람의 패러디로 간주되었다(그렇더라도 그것만 해도 당시의 유럽에서는 드문 일이었다).

그들이 설사 그런 문제에 대해 생각했다고 하더라도 1600년의 사람들 대부분은 오늘날 우리가 과학적 방법이라고 부르는 것이 섭리에 의해 적소에 배치된 거대한 시계장치를 열어서 밝혀 주는 것일 뿐이라고 믿었다. 하나님은 사람들이 그의 창작물에 감탄하며 공유할 수 있도록 하기에 적합하다고 보는 것처럼 말이다. 하늘의 구조에 대한 갈릴레이의 성가신 생각들은 터지지 않은 폭탄이었고, 증명되지 않았고 이해되지 않았다(햄릿은 여전히 코페르니쿠스 이전의 우주, "위에 걸려 있는 화려한 창공"에 동의하고 있다). 성서적 신앙과 경험적 증거 사이의 불가피한 충돌은 거의 짐작되지도 않았다. 정말로 큰 놀라움들 중 다수—지구의 나이, 동물과 인간의 기원, 하늘의 모양과 규모—는 여전히 앞날의 몫으로 놓여 있었다. 사람들 대부분은 자연 철학자들에 의해서보다는 사제나 마녀에 의해—이 셋 사이의 경계선이 종종 불분명했지만—훨씬 더 많이 놀랐다.

인간에 대한 성서적 정의와 "그렇게 말하는 너야말로 그렇다."는 상식의 원칙에 따라서 햄릿은 자신이 인간 존재의 본질에 대해 알고 있다고 생각했으며, 서양인들 대부분은 다음 200년 동안에 그렇게 생각했다. 우리의 기원이라는 문제에 관한 이성적인 의심의 소리는 지질학자들이 성경 속의 연대기가 자신들이 바위와 화석과 퇴적물 속에서 읽은 고대를 설명할 수 없다는 것을 깨닫게 된 19세기까지는 널리 퍼지지 않았다. 일부 문명들, 특히 마야 문명과 힌두 문명은 시간이 광대하거나 무한하다고 가정했지만, 우리의 문명들은 항상 시간 앞에서 왜소해졌다. 로잘린드(Rosalind)는 《뜻대로 하세요*As You Like It*》에서 탄식하며 말하기를 "불쌍한 세계의 역사는 대략 6천 년이다."[12]고 했는데, 이것은 가부장적 생애, 즉 성경의 '가계도'와 구약 성경의 여타 단서들에서 도출된 전형적인 견적이다. 로잘린드의 탄식 이후 반세기가 지났을 때 아마(Armagh) 주의 대주교 어셔(Ussher)와 그의 동시대인 존 라이트풋(John Lightfoot)은 천지창조의 정확한 시점을 지적하였다. 라이트풋은 "인간은 기원전 4004년 10월 23일 아침 9시에 삼위일체에 의해 창조되었다."[13]고 선언했다.

그런 정밀한 측정은 새로운 것이었지만, 젊은 지구라는 관념은 항상 시간을 목적론적으로 보는 유대기독교적인(Judaeo-Christian)

---

12) 윌리엄 셰익스피어, 《뜻대로 하세요》, 4막 1장.

13) 다음에서 인용했다. Glyn Daniel, *The Idea of Prehistory*(Harmondsworth, UK: Pelican, 1962), p.19.

견해—천지창조에서 최후의 심판에 이르기까지, 아담에서 파멸에 이르기까지의 짧은 일방통로—에 본질적인 요소였다. 뉴턴과 여타 사상가들은 이론적 근거들을 기초로 이 관념에 대한 회의들을 표명하기 시작했지만, 자신들의 관념들을 증명할 수 있는 어떠한 실질적인 증거나 수단도 갖고 있지 못했다. 그런 다음, 1830년대에 젊은 찰스 다윈이 *비글*(Beagle) 호를 타고 세계를 두루두루 항해하고 있는 동안, 찰스 라이엘(Charles Lyell)이 자신의 저작 《지질학의 원칙들*Principles of Geology*》을 출간했다. 여기에서 그는 지구는 지금도 여전히 작동하고 있는 과정들에 의해서 점진적으로 스스로 변형시켜 왔으며, 따라서 지구는 뉴턴이 제시한 것만큼 오래된—성경이 허용하는 것보다 열 배가량—것일지도 모른다고 주장하였다.[14]

빅토리아 여왕 치하에서, 다윈의 진화적 메커니즘에 대해 그리고 거대한 도마뱀과 세계 곳곳에서 출토되어 사우스 켄싱턴과 수정궁(Crystal Palace)에서 전시된 좁은 이마의 인간 화석들의 수집이 늘어나는 것에 대해 여지를 주기에 충분할 정도로 급속하게 나이—10년 마다 수백만 년씩—가 늘어났다.[15]

---

14) 뉴턴은 철 덩어리가 식는 속도를 계산하여 지구가 적어도 5만 년은 되었을 거라고 이미 짐작한 바 있다. 18세기의 프랑스 사상가들인 드 마이에(Benoit de Maillet)와 드 뷔퐁(George-Louis Leclerc de Buffon)은 지구의 나이에 대해 훨씬 더 큰 견적을 내었지만, 그들의 계산은 거의 수용되지 않았다. 다음을 참고하라. Martin Gorst, *Measuring Eternity: The Search for the Beginning of Time*(New York: Broadway Books, 2001), pp.93~121.

1863년에 라이엘은 《인간의 고대의 지질학적 증거들*Geological Evidences of the Antiqyity of Man*》이라는 책을 출간했고, 다윈은 (자신의 《종의 기원》이 나온 지 12년 만인) 1871년에 《인간의 유래*The Descent of Man*》를 출간했다. 그들의 견해는 열성적인 보급가들에 의해서 확산되었고 특히 토머스 헉슬리가 가장 열성적이었다. 그는 윌버포스(Wilberforce) 주교와 벌인 진화에 관한 논쟁에서 진리에 무관심한 성직자가 되느니 차라리 유인원을 자신의 조상으로 인정하는 것이 낫다고 말한 것으로 유명하다.[16] 햄릿의 절규는 그리하여 하나의 의문으로 되었다. 즉, "인간은 정확히 무엇*인가*". 황새가 자신들을 세상으로 날라왔다는 말에 더는 만족하지 않는 나이에 이른 아이들처럼 새롭게 교육받은 많은 사람들은 낡은 신화를 의심하기 시작했다.

세기말에 고갱이 자신의 거작을 그리고 있던 무렵에는 그의 질문들 중 처음 두 개에는 구체적인 답들이 나와 있었다. 그의 동료인 퀴리 부인과 방사성을 연구하던 여타 사람들이 측정 가능한 비율로 부서져 내리는 바위 속의 요소들을 이용하여 자연의 시계를 발견하고 있는 중이었다. 1907년경에는 물리학자인 볼트우드(Boltwood)와 러더퍼드(Rutherford)가 지구의 나이가 1백만 년 단

15) 물리학자인 켈빈 경(Lord Kelvin)은 태양이 다윈의 시간 척도에 맞추기에 충분할 정도로 나이가 많을 수 없다는 이유로 지연 작전을 펼쳤지만, 이 견해는 광범위하게 의심받았고 결국에는 그릇된 것으로 증명되었다.

16) 그의 말들은 당시에 기록되지 않았다. 그가 뭐라고 말했느냐에 대해서는 이야기가 다소 다르지만 요지는 일치한다.

위가 아니라 10억 년 단위로 계산된다는 것을 보여 줄 수 있었다.[17] 고고학은 *인간*이라는 속(屬)이 신참자이며, 심지어 포유류 중에서도 초기의 돼지, 고양이, 코끼리 등이 지구 위를 걷기(고래의 경우에는 걷기를 포기하고 헤엄치기) 시작한 지 훨씬 뒤에 형태를 갖추었다는 것을 보여 주었다. 웰스(H. G. Wells)는 "인간은 갑자기 출세한 자일 뿐이다."고 썼다.[18]

인간의 발전에 관해서 색다른 것—다른 피조물들과 인간을 분리시키는 하나의 커다란 특징—은 우리가 언어를 통해서 한 세대에서 다음 세대로 전승 가능한 문화들을 개발하여 자연적 진화에 '영향을 주었다'는 점이다. 노스럽 프라이(Northrop Frye)는 또다른 맥락에서 "인간의 말은 우리의 혼돈에 질서를 부여하는 힘이다."고 썼다.[19] 이 힘의 효과는 전례가 없는 것이었으며, 복잡한 도구와 무기, 정교하게 계획된 행동들을 가능하게 했다. 심지어 매우 단순한 테크놀로지까지도 막대한 결과들을 가져 왔다. 예를 들면, 기초적인 의복과 인간의 손으로 지은 거처는 열대지방에서

---

17) Martin Gorst, ibed., p.204.

18) H. G. Wells et al., *The Science of Life*, vol. 2(New York: Doubleday, 1929), pp.422~423. 그의 공저자인 줄리언 헉슬리(Julian Huxley)는 다윈의 옹호자인 토머스 헉슬리의 손자였다.

19) Northrop Frye, "Humanities in a New World", in *Three Lectures*(Toronto: University of Toronto Press, 1958), p.23. 일부 전문가들은 언어를 아주 최근의 현상으로 보지만, 나는 언어가 두뇌와 보조를 맞추면서 복합성을 획득해 가는 매우 긴 발전 과정을 가졌을 가능성이 훨씬 크다고 생각한다. 유인원과 인간 두뇌 사이의 차이들 중 다수는 언어의 측면들을 지배하는 영역들에 놓여 있다. 제2장의 각주 11을 참조하라.

툰드라 지역에 이르기까지 모든 기후대에 걸쳐 펼쳐졌다. 우리는 우리를 만들었던 생태환경을 넘어서서 이동하였고, *자기 자신*들을 스스로 만들기 시작했다.

비록 우리는 자신의 고안 행위의 실험적 피조물들이 되었지만, 우리들의 10만의 세대(世代) 가운데 불과 지난 예닐곱 세대에 이르기까지 그 결과는 차치하고서라도 그 과정에 대한 아무런 암시도 갖지 못했다는 점을 유념하는 것이 중요하다. 우리는 그것을 모두 몽유병처럼 행해 왔다. 자연은 몇몇 유인원들을 환하게 불이 켜진 진화의 실험실 속에 들어가게 하고 우리를 거기 남게 하여 끊임없이 공급되는 재료를 만지작거리게 하고 그 과정을 겪게 하였다. 우리와 세계에 대한 효과는 그때부터 축적되었다. 최초의 시기와 현재의 시기 사이의 몇몇 단계들을 나열해 보기로 하자. 날카로운 돌들, 동물의 가죽, 뼈와 나무의 유용한 조각들, 야생의 불, 길들인 불, 먹기 위한 씨앗들, 심기 위한 씨앗들, 집, 마을, 도기류, 도시, 금속, 바퀴, 폭약 등이 그것이다. 가장 강력한 인상을 주는 것은 변동의 가속화, 즉 변동의 폭주적인 진행이다, 또는 다른 방식으로 표현하면 시간의 붕괴이다. 최초의 깎아낸 돌부터 최초의 제련된 철에 이르기까지 거의 3백만 년이 걸렸지만, 최초의 철에서 수소폭탄에 이르기까지는 불과 3천 년이 걸렸을 뿐이다.

프로메테우스의 발견

구석기 시대는 약 3백만 년 전인 도구를 만드는 인간류의 출현부터 약 1만 2천 년 전인 최후의 빙하기가 끝날 무렵까지 지속되었다. 그것은 인간 존재의 99.5퍼센트 이상의 시간에 걸쳐 있다. 그 시기의 변동 속도는 너무도 느려서 전체의 문화적 전통들(석기 조각들에 의해 주로 밝혀지는)이 세대를 거쳐 거의 동일하게 그 자체로 반복되었다. 새로운 유형의 기법이 발전되는 데는 10만 년이 걸릴 수도 있었을 것이다. 그런 다음, 문화가 여러 갈래로 나뉘어 그 자체로 형성되면서 단지 1만 년이 걸리게도 되고, 그런 다음에는 불과 몇 천 년이나 몇 세기가 걸리게도 되었을 것이다. 문화적 변동은 물리적 변동을 낳았고, 반대로 물리적 변동이 문화적 변동을 낳기도 했다.

오늘날 우리가 어릴 때 배운 기술과 도덕적 관습은 서른이 되었을 때는 낡은 것이 될 지경에 이르렀다. 그리고 쉰 살이 지나서는 아무리 노력한다고 해도 자신들의 문화—언어, 태도, 취향, 테크놀로지에서든—에 뒤떨어질 수밖에 거의 없다. 그러나 나는 너무 앞질러서 이야기하고 있다. 구석기 시대에 살았던 사람들 대부분은 어떠한 문화적 변동도 전혀 목격하지 못했을 것이다. 개인들이 태어나면서 들어서는 인간 세계는 그가 죽음과 함께 떠나는 인간 세계와 동일한 것이었다. 물론 사건들—축제, 기근, 지역적 승리, 재난—속에서 변이들은 존재했지만, 각 사회 내의 유형들은 틀림없이 불변의 것으로 보였다. 일을 하는 단 하나의 방식, 하나의 신화, 하나의 어휘, 하나의 이야기 묶음만이 존재했고 사물들은 그 방식 그대로 존재했다.

내가 방금 이야기한 것들에 대한 예외들을 상상하는 것은 충분히 가능한 일이다. 예를 들면, 최초로 불을 사용하는 것을 본 세대는 자기 세대의 세계가 변하였다는 것을 아마 알고 *있었을* 것이다. 그러나 우리는 그러한 프로메테우스의 발견조차도 얼마나 빨리 뿌리내렸는지 확신할 수 없다. 가장 있을 법한 일은, 불은 *보존되기* 전에는 오랜 시간 동안 야생의 불이나 화산에서 불을 이용 가능하게 되면서 단순히 *사용되었을* 것이다. 그러고 난 뒤, 불이 *만들어질* 수 있다는 것을 누군가가 배우게 될 때까지는 매우 오랜 기간 동안 불은 *보존되*었다. 어떤 사람들은 1981년에 제작된 영화 〈불을 찾아서Quest for fire〉를 기억할지도 모르겠지만, 거기에서는 레이 돈 총(Rae Dawn Chong)이라는 한 유연한 인물이 단지 진흙과 재로 이루어진 얇은 층 속을 장난치듯 뛰어다니는 장면이 나온다. 이 영화는 벨기에 작가 로스니(J. H. Rosny)가 1911년에 출간한 소설을 원작으로 한다.[20] 원래 책의 제목은 '불을 위한 전쟁La Guerre du Feu, The War for Fire'이었고 영화보다는 현대 국가들이 핵무기를 독점하려고 애쓰는 것과 거의 같은 방법으로 불을

20) 로스니는 1856년에 브뤼셀에서 태어나 영국에서 저널리스트로 활동했으며, 1886년에 파리로 옮겨 살았으며 거기에서 아카데미 공쿠르(Académie Goncourt) 의장을 역임했다.

독점하려는 다양한 인간 집단들 사이의 치열한 경쟁을 잘 다루고 있다. 우리 조상들이 불을 관리하기는 했지만 만들 수는 없었던 수백 세기에 걸쳐서 빙하기의 겨울(Ice age winter)에 경쟁자들의 모닥불을 끄는 행위는 대량 학살이었을 것이다.

처음으로 불을 길들인 것이 언제인지는 추적하기 어렵다. 우리는 모두 적어도 50만 년 전쯤, 어쩌면 1백만 년 전쯤에는 사람들이 불을 사용하고 있었다고 알고 있다.[21] 이것은 *호모 에렉투스*(Homo erectus), 즉 직립인의 시대였으며, 그들은 목 아래로는 우리와 매우 유사했지만 머리 크기가 현대인의 3분의 2 정도에 불과했다. 인류학자들은 *호모 에렉투스*가 언제 처음 출현했으며 언제 그(그녀)가 대체되었는지에 관해 여전히 논쟁하고 있다. 그것은 바로 그 진화 단계를 규정하는 문제이다. 학자들은 *에렉투스*가 얼마나 잘 생각하고 말할 수 있었는지에 관해서는 훨씬 더 의견이 갈려 있다.

현대 유인원들의 두뇌는 *에렉투스*의 그것보다 훨씬 작지만, 그들은 간단한 도구들을 사용하고 약용 식물에 대한 광범위한 지식이 있으며 거울로 자신을 인식할 수 있다. 비언어적인 언어(컴퓨터 기호, 부호 언어 등등)를 이용한 연구들은 유인원들이 수백 개의

---

21) 남 프랑스의 테라 아마타(Terra Amata)에 있는 40만 년 된 해안가 오두막은 난로를 갖고 있는 것처럼 보이는 반면에, 그것보다 1백만 년 전부터 아프리카에서는 '불 사용의 단서들'이 존재한다. Ian Tattersall, *The Last Neanderthal: The Rise, Success, and Mysterious Extinction of Our Closest Human Relatives*(New York: Westview Press, 1999), p.72.

'단어들'로 구성된 어휘를 사용할 수 있다는 것을 보여 준다. 비록 이러한 능력이 야생에서 유인원들의 커뮤니케이션에 관해 무엇을 이야기해 주는지에 대해서는 의견이 일치하지 않는다고 하더라도 말이다. 동일한 종의 상이한 집단들—예를 들면, 아프리카의 별개 지역에 흩어져 사는 침팬지들—도 인간 집단들에서와 꼭 마찬가지로 젊은 세대로 전승되는 비슷한 습관들과 전통들이 있다는 것은 명백*하다*. 한 마디로 말하면, 유인원들도 문화의 발단은 있었다. 고래, 코끼리, 특정 새 들과 같이 지적 능력이 있는 여타의 피조물도 그러하지만, 인류를 제외한 어떠한 종도 환경적 · 물리적 제약을 뛰어넘어서 문화가 진화를 위한 주된 동인(動因)이 되지 못했다.

인간과 유인원의 혈통은 약 5백만 년 전에 갈렸으며, 앞서 내가 이야기한 대로 조야(粗野)한 석기들을 만드는 인간류는 약 2백만 년 전에 출현했다. 따라서 *호모 에렉투스*의 기술들을 평가절하하는 것은 어리석은 일인데, 그는 50만 년 전에 자신의 각질화된 발을 모닥불에 쬐고 있던 때까지는 조상 유인원에서 우리에게 이르는 여정의 10분의 9는 와 있었다. 불을 길들임으로써 인간의 수를 나타내는 그래프에 첫 번째 급격한 상승이 생겼다. 불은 많은 환경에서 삶을 훨씬 더 쉽게 만들어 주었다. 불은 동굴을 따뜻하게 유지해 주고, 거대한 육식동물을 피할 수 있게 해 주었다. 요리와 훈제는 믿고 먹을 수 있는 식량의 공급을 크게 증대시켰고, 덤불을 태움으로써 사냥감의 목초지를 확장시켰다. 유사(有史)시대에 이르기까지 수렵채취인들이 살았던, 야생의 것으로 추정된 많은 풍경들—예컨대, 북아메리카의 대초원과 오스트레일리아의 미개척 오지—이 고의적인 방화에 의해 조형되었다는 것이 이제는 인정되고 있다.[22] 위대한 인류학자이자 작가인 로렌 아이슬리(Loren Eiseley)는 다음과 같이 썼다. "인간은 그 자체로 하나의 화염이다. 그는 동물의 세계를 태워서 동물 세계의 광대한 단백질 저장고를 자신의 것으로 독점했다."[23]

마지막의 커다란 문제에 대해서 전문가들이 동의하는 것은 *호모 에렉투스*가 모든 초기 인간류의 고향인 아프리카에서 기원하였고, 대략 1백만 년 전에 '구세계(Old World)', 즉 인접한 유라시아 대륙의 여러 온화한 지대나 열대 지대에서 살고 있었다는 사실이다. 이것은 직립인간이 땅에 밀집해서 살았거나 심지어 그가 불을 길들이고 난 다음에도 그렇다는 말은 아니다. 가족 단위의 무리로 흩어져서 살던, 아마도 10만 명 미만이 *호모 에렉투스*의 진화적 실패와 오늘날 여기에 있는 60억 명의 우리 사이에 존재하였던 전부였을 것이다.[24]

---

22) 예를 들어 로렌 아이슬리가 1954년에 쓴 다음 에세이를 보라. "Man and Fire", in *The Star Thrower*(New York: Harcourt Brace Jovanovich, 1978), pp.45~52.

23) ibid., p.49.

24) 유전학적인 자료에 따르면 어떤 시점에서 "우리의 종은 오늘날의 산악 고릴라와 같이 멸종 위기에 처했으며…… 대략 10만 명의 성인에 불과하기까지 감소하였다."는 점을 시사하고 있다. Christopher Stringer and Robin McKie, *African Exodus: The Origins of Modern Humanity*(New York: Henry Holt/John Macrae, 1997), p.11. 약 3만 5천 년 전의 후기 구석기 시대의 출범 무렵에는 *호모 사피엔스*(Homo Sapiens)가 "기껏해야 30

호모 에렉투스 이후에 진화의 과정은 더뎠으며, 경쟁적인 인류학자들의 집단에 의해 위태롭게 되었다. '다지역(multiregional)' 이라고 가정하는 집단은 *호모 에렉투스*가 어디에서든 우연히 유전자의 전파를 통해서, 그렇지 않으면 외부인과 짝짓기를 통해서 급작스럽게 현대의 인류로 진화한 것으로 보고 있다. 이 관점은 많은 화석 발견물들과 잘 맞아떨어지는 것처럼 보이지만, 일부 DNA 해석들과 맞지 않다. '아웃 오브 아프리카(Out of Africa)' 학파는 진화적 변동의 대부분은 아프리카 대륙에서 발생해서 세계의 나머지 부분으로 분출되는 것으로 본다.[25)]이 두 번째 관점에서는 새롭고 개량된 인간들의 연속적인 유형들이 그들의 선인(先人)들을 발견하는 곳마다 열등한 선인들이 모두 사라질 때까지 죽여 없애거나 적어도 경쟁에서 패퇴시키는 것으로 본다. 이 이론은 아프리카 인의 새로운 유형 각각이 별개의 종이었고 이전 종류의 다른 후예들과 더불어 번식할 수 없었다는 것을 함축하고 있다. 이것은 만일 상이한 유형들이 오랜 기간 동안 접촉 없이 진화하였다면 그럴 법하지만, 보다 짧은 기간에 걸쳐서 그랬다면 덜 그럴 듯해 보인다.[26)]

만 명의 번식 인구를" 갖고 있었다고 추정한다. ibid., p.163.

25) 아웃 오브 아프리카 가정에 대해서는 Stringer and McKie의 *African Exodus*를 보라. 대립되는 견해들에 대해서는 월포프(M. Wolpoff), 클라크(G. A. Clark), 릴레스포드(J. Relethford), 스미스(F. H. Smith)의 최근 논문들을 보라. 균형잡힌 개관에 대해서는 다음을 보라. Richard Leakey and Roger Lewin, *Origins Reconsidered: In Search of What Makes Us Human*(New York: Doubleday, 1992).

네안데르탈인과 크로마뇽인

인간 진보의 경로를 둘러싼 논쟁은 논쟁적인 존재인 우리의 사촌, 즉 네안데르탈인에 관해 얘기할 때 가장 뜨거워진다. 이들은 비교적 최근—인간의 여정에서 마지막 20분의 1 안에 충분히 들 수 있는—에 주로 유럽과 북서 아시아에서 살았다. 한 네안데르탈 고객이 오늘날 분리되어 흘러가는 하나의 빙하에서 녹아 나와서는 문득 깨어 "우리는 누구였나? 우리는 어디에서 왔나? 우리는 어디로 갔나?"라고 물을 수도 있을 것이다. 그 대답들은 그녀가 접근한 사람이 누군가에 달려 있을 것이다. 전문가들은 그녀의 과학적 이름에 대해서 동의조차 할 수 없을 것이다.

대략 추정해 볼 때 네안데르탈인들은 13만 년 전에 출현해서 대략 10만 년 뒤에 사라졌다. 그들의 '도착' 시기는 그들의 출발보다 덜 명확하지만, 그들은 우리의 현대적인 종류라고 생각되는 것—종종 크로마뇽(Cro-Magnon)인이라고 불리며, 세계에서 인간 화석 기록이 가장 풍부한 남부 프랑스의 아름다운 도르도뉴(Dordogne) 지역의 동굴 거처 이후 나타난 종류—의 초기 사례들과 거의 동일한 시간에 진화한 것처럼 보인다.

---

26) 말 · 얼룩말 · 당나귀와 같은 서로 다른 동물의 종들은 이종교배로 태어난 새끼가 번식력을 갖는 경우가 드물다고 하더라도, 사자와 호랑이처럼 이종교배할 수 있다. 그런 경우의 진화적 격차는 초기 인간들의 많은 이러저러한 종들 사이에서보다 거의 확실히 넓다.

네안데르탈인들은 처음 그 존재가 확인된 이래 내가 '원시인 종주의(palaeo-racism)'라고 부르는 대상이 되어 만화 속의 동굴인간, 하등인간, 관절을 질질 끄는 종 등으로 혹독하게 풍자되었다. 웰스는 그들을 '무시무시한 종족'이라고 불렀으며, 그들이 어떤 모습으로 비칠지에 대해 "극도로 털이 더부룩함, 흉하게 생김, 낮은 이마 속에 보이는 혐오스러운 낯설음, 툭 튀어나온 눈썹, 원숭이같이 생긴 목, 작은 키"[27] 등으로 가차없는 추측을 하였다. 많은 사람들은 네안데르탈인들이 인육을 먹는 사람들이었다고 주장했으며, 이것은 사실일 수도 있는데 그것은 우리 또한 그러하기 때문이다. 더 나중에 나온 인간들도 인육을 먹는 풍습에 관한 오랜 기록을 갖고 있으며, 이것은 근대에 이르기까지도 그러했다.[28]

네안데르탈인의 첫 번째 해골은 1856년에 독일의 뒤셀도르프 인근의 계곡에 있는 동굴에서 발굴되었다. 그 장소는 작곡가 요아힘 노이만(Joachim Neumann)의 이름을 따서 지은 것으로 그는 다

---

27) 다음에서 인용했다. H. G. Wells, *The Outline of History*. 이것은 윌리엄 골딩(William Golding)의 1995년작 《상속자들*The Inheritors*》의 머리말로 채택되었다.

28) 인육 먹는 풍습(생존을 위해 인육을 먹는 경우는 제외하고)에 관한 잘 입증된 사례들이 없는, 다음 저작에서 제시된 주장은 믿을 수 없다. W. Arens, *The Man-Eating Myth: Anthropology and Anthropophagy*(New York: Oxford University Press, 1979). 아렌스는 인육을 먹는 풍습의 실행에 관한 많은 고발들은 경쟁적인 종족 집단에서 나온 근거 없는 선전이라고 주장한다. 하지만 의식적(儀式的)이거나 식도락을 위한 식인풍습에 관한 풍부하고 확고한 증거—도살한 육체, 특수한 용구, 견실한 민족지적이고 역사적인 자료—또한, 특히 태평양 지역에서 존재한다. 종교개혁 시기의 유럽의 전쟁들과 1960년대에서 현재에 이르기까지 아프리카의 전쟁들에서 잔학한 식인행위에 관한 기록들이 다수 존재하기도 한다.

소 젠 체하면서 자신의 성을 그리스 어인 '네안데르(Neander)'로 바꾸었다. 영어식으로 표현하면, 네안데르탈은 단순히 '뉴먼데일(Newmandale)', 즉 뉴먼골짜기이다. 충분히 알맞게도 한 새로운 인간이 정말 골짜기에서 나타났고, 적어도 3만 년은 된 새로운 인간이었다. 그 네안데르탈인의 연대가 앞선다는 것은 즉각 인정되지 않았다. 프랑스 인들은 그 두개골의 두께에 주목하면서 그것이 독일인이라고 생각하고 싶어했다. 독일인들은 그것이 슬라브(Slav)에서 기원했다는 것이 가장 그럴듯해 보이고, 동굴로 기어들어 와서 죽은 코사크(Cossack)의 한 용병이라고 말했다.[29] 그러나 3년 뒤인 1859년에 두 가지 일이 일어났다. 다윈이 《종의 기원》을 출간했고, 찰스 라이엘이 솜머 강(River Somme, 60년이 지나지 않아 인간 도살장으로 악명을 떨치게 되는 지역)의 자갈층을 방문하여 깎아낸 부싯돌이 빙하시대의 무기라고 인정하였다.

일단 당시의 과학자들은 네안데르탈인이 코사크가 아니라고 인식한 뒤에 그들을 '잃어버린 고리'—한 유인원과 우리 사이의 진화적 페이지에 반쯤 걸쳐 있는 포착하기 어려운 생물—라고 새롭게 인식하게 되었다. 새로운 인간은 적절한 시기에 적절한 인간이 되었고, "얼굴을 찡그려 노려보는 침묵과 신비 속에서, 생각할 수 없는 것을 …… 보여 주는, 즉 인간이 동물이었다는 것을 보여

29) Ian Tattersall, ibid., p.77. 태터샐은 네안데르탈인들이 현대의 후예들을 남기지 못한 별개의 종이었다고 주장한다.

주는"[30] 그런 존재였다. 그는 언어 능력을 거의 갖지 못하거나 전혀 갖지 못했으며, 개코원숭이처럼 달리고 자신의 발의 바깥쪽을 딛고 걷는 것으로 가정되었다. 그러나 더 많은 뼈들이 발굴되고 분석됨에 따라 이 견해는 지속되지 못했다. 가장 '유인원과 유사한' 유골들은 자신들의 공동체에서 여러 해에 걸쳐 지원을 받았음이 명백한 몹시 심하게 절름거리는 개인들, 즉 골관절염 환자들이었다. '무시무시한 종족'은 자신들의 환자를 돌보았을 뿐만 아니라, 지구상의 최초의 사람들이 그렇게 한 것으로 알려져 있듯이, 그들이 죽으면 종교적 의식—꽃, 황토, 짐승의 뿔 등으로 거행하는—과 함께 매장되기도 했다는 증거 또한 밝혀졌다.

그리고 마지막 말이기는 하지만 아주 중요한 점은, 네안데르탈인의 두뇌는 우리들의 그것보다 큰 것으로 판명되었다. 아마도 *호모 네안데르탈렌시스*(Homo Neanderthalensis)는 사실 알고 보면 그렇게 야만적이지 않았을 것이다. 그는 현대 인간의 아종(亞種), 즉 *호모 사피엔스 네안데르탈렌시스*(Homo Sapiens Neanderthalensis)로 격상될 자격이 있었다. 만일 그것이 그랬다면, 두 변이들은 정의상으로 이종교배가 가능했을 것이다.[31]

---

30) Erik Trinkaus and Pat Shipman, *The Neanderthals: Changing the Images of Mankind*(New York: Knopf, 1993), p.6. 이 저자들은 상충하는 증거를 잘 요약하고 있다. 인간의 기원들과 네안데르탈인 문제에 대한 보다 최근의 논의에 관해서는 다음을 보라. 미국 고고학회(American Anthropological Association)에서 출간된 소식지인 *General Anthropology* 7, no. 2(Spring 2001).

31) 이 견해를 채택하는 사람들은 네안데르탈인을 *호모 사피엔스 네안데르탈렌시스*로,

두 변이가 유럽에서 경쟁을 시작하기 전에, 크로마뇽인들은 지중해 남쪽에 살고 있었고 네안데르탈인은 지중해 북쪽에 살고 있었다. 지금과 마찬가지로 그때도 중동 지방은 교차로였다. 그 거친 지역의 주거 용지들은 약 10만 년 전부터 네안데르탈인과 크로마뇽인에 의해 점거되었음을 보여 준다. 우리는 그들이 그 신성한 땅을 조화롭게 공유하였는지는 차치하고서라도 그들이 정확히 같은 시기에 거기에서 살았는지를 말할 수는 없다. 가장 그럴 법한 것은 그들의 배치가 네안데르탈인은 빙하기의 특별히 추운 기간 동안 유럽에서 남쪽으로 움직이고, 크로마뇽인은 기후가 따뜻해질 때마다 아프리카에서 북쪽으로 움직임으로써 일종의 휴가 시설의 공동소유였다는 것이다.

가장 흥미로운 것은 두 집단의 물질 문화는 그들의 인공유물에서 볼 수 있듯이 5만 년 이상의 기간에 걸쳐서 동일했다는 것이다. 고고학자들은 인간의 유골이 도구와 함께 발견되지 않으면 어떤 동굴이 네안데르탈인들이나 크로마뇽인들에 의해 점거되었는지 말하기가 어렵다는 것을 알고 있다. 나는 이 사실이 두 집단이 매우 유사한 정신적 · 언어적 능력들을 갖고 있었으며, 어떤 집단도 더 원시적이거나 '덜 진화된' 것이 아니었다는 강력한 증거로 본다.

크로마뇽인과 여타 현대 인간들을 *호모 사피엔스 사피엔스*(Homo sapiens sapiens)로 분류한다.

네안데르탈인의 살과 피부와 머리카락은 아직 발견되지 않았기 때문에 우리는 이 사람들이 갈색 인종이었는지 금발의 백인이었는지, 에서(Esau)처럼 털이 많았는지 야곱(Jacob)처럼 털이 없이 피부가 부드러웠는지에 대해 말할 수 없다. 우리는 유전학적 연구들을 통해 현대 유럽 인들 대부분이 크로마뇽인들의 후손일지도 모른다는 시사점을 얻고 있다고 하더라도 크로마뇽인들의 외견상 용모에 관해 많은 것을 알지 못한다.[32] 우리는 이 주민들을 그들의 유골을 통해서만 알고 있을 뿐이다. 양자는 키가 거의 동일했는데, 성별 간의 통상적인 차이와 함께 150센티미터에서 180센티미터 사이의 키였다. 그러나 힘을 위한 체격과 속도를 위한 체격이 각각 있었다.

네안데르탈인은 몸집이 크고 근골이 억세어서 전문적인 역도 선수나 프로 레슬러 같았다. 크로마뇽인은 좀더 호리호리하고 가냘펐으며, 보디빌더보다는 오히려 트랙 육상 선수 같았다. 이러한 차이들이 얼마나 선천적인 것인지, 거주지와 생활양식을 반영했는지를 알기는 쉽지 않다. 1939년에 인류학자 칼턴 쿤(Carleton Coon)은 몸을 깨끗이 하고, 면도를 하고서는 중절모를 쓰고 자켓을 입고 타이를 맨 네안데르탈인을 재미있게 재구성하였다. 쿤은

---

32) 오르넬라 세미노(Ornella Semino)와 여타 유전학자들은 현대 유럽의 유전자 풀(pool)의 80퍼센트 이상이 후기 구석기의 조상에서 왔으며, 나머지 20퍼센트는 훨씬 나중에 중동 지방에서 온 신석기 시대의 농경민에서 왔다고 결론짓고 있다. 〈사이언스(Science)〉 지 2000년 11월 10일자를 보라.

그런 사람이라면 뉴욕의 지하철에서도 눈에 띄지 않고 지나치게 될지도 모른다고 논평했다.

그런 유추들이 암시하듯이, 네안데르탈인과 크로마뇽인의 유골들 사이의 편차는 현대 인간의 범위에서 벗어나지 않는다. 옆에 세워 놓으면, 아널드 슈워제네거(Arnold Schwarzenegger)와 우디 알렌(Woody Allen)의 유골도 유사한 대조를 나타낼 것이다. 그러나 두개골은 또다른 문제이다. 소위 고전적 네안데르탈인(이것은 다소 오도하는 용어인데 왜냐하면 그것은 보다 뚜렷한 사례들에 바탕을 둔 자기충족적 용어이기 때문이다)의 두개골은 길고 낮으며, 이마에 강한 눈두덩뼈와 목덜미를 가로지르는 선반 같은 뼈, 즉 네안데르탈 '쪽(bun)' 또는 '시뇽(chignon)'이 있다. 턱은 강건하며 이빨은 강력하고 턱 끝은 둥글었으며, 코는 넓고 아마 뭉툭했을 것이다. 처음 보아서는 그 뼈대가 원시적으로 보이고 *호모 에렉투스*의 구조와 거의 같아 보인다. 그러나 앞서 지적했듯이 네안데르탈인의 두뇌는 평균적으로 크로마뇽인의 그것보다 컸다. 쿤이 만든 지하철 '승객'은 두개골이 두꺼웠지만, 반드시 머리가 두꺼운 것은 아니다.

내가 생각하기에 네안데르탈인의 상상된 원시적 특성들은 사실은 본질적으로 현대적인 인간의 틀 위에 추운 기후에 대한 적응 요소들이 덮어씌운 것이었다는 점이다.[33] 현대인의 넓은 이마는

33) 이것을 알려주는 지표는 초기 네안데르탈인의 두개골이 후기 네안데르탈인의 그것

너무 추워질 수 있어서 두뇌가 손상을 입게 되고, 얼음 같은 공기는 폐를 얼릴 수 있을 것이다. 네안데르탈인의 두뇌는 무성한 눈썹과 낮지만 넓은 두개(頭蓋)에 의해 보호되었다. 네안데르탈인의 허파로 들어가는 공기는 넓은 코에 의해서 따뜻해졌고, 얼굴 전체는 혈액 공급을 더 잘 받을 수 있었다. 땅딸막하고 근골이 억센 사람들은 날씬한 사람만큼 빨리 체열을 잃지 않는다. 유사한 적응(적어도 체형에서는)의 징후들을 현대의 이누잇(Inuit), 안데스 산지인, 히말라야 인 사이에서 찾아볼 수 있다. 그리고 이것은 유럽의 네안데르탈인들이 빙하기의 최전선에서 자신들의 삶을 영위한 10만 년에 비한다면, 단지 몇 천 년 동안 혹한과 더불어 생활한 후에 나타난 것이다.

크로마뇽인들이 약 4만 년 전 중동에서 북쪽과 서쪽으로 이동하기 시작할 때까지 상황은 그들에게 충분히 좋게 흘러갔던 것으로 보인다. 그때까지는 추위가 네안데르탈인의 중대한 동맹자였는데, 그것은 러시아의 겨울처럼 항상 침입자들을 조만간에 되돌려 보냈기 때문이다. 그러나 이때에 이르러서는 크로마뇽인들이 머물려고 온 것이다. 침입은 10년 정도의 짧은 기간에 북대서양을 뒤집어가면서 얼렸다가 녹이는 원인이 된 대양 해류의 갑작스런 역류와 연계된 기후의 불안정한 변화와 동시에 일어난 것처럼 보인다.[34] 그런 급격한 변동들—오늘날 우리가 지구 온난화에 관

보다 일반적으로 덜 강건하다는 점이다. Ian Tattersall, ibid., p.147.

해 갖고 있는 최악의 예측들만큼이나 혹독한—은 네안데르탈인들이 의존하던 동물 공동체와 식물 공동체를 황폐화시켰을 것이다. 우리는 그들이 커다란 사냥감을 많이 먹었으며 매복 공격을 통해 그것들을 사냥했다는 사실을 알고 있다. 그들의 뼈에 생긴 골절상들은 로데오 카우보이들이 입은 상처들과 유사한데, 그것은 그들이 짐승을 죽이기 위해 짐승 가까이 갔다는 것을 보여 준다. 그리고 그들이 동일한 동굴과 계곡을 1년 내내 점유하고 있었고 늘 이동하지는 않았다는 것을 알고 있다. 일반적으로 인간은 붕괴된 환경 속에서 번성함으로써 '잡초 종'으로 불려 왔지만, 이 두 집단 가운데서는 네안데르탈인들이 더 정착생활을 선호했다. 크로마뇽인들은 침입하는 들장미 같은 존재였다. 물론 기후 변동은 모든 사람의 삶을 어렵게 만들었겠지만, 불안정한 조건들은 육체적으로 덜 특수화되고 거의 맞닿을 만큼 근접해서는 더 유약하지만 발은 더 빠른 사람들에게는 유리한 면을 제공할 수 있었을 것이다.

나는 학생 시절에 서너 명의 거친 네안데르탈 아이들이 절벽에 서서 아버지에게 "아버지, 아버지! 우리 오늘 크로마뇽인들에게 바위 던지러 가도 돼요?"라고 조르는 모습을 보여 주는 만화를 본 걸 기억한다. 4만 년에서 3만 년 전에 약 1만 년 동안, 후기 네안데

---

34) Christopher Stringer, "The Evolution of Modern Humans: Where Are We Now?", *General Anthropology* 7, no. 2(Spring 2001).

르탈인들과 초기 크로마뇽인들은 모닥불을 끄고 사냥물을 훔치고 아마도 여자나 아이들을 잡아오는 것은 말할 것도 없고 서로에게 바위를 던졌을 것이다. 상상할 수 없을 정도로 긴 투쟁 끝에 유럽과 전 세계는 우리의 종(種)에 속하게 되었고, '고전적' 네안데르탈인은 영원히 사라졌다. 그러나 실제로 무슨 일이 일어났는가? 네안데르탈 혈통은 죽어 없어졌는가, 아니면 일정 정도 동화되었는가?

1만 년에 걸친 투쟁—발작적이고 결정도 잘 나지 않는, 일생에 몇 킬로미터 정도밖에 되지 않는 땅을 뺏고 뺏기는 싸움—은 너무도 점진적이어서 거의 지각할 수 없을 정도였다. 그러나 모든 전쟁과 마찬가지로 그것은 혁신에 불을 당겼다. 새로운 도구와 무기가 출현하고 의복과 의식(儀式)이 생겨났으며, 동굴 벽화(빙하시대의 마지막 거대한 돌진 기간, 즉 고전적 네안데르탈인들이 사라진 이후에 그 절정에 도달했을 예술 형식)의 기원들이 생겨났다. 우리는 또한 문화적 접촉이 두 방향으로 이루어졌다는 것을 알고 있다. 프랑스 지역에 있는 후기 네안데르탈인의 거주지는 이전에 보이지 않았던 속도로 변동과 적응을 보여 준다.[35] 그 무렵에는 끝이 가

---

35) 샤텔페로니앙(Chatelperronian)이라 불리는 이 문화적 국면은 서부 프랑스의 생-세제르(Saint-Césaire) 지방에서 약 3만 6천 년 전에 완전히 분명하게 나타났다. Ian Tattersall, ibid., p.145. 또한 다음을 보라. Francis B. Harold, "The Case Study of the Chatelperronian", *General Anthropology* 7, no. 2(Spring 2001). 주거 바닥과 집터 구조에 대한 분석을 통해 도날드 헨리와 그의 공저자들은 "(네안데르탈인의) 생물학적 특성과 행동 사이에 추정된 연계들은 …… 기각될 수 있다."고 결론짓는다(Donald Henry et

까워서 전쟁의 함축들이 무시무시할 정도로 틀림없이 명확했을 것이다. 마지막 네안데르탈인 무리들이 더욱 거칠고 거친 지역으로 내몰린 아파치 족들처럼 몰려서는 스페인과 유고슬라비아의 산악지대에서 버틴 것으로 보인다.

내가 묘사한 전쟁의 광경이 일말의 진실이라면, 우리는 꺼림칙한 결론들에 직면하게 될 것이다. 이것은 네안데르탈인에 관한 논쟁을 더욱 감정적으로 만든다. 즉, 그것은 고대의 사람들에 관한 것일 뿐만 아니라 우리들 자신에 관한 것이기도 하다. 만일 네안데르탈인들이 진화의 막다른 골목에 다다랐기 때문에 사라진 것으로 판명된다면, 우리는 단순히 어깨를 으쓱하면서 그들의 운명을 자연의 선택 탓으로 돌릴 수 있을 것이다. 그러나 그들이 사실은 현대 인간의 한 변종이나 인종이었다면, 우리는 그들의 죽음이 첫 번째 대량 학살이었을지도 모른다는 것을 스스로 인정하지 않으면 안 될 것이다. 아니면, 더 나쁘게, 첫 번째가 *아닌* 것으로—단지 증거가 남아 있는—인정하지 않으면 안 될 것이다. 이 사실에서 우리는 1백만 년에 걸친 냉혹한 승리들을 물려받고, 반복해서 똑같은 일을 저지르도록 우리 조상들의 죄악들에 의해 유전적으로 소인(素因) 지어진 존재라는 결론이 나올 수도 있을 것이다.

---

al., "Human Behavioral Organization in the Middle Paleolithic: Were Neanderthals Different?", *American Anthropologist 106*, no. 1[March 2004], P.29). 그들은 네안데르탈인 집단과 크로마뇽인 집단이 인지적 능력에서 차이가 있었다고 생각할 아무런 이유를 찾지 못했다.

인류학자 밀포드 월포프(Milford Wolpoff)가 이 시기에 대해 썼듯이, "당신은 폭력을 통한 방법을 제외하고서 한 인간 집단이 다른 인간 집단을 대체하는 것을 상상할 수 없다".[36] 그렇다, 당신은 그럴 수 없다. 특히 유럽의 핏자국이 선명한 지표 위에서, 솜머 강의 마지막 결말과 도살에 대한 석기시대의 전조들의 한가운데서는 말이다.

제2차 세계대전의 여파 속에서, 윌리엄 골딩은 그의 색다른 소설인 《상속자들》에서 고대의 대량 학살을 탐구했다. 골딩은 놀라운 확신을 가지고, 독자를 초기 인간들로 이루어진 한 무명 집단 속으로 데려간다. 그 책의 표제사는 웰스의 책에서 인용한 것인데, 비록 인류학적 특질들은 훨씬 초기 단계의 인류와 더욱 잘 맞지만 네안데르탈인들을 떠오르게 한다. 골딩의 소설에 나오는 사람들은 상냥하고 순진하며 침팬지처럼 삼림지대에 거주한다. 그들은 거대한 육식동물들이 남긴 찌꺼기 외에는 고기를 먹지 않으며, 언어를 잘 사용하지 못하고 언어만큼이나 텔레파시를 많이 사용한다. 또한 불을 가지고 있지만 무기는 거의 갖고 있지 않고 자신들을 제외하고 세상에 다른 누군가가 존재한다고 의심해 본 적이 없는 사람들이다.

그러나 골딩의 시대착오적 발상은 중요하지 않다. 그의 사람

---

36) 다음에서 인용했다. Richard Leakey and Roger Lewin, ibid., p.280ff(삽화 4의 설명문).

들은 진짜 과거의 유골들의 어떤 특정 조합과도 부합되지 않을지도 모르지만, 그들은 많은 사람들을 대표한다. 봄날의 며칠 동안에 숲에 사는 그들은 최초로 우리와 같은 사람들의 침입을 받는다. 배와 큰 횃불과 화살과 귀에 거슬리는 목소리와 대량의 벌목과 만취해서 흥청거리는 주연 등을 갖춘 침입자들은 '숲의 악마들'을 당황하게 하고 매혹시키면서 하나씩 죽인다. 마침내 자신의 아이를 잃고 가슴에 젖이 말라버린 한 여인에게 보호된 채 가냘프게 우는 한 아이만이 남게 된다. 그런 후 침입자들은 새로운 땅으로 옮겨 쳐들어가며, 그들의 지도자는 자신의 무기, 즉 "세계의 어둠을 향한 칼 끝"을 날카롭게 갈면서 다른 학살—이제는 그들 사이에서 일어나는—을 계획한다.

골딩은 이 무자비한 자들이 선사시대의 승리자라는 것을 추호도 의심하지 않았지만, 그가 제기한 또 하나의 문제는 여전히 풀리지 않은 채로 남아 있다. 네안데르탈인의 피가 현대 인간에게 흐르고 있는가? 1만 년 동안의 상호작용 기간에 합의에 의한 것이 아니라고 할지라도 아무런 성행위가 없었다는 것이 얼마나 있음직한 일인가? 그리고 만일 성행위가 있었다면, 아이들은 있었는가? 네안데르탈인에 대한 DNA 연구들은 아직까지 결론에 이르지 못한 상태로 남아 있다.[37] 그러나 최근에 포르투갈에서 발견된 한

37) 연구들은 빈약하게 보존된 자료에서 나온 부분적인 연쇄를 기초로 한다. 다음을 보라. John H. Relethford, "New Views on Neanderthal DNA", *General Anthropology* 7, no. 2(Spring 2001).

아이의 유골은 크로아티아와 발칸반도의 여타 지역에서 발견된 뼈들과 마찬가지로 이종교배를 강력히 시사한다.[38)]

나 또한 네안데르탈인의 유전자들이 여전히 우리에게 남아 있을 수도 있다는 개인적인 증거를 갖고 있다. 몇몇 현대의 인간들에게는 자신의 머리에 뚜렷이 드러나는 융기들이 있다.[39)] 나도 우연히 하나를 갖고 있다. 네안데르탈 쪽(bun)처럼 보이고 느껴지는 두개골 뒤쪽을 가로지르는 선반 모양의 뼈가 그것이다. 그래서 그 문제를 해결할 수 있는 새로운 발견들이 나타날 때까지 나는 네안데르탈인의 피가 아무리 희미하다고 하더라도 크로마뇽인의 핏줄 속에 아직도 흐르고 있다고 믿는 쪽을 택하기로 했다.[40)]

우리 혈통의 많은 세목들이 아직도 더 연구되어야 함에도 20세기는 고갱의 질문들 중 처음 두 가지에 대해서는 개괄적으로 답변

---

38) 포르투갈의 거주지 터는 라가르 벨료(Lagar Velho)에 있으며, 뼈들은 약 2만 4천 년 된 것이다.

39) 트린코스(Trinkaus)와 십맨(Shipman)은 중부 유럽에서는 "먼저 거주하고 있던 네안데르탈인과 레반트(동부 지중해와 그 섬과 연안 제국)에서 서서히 스며들어 오던 초기 현대 인간들 사이의 지속적 진화와 유전적 혼합, 이종교배의 증거들이 풍부히 존재한다."고 쓰고 있다(ibid., p.415). 네안데르탈인들이 여전히 우리 사이에 존재한다는 로렌 아이슬리의 설득력 있는 확신에 관해서는 기묘하게 감동시키는 그의 회상록(ibid., pp.139~152)을 보라. 네안데르탈인들은 완전히 별개의 종이었다는 견해를 갖고 있는 태터샐은 네안데르탈인의 쪽(후두부 융기)과 그와 연관된 계곡(후두부 융기 선단 위 부분의 함몰)은 "네안데르탈인들에게만 독특한" 특질이라고 쓰고 있다(Ian Tattersall, ibid., p.118). 그러나 나는 똑같은 것을 하나 가지고 있다.

40) 마찬가지 방식으로 아메리카 인디언, 오스트레일리아 원주민, 아프리카 인, 여타 유민(流民)의 많은 후손들은 대체로 자신들의 혼합된 혈통을 모른 채 '백인' 주민들 속으로 스며들었다.

하였다. 우리가 유인원이었고, 그리고 오랜 시간에 걸친 우리의 정확한 경로가 어떠한지와는 무관하게 우리는 궁극적으로 아프리카에서 왔다는 것을 의심할 여지는 전혀 없다. 그러나 나른 유인원들과는 달리, 우리는 우리의 운명을 변경하고 지금 그 어느 때보다 많이 변경하고 있다. 지금까지 오랫동안, 고갱이 찾았던 그러한 계몽시대의 야생 거위, 즉 자연 인간과 같은 것은 없었다. 가족들에 의해 보살핌을 받았고 관절염에 걸린 네안데르탈인들처럼 우리는 우리의 문화 없이는 살 수 없다. 우리는 햄릿의 '작품'의 제작자를 만났다. 그리고 그것은 우리이다.

제2장

위대한 실험

논리적 부조리들을 좋아하는 누군가가 예전에 전문가들을 "아무것도 아닌 것에 대해서 모든 것을 알 때까지 차츰 적어지는 것에 대해서 점점 더 많이 아는 사람"이라고 규정한 바 있다. 많은 동물들은 고도로 특수화되어 있어서 그 몸이 특정한 생태학적 지위와 삶의 방식에 적응되어 있다. 특수화는 단기간의 보상들을 가져다 주지만 긴 안목으로 보면 진화의 막다른 골목으로 인도할 수도 있다. 칼 모양의 송곳니가 있는 고양이는 그들의 먹이가 죽어 없어지면, 그들도 죽어 없어진다.

현대의 인간 동물—우리의 육체적 존재—은 광(廣)식성 동물이다. 우리는 육식동물의 송곳니도, 갈고리 발톱도, 독액도 몸 안에 갖추고 있지 않다. 대신에 도구와 무기—칼, 창촉, 독화살—를 고안해냈다. 따뜻한 의복과 간단한 배와 같은 초보적인 발명들로 인해 우리는 마지막 빙하기가 끝나기 전에 지구 전체에 널리 퍼질 수 있게 되었다.[1] 우리의 특수화는 두뇌에서 이루어졌다. 두뇌가 자연과 상호작용할 때 갖는 탄력성은 문화를 통해서 우리의 성공의 열쇠가 되어 왔다. 문화는 새로운 위협과 욕구에 대해 유전자보다 훨씬 빨리 적응할 수 있다.

그러나 내가 제1장에서 시사한 대로 여전히 위험이 존재한다. 문화가 더욱 정교해지고 테크놀로지들이 더욱 강력해질수록 그것들 자체는 다루기 힘든 특수화—취약하고, 극단적인 경우에는 치명적인—들이 될 수도 있다. 화살에서 총탄에 이르는 논리적 진전의 연장인 핵폭탄은 우리의 종 전체를 멸종시킬 위험이 있는 최초의 테크놀로지가 되었다. 그것은 내가 '진보 함정'이라고 불렀던 것이다. 그러나 훨씬 더 간단한 테크놀로지들도 과거의 사회들을 유혹하고 파멸시켰는데, 심지어 석기시대로 거슬러 올라가도 그러하다.

제1장에서 나는 폴 고갱이 1897년에 그린 "우리는 어디에서 왔는가? 우리는 무엇인가? 우리는 어디로 가고 있는가?"라는 제목의 위대한 그림에서 물었던 세 가지 질문을 제기했다. 실제적

---

1) 사람들이 아메리카 대륙(인류가 최후로 정착한 대륙)에 도착한 것이 기존에 추정하던 1만 5천 년 이전보다 빨랐다는 증거가 많아지고 있다. 빙하가 얼어 있을 동안에 베링 해의 큰 길을 횡단하는 대륙 여정에 덧붙여 배—섬들을 거쳐 건너가거나 해안선을 따라 이동하기 위한—를 이용했을 가능성이 있다. 대(大) 오스트레일리아(뉴기니를 포함한)는 빙하기 전체에 걸쳐서 하나의 섬이었지만, 사람들은 섬을 거쳐 건너가는 방법으로 4만 년에서 6만 년 전에 거기에 도착하였다.

수준에서 고고학은 처음 두 가지에 대한 답을 주었다. 즉, 우리는 약 5백만 년 전에 아프리카에서 살았던 유인원들의 먼 후손이라는 것을 알고 있다. 현대의 유인원들도 동일한 원초 혈통에서 내려 왔지만, 우리와 친척 관계일 뿐 조상은 아니다. 침팬지, 고릴라와 우리의 주요한 차이는 지난 3백만 년 정도에 걸쳐서 우리는 점점 덜 자연에 의해 조형되고 점점 더 문화에 의해 조형되었다는 점이다. 우리는 우리 자신이 만드는 실험적 동물이 되었다.

이 실험은 이전에는 결코 시도된 적이 없었다. 그리고 우리는 그 실험의 의식하지 못하는 주도자로서 결코 그것을 통제하지 않았다. 그 실험은 이제 매우 빠르게 엄청난 규모로 진행되고 있다. 1900년대 초 이래로 세계의 인구는 4배로 증폭되었고, 세계의 경제—자연에 대한 인간의 작업량에 대한 대략적 측정—는 40배 이상 증폭되었다. 우리는 그 실험을 합리적 통제 아래 두면서 현재의 위험과 잠재적 위험을 경계하지 않으면 안 되는 단계에 도달했다. 그것은 전적으로 우리에게 달려 있다. 만일 우리가 실패한다면—만일 우리가 생물권을 파괴하거나 붕괴시킨다면, 생물권은 더는 우리를 유지할 수 없을 것이다—자연은 단지 어깨를 으쓱하면서 유인원들을 실험실에서 활동하게 한 것은 잠깐 동안의 장난이었지만 결국에는 나쁜 실험이었다고 결론지을 것이다.

우리는 이미 너무도 많은 멸종을 야기시켰기 때문에 지구에 대한 우리의 지배는 소행성의 충격과 같은 화석 기록으로 나타날 것이다. 지금까지 우리는 공룡들에게 큰 타격을 준 소행성과 비교되는 하나의 소행성이었을 뿐이다.[2] 그러나 만일 멸종들이 훨씬 더 오래 계속된다면, 또는 우리가 대량 파괴를 초래할 무기들을 풀어 놓는다면—초강대국들이 거대한 규모로 비축한 진짜 무기들을 말한다—화석의 다음 층은 진정 이 별의 생애에서 커다란 균열을 보여 줄 것이다.

나는 제1장에서 유사시대와 마찬가지로 선사시대도 훌륭한 사람들이 승리하지 않는다는 것을 말해 주고, 우리는 잘해야 수많은 냉혹한 승리의 상속자들이며 아무리 나빠도 대량 학살의 상속자들일 뿐이라는 것을 우리에게 말해 주고 있다는 것을 시사하였다. 우리는 경쟁적 관계에 있는 인간들을 반복해서 멸절시킨—약 3만 년 전에 우리의 사촌격인 네안데르탈인의 수상쩍은 죽음에서 절정에 달하는—인간들의 후손인지도 모른다. 그 사건의 진실이 무엇이든간에 그것은 후기 구석기 시대—구석기 시대의 세 단계 가운데 가장 최후의 것이고 가장 짧은 단계로 전체의 10분의 1 정도에 해당된다—의 시작을 나타낸다.

이 장에서 나는 우리가 첫 번째 진보 함정에서 연역할 수 있는 것—구석기 시대를 종식시킨 수렵의 완성—이 무엇인지를 보여

---

2) 이 사건은 6천 5백만 년 전에 일어났는데 아마도 다섯 번째의 사건이었을 것이다. 복합적인 생명이 출현한 이래로 지구는 평균 1천만 년마다 한 번꼴로 우주적 폭탄을 경험한 것으로 보인다. 많은 과학자들이 생명권에 대한 인간의 충격을 '여섯 번째 멸종'의 시작으로 간주하고 있다. 예컨대 다음을 보라. Martin Rees, *Our Final Century: Will the Human Race Survive the Twenty-First Century?*(London: Heinemann, 2003), p.100ff. 이 책은 북미에서 《우리의 마지막 한 시간*Our Final Hour*》이라는 제목으로 출간되었다.

주고 농업의 발명에 의해 그 함정에서 우리가 탈출한 것이 어떻게 우리의 가장 위대한 실험, 즉 전 세계적인 문명으로 이끌었는지를 보여 주고자 한다. 그러고 나서 우리는 "문명 그 자체가 또다른 그리고 훨씬 커다란 함정이 될 수 있는 것은 아닐까?"라는 절박한 질문을 스스로 던지지 않으면 안 될 것이다.

살육에서 시작된 문명

구석기 시대는 인간성을 향해 몸부림친 최초의 거친 야수들에 의해 만들어진 최초의 거친 도구들과 함께 대략 3백만 년 전에 시작되었다. 그리고 거대한 얼음층들이 마지막으로 극지(極地)와 산맥으로 물러나서 다음의 기후 변화를 기다리게 되는 불과 1만 2천 년 전에 끝났다. 지질학적으로 말하면, 3백만 년은 단 한 번의 눈 깜빡거림이자 지구의 하루에서 1분에 불과하다. 그러나 인간의 맥락으로 보면, 구석기 시대는 시간의 심연—우리 존재의 99.5퍼센트보다 많은—으로 우리는 거기에서 기어나와 불과 어제서야 문명이라는 부드러운 침상으로 들어온 것이다.

우리의 현대적인 변종인 *호모 사피엔스 사피엔스*조차도 가장 오래된 문명보다 10배에서 20배 사이만큼이나 오래되었다.[3] 그

3) 사피엔스를 두 번 쓰는 것은 네안데르탈인들과 크로마뇽인들이 동일한 종 내에서 일

러나 인간의 주관적인 경험으로 측정해 보면—개별적 삶들의 집합으로서—보다 많은 사람들이 그렇지 않은 다른 사람들보다도 문명화된 삶을 살았다. 문명은 때맞추어 깊이 흐르지 않지만 넓게 흐르는데, 그것은 급격한 인구 증가의 원인과 결과가 아직 그것을 같은 수준으로 고르게 하지 못하고 있기 때문이다.

나는 내가 '문명'과 '문화'를 전문적이고 인류학적인 방식으로 정의내리고 있다는 것을 분명히 하지 않으면 안 된다. 나는 어떤 사회의 지식, 신념, 실천 전체를 의미하는 말로 문화라는 말을 사용한다. 문화는 모든 것이다. 극단적 채식주의에서부터 인육을 먹는 풍습에 이르기까지, 베토벤 · 보티첼리 · 바디 피어싱, 당신이 침실과 욕실에서 하는 것, 당신이 선택하는 교회(당신의 문화가 선택을 허용한다면), 쪼개진 돌에서부터 쪼개진 원자에 이르기까지의 모든 테크놀로지가 다 문화이다. 문명은 문화의 특정한 종류로 식물과 동물과 인간의 길들임을 기초로 하는 크고 복합적인 사회들을 말한다.[4] 문명을 구성하는 것은 다양하지만, 전형적으로

어난 변형들이었다고 믿는 사람들이 사용한다. 제1장을 보라. 만일 30억 명에서 35억 명 정도가 지구에서 살았던 전체 인간과 인간류라면 이들 중에서 적어도 20억 명에서 25억 명 정도는 지난 3천 년 동안 문명화된 사회에서 살았을 것이다. 다른 말로 하면, 우리들 중 3분의 2(또는 그 이상)가 인간 여정의 마지막 1,000분의 1 동안에 살았으며, 전체의 5분의 1 또는 6분의 1이 현재 살고 있는 사람들이라는 것이다.

4) 야생의 식량 자원들이 보기 드물게 풍부하고 예측 가능한 지역들에 대해서는 농경의 정의에 대한 몇몇 예외들을 주장할 수 있다. 농업이 없는 초기 문명의 가장 역사적인 예는 북아메리카의 북서 해안이지만, 그런 사례들은 먼 과거에 그 수가 많았을지도 모른다. 학자들은 문명의 상태를 정의 내릴 때 글쓰기와 같은 특정한 기준을 주장하기도 했다. 현대의 정의들은 보다 탄력적이며, 문화의 전체적인 규모와 복합성에 주목한다. 다음을 보

성읍과 도시와 정부와 사회계급과 특수화된 전문직업 들을 가지고 있다. 모든 문명은 문화 또는 문화의 복합체이지만, 모든 문화가 문명인 것은 아니다.

고고학자들은 일반적으로 최초의 문명이 수메르(Sumer)—남부 메소포타미아 또는 지금의 이라크—와 이집트 문명이었다는 데 동의하는데, 양자는 기원전 3000년경에 출현하였다. 기원전 1000년경에는 문명이 세계로 특히 인도, 중국, 멕시코, 페루, 유럽의 일부 지역으로 널리 퍼졌다.

고대부터 오늘날에 이르기까지 문명화된 사람들은 자신들이 소위 야만인보다 낫게 행동하고 나은 존재라고 믿어 왔다. 그러나 문명에 부착된 도덕적 가치들은 외양만 그럴듯한 것이다. 즉, 힘이 약한 다른 사회들을 공격하고 지배하는 행위를 정당화하는 데 너무도 자주 사용되었다. 제국의 전성기에 프랑스 사람들은 자신들의 '문명화 사명(civilizing mission)'과 영국인들은 자신들의 '백인의 짐(white man's burden)'—그러한 태도는 자동화 무기들에 의해 가벼워졌다—을 가지고 있었다. 힐레르 벨록(Hilaire Belloc)은 1898년에 "무슨 일이 일어나든간에 우리는 최대의 대포를 갖고 있고 그들은 갖고 있지 않다."고 썼다. 오늘날 워싱턴은 '문명화된 세계'를 인도하고 보호해야 한다고 주장하는데, 이것은 그 나라의 첫 번째 주

라. Bruce Trigger, *Early Civilizations: Ancient Egypt in Context*(Cairo: American University in Cairo Press, 1993), p.7.

민들을 뿌리뽑고 몰살하는 일과 함께 시작된 미국 수사법의 한 전통이다.[5)]

로마의 원형경기장, 이스텍의 희생, 종교재판소의 횃불, 나치의 죽음의 수용소 들은 모두 고도로 문명화된 사회의 작품이었다.[6)] 20세기에서만 해도 적어도 대부분인 민간인 1억 명이 전쟁에서 목숨을 잃었다.[7)] 야만인들은 더 나쁜 짓을 하지 않았다. 콜로세움과 포로수용소의 정문에서 우리는 문명이 그 자체로 도덕적 진보의 보증자라는 희망을 포기하는 것 이외에는 아무런 선택을 할 수 없다.

마하트마 간디가 인도의 자치를 협의하기 위해 1930년대에 영국에 왔을 때, 한 기자가 그에게 서구 문명을 무엇이라고 생각하느냐고 물었다. 마침 런던의 빈민가를 방문하고 있던 간디는 "나는

---

5) 조지아 주의 주지사인 조지 길머(George Gilmer)는 1830년대에 "조약들이란 야만적인 사람들이 문명화된 사람들이 소유할 권리가 있는 것들을 포기하도록 유도하는 편법이다."고 말했다. 이 시기에 체로키 인디언의 '제거'나 종족 청소는 민간인에 대한 강행군뿐만 아니라 포로수용소에 감금하는 방법도 포함했는데 이 과정에서 수천 명이 죽었다. 나의 저작 《도난당한 대륙들*Stolen Continents*》 제14장을 보라('포로수용소'라는 용어는 보어전쟁 동안에 영국인들에 의해 만들어졌다). 나치에 의한 유대인 대학살과 여타 현대의 잔학 행위들이 인종주의적인 식민지 정책 특히 아프리카에서 벌인 정책에서 유래한다는 것에 대한 논거에 관해서는 조앤 테이트(Joan Tate)가 번역한 다음 책을 보라. Sven Lindqvist, *Exterminate All the Brutes*(London: Granta Books, 1996).

6) 콜로세움과 여타의 로마 원형경기장들에서는 거대한 규모로 피비린내 나는 희생이 있었다. 트라얀(Trajan) 황제의 4개월에 걸친 재임 기간 동안에 5천 명의 인간과 1만 천 마리의 동물이 학살되었다.

7) 일부 추정치들은 이보다 훨씬 많은데, 특히 전쟁으로 유발된 기근과 질병이 포함될 경우에 그렇다.

그것이 매우 좋은 아이디어일 것이라고 생각한다."고 답변했다.[8)]만일 내가 때때로 문명에 관해 다소 이해하기 어렵게 말한다면, 그것은 내가 간디처럼 문명이 그 약속을 완수하고 성공하기를 바라기 때문이다. 나는 동굴에서 살기보다는 집에서 살고 싶다. 나는 거대한 빌딩들과 훌륭한 책들을 좋아한다. 나는 내가 하나의 유인원이라는 사실, 그리고 세계는 둥글다는 사실, 태양은 별이고 별들은 태양이라는 사실—'혼돈과 오래된 밤'[9)]에서 어렵게 캐내는 데 수천 년이 걸린 당연시되는 지식—을 알고 있는 것을 좋아한다.

문명은 그 모든 잔인한 행위들에도 귀중한 것이고 지속될 가치가 있는 실험이다. 문명은 또한 불확실한 것이기도 한데, 우리가 진보의 사다리를 올라갔다는 이유로 사다리의 단을 아래로 차버렸다는 의미에서 그렇다. 대재앙이 없이는 과거로 돌아갈 수 없다. 문명을 좋아하지 않고, 문명의 오만한 얼굴을 마주칠 때까지 문명을 기다릴 수 없는 사람들은 우리의 현재 인구 또는 자산과 같은 규모로 인류를 지탱할 수 있는 방법은 전혀 없다는 것을 마음에 새기지 않으면 안 된다.[10)] 우리는 문명이라는 호랑이 등에 타고 있으며, 살아서 내릴 수 있는 사람은 거의 없을 것이다.

---

8) 1890년대에 런던에서 법학을 공부한 간디는 처칠이 모욕한 '벌거벗은 고행자'는 결코 아니었다.

9) 헨리 소로(Henry Thoreau)의 글귀.

10) 1825년 증기시대가 저물 무렵에 세계의 인구는 약 10억 명이었다. 만일 산업문명이 붕괴된다면 유지 가능한 인구는 유사한 수준으로 떨어질 것이다. 거칠게 표현하면 수십억 명이 죽을 것이다.

자연에서 멀어진 인간

구석기 시대는 이제 너무 멀어서 아마도 미국의 인기만화 〈파사이드(Farside)〉를 보고 킬킬거릴 때를 제외하고 그것을 거의 생각하지 못할 정도이다. 그러나 구석기 시대는 매우 최근에—예수 그리스도의 탄생과 로마 제국보다 단지 6배 더 먼 과거에—끝났기 때문에 우리가 동굴을 떠난 이래로 생겨난 커다란 변동들은 모두 문화적인 것이지 육체적인 것이 아니었다. 우리와 같이 오래 생존한 종들은 그렇게 짧은 기간 동안에 두드러지게 진화할 수 없다. 이것은 문화와 테크놀로지는 축적되는 반면, 타고난 지능은 그렇지 않다는 것을 의미한다.[11)]

만일 다시 젊어진다면 스코틀랜드 남자를 존중할지도 모른다는 존슨 박사의 농담의 대상과 마찬가지이다. 모닥불 가에서 잡아채져 와서 지금 우리 사이에서 양육된 후기 구석기 시대의 한 아이가 천체 물리학이나 컴퓨터 과학에서 학위를 받을 가능성조차 있을 수도 있다. 컴퓨터와 관련된 비유를 하자면, 우리는 5만 년 또는 그 이전에 마지막으로 업그레이드된 하드웨어에 21세기의 소프트웨어를 돌리고 있는 중이다. 이것은 우리가 뉴스에서 보고

---

11) 에리히 하스(Erich Harth)가 한 말로 다음에서 인용한 것이다. Christopher Stringer and Robin McKie, ibid., p.243. 알프레드 크로즈비(Alfred Crosby)는 자신의 저작에서 "대략 10만 년 전경에는 인간의 두뇌가 오늘날만큼 커져서 아마도 앞으로도 더 커질 수 없을 만큼 커졌다."고 쓰고 있다(*Ecological Imperialism: The Biological Expansion of Europe 900-1900*[Cambridge: Cambridge University Press, 1986], p.14).

있는 것들을 꽤 많이 설명할 수도 있다.

문화 자체는 독특하게 인간적인 문제를 창출하였다. 부분적으로는 문화적 성장이 진화보다 훨씬 앞서서 진행되기 때문이고, 지금까지 오랫동안 거대하게 증대된 문화의 덩어리가 자연의 선택을 앞지르고 운명을 우리 손에 넘겨주었기 때문이다.

윌리엄 골딩은 1956년에 펴낸 자신의 소설 《핀처 마틴*Pincher Martin*》에서 "나는 당신에게 인간이 무엇인지에 대해 말해 주겠다."고 했다. 이 소설은 비록 제2차 세계대전 동안에 준비된 것이지만, 석기시대에 관한 그의 소설 《상속자들》에서 시작된 인간성에 대한 성찰의 계보를 잇고 있다. 거기에서 그는 "인간은 변종이며, 자신의 자연적 발전을 박탈당한 채 쫓겨나고, 양피지 덮개로 노출된 채 세상 속으로 던져진, 자신의 이빨과 거품처럼 부풀은 부드러운 두개골로는 거의 아무것도 할 여지가 없는 태아(胎兒)이다. 그러나 자연은 거기에서 푸딩을 휘젓고 있다……."[12]

골딩의 푸딩 속에서는 많은 재료들이 끓어오르고 있는데, 천재와 광기, 논리와 신념, 본능과 환각, 동정심과 잔인함, 사랑, 증오, 섹스, 예술, 탐욕—삶과 죽음을 향한 모든 동인(動因)들—이 그것이다. 개인에게서는 이런 것들의 합이 퍼스낼리티이고, 사회에서는 문화라고 불리는 집합적 퍼스낼리티이다. 긴 안목으로 보면 문

---

12) William Golding, *Pincher Martin*(London: Faber and Faber, 1956), p.190. 이 소설은 《상속자들》에 이어 출간되었는데, 현대적 환경 속에서 인간의 본성, 즉 북대서양에서 길을 잃은 한 선원의 마음을 깊이 살펴보고 있다.

화의 푸딩은 항상 규모가 커져 왔다. 그리고 푸딩이 너무 급작스럽게 끓어올라 부엌을 가로질러 넘쳐 오르는 몇 번의 불안정한 시기들이 있었다.

이러한 시기 중 첫 번째는 *호모 에렉투스*에 의한 불 길들이기였는데, 그것은 생존의 균형추를 우리에게 유리하게 기울였다. 그 다음은 그로부터 50만 년 뒤에 일어났는데, 크로마뇽인이 네안데르탈인을 대체한 직후에 이룩한 수렵의 완성이 바로 그것이다. 새로운 무기들이 생산되었는데, 더 가볍고 더 날카로우며 더 멀리 도달하고 더욱 우아하고 치명적이었다.[13] 구슬 장식, 뼈로 만든 조각, 악기, 정교한 매장 등이 일반화되었다. 장대한 그림들이 동굴 벽이나 바위에 그려졌는데, 이것들은 르네상스에 이르기까지 다시는 볼 수 없었던 원기 왕성한 자연주의의 경향을 띠었다.

이러한 것들 중 다수는 이미 네안데르탈인이나 초기 크로마뇽인에 의해서 소규모로 이루어졌다.[14] 따라서 예술과 테크놀로지

---

13) 활과 화살은 더 나중까지 출현하지 않았을지도 모르지만, 창던지는 도구(spear-thrower)나 창발사기(launcher, 고고학자들에게는 그것의 아스텍 이름인 아틀라틀[atlatl]로 알려져 있는)는 거의 확실하게 후기 구석기 시대의 발명품이다. 그것은 인간의 던지는 능력의 길이와 효력을 증대시키게 되는데, 라크로스(lacrosse, 하키 비슷한 구기)의 스틱과 다소 비슷하다고 하겠다.

14) 아비뇽(Avignon) 근처의 그로트 쇼베(Grotte Chauvet)의 그림들은 지금까지 유럽에서 발견된 가장 오래된 것인데, 3만 2천 년 전경에 이미 정교함과 성숙함을 보여 준다. 비록 초기 크로마뇽인들의 작품이라고 널리 가정되고 있지만, 그것들은 네안데르탈인들에 의해서도 만들어진 것일 수 있다. 그러나, 연대 측면에서 의심을 받았으며 추가로 방사성 탄소 연대 측정을 받아야 한다(*Antiquity*, 2003년 3월호를 보라). 유럽의 동굴 예술의 전성기는 훨씬 뒤에 왔는데, 라스코(Lascaux)와 알타미라(Altamira)에서 대략 1만

의 이러한 분출은 (일부 사람들이 주장하는 것처럼) 우리가 아주 새로운 인지적 능력을 갖춘 종으로 갑작스럽게 진화했다는 증거가 될 수 없다. 그러나 그것은 친숙한 문화적 유형, 즉 식량의 잉여에서 나온 여가의 증거이다. 수렵·채취자들은 단순한 생계유지에 필요한 것 이상을 생산하고 있었기 때문에 벽에 그림을 그리고 구슬과 조상(彫像)을 만들고 음악을 연주하며, 종교적 의식에 탐닉할 수 있는 시간을 보낼 수 있었다. 처음으로 사람들은 부유하게 되었다.

미래 식객

매우 상이한 길이와 복잡성을 가진 두 개의 연관되지 않은 시기들을 대충 유추해 보면, 구석기 시대 말기와 지난 5백 년 동안의 서구의 '발견'과 정복의 시대 사이에는 확실한 유사점들이 존재한다. 서기 1492년 이래로 한 종류의 문명—유럽 문명—이 스스로 살찌워서는 지금도 작동 중인 산업적 힘으로 재가공했다(다음 장에서 다시 이 문제로 돌아올 것이다). 후기 구석기 시대 동안에 한 종류의 인간—크로마뇽인 또는 *호모 사피엔스*[15]—이 모든 다

7천 년에서 1만 5천 년 전 정도이다. 아마도 그것을 만든 사람들에게는 '예술'로 간주되지 않았겠지만, 그것은 매우 샤머니즘적인 것이고 자연의 힘을 숭배하고 사냥감을 늘리려는 의도로 보인다.

른 종류의 인간 변종들을 죽이고 대체하고 흡수하면서 이제껏 한 번도 인간의 발길이 닿지 않았던 새로운 세계들로 진입하면서 전 세계에 걸쳐 승식하고 퍼져 나갔다.

아무리 늦어도 약 1만 5천 년 전—빙하가 물러나기 훨씬 전에—인류는 남극대륙을 제외한 모든 대륙에 정착했다. 유럽의 전 세계적인 팽창과 마찬가지로 이 선사시대의 발견과 이동은 심대한 생태학적 결과들을 가져 왔다. 인간이 새로운 땅에 모습을 보이자마자 거대한 사냥감들이 사라져 가기 시작했다. 매머드와 털 많은 무소가 북쪽으로 물러나서 유럽과 아시아에서는 사라진다. 거대한 웜뱃(wombat)과 여타 유대(有袋) 포유동물과 폭스바겐만큼 큰 거북이 오스트레일리아에서 사라진다. 낙타, 매머드, 거대한 아메리카 들소, 거대한 나무늘보, 말이 아메리카 대륙 전체에 걸쳐서 차차 소멸한다.[16] 멸종의 나쁜 냄새가 전 세계에 걸쳐서 *호모 사피엔스*를 뒤따른다.

모든 전문가들이 우리의 조상들에게만 잘못이 있다는 데 동의하지 않는다. 우리의 옹호자들은 우리가 모든 것을 죽여 없애지 않고서 1백만 년 또는 그 이상 동안 아프리카와 아시아와 유럽에서 사냥을 했고, 이러한 멸종들 중 다수는 기후의 격변과 동시에 일어난 것이며 빙하시대가 너무도 빠르게 끝나서 거대한 동물들

15) 여기서부터 말의 편의를 위해서 우리 이름의 보다 짧은 용례를 사용하겠다.

16) 물론 좀더 작은 들소는, 남아메리카에서 사슴과 카멜리드(라마 과의 동물)가 그랬던 것처럼 북아메리카에서 살아남았다.

이 적응하거나 이동할 수 없었는지도 모른다는 점 등을 지적한다. 이것은 좋은 반대 주장들이며, 그것들을 전적으로 배제하는 것은 현명하지 못할 것이다. 그러나 내가 생각하기에는 우리의 조상들에게 불리한 증거가 압도적으로 많다. 의심의 여지 없이 동물들은 얼음이 녹는 것에 괴롭힘을 받았지만, 그들은 이전에도 유사한 온난화 현상들을 많이 겪었다. 초기의 사람들—*호모 에렉투스*, 네안데르탈인, 초기 *호모 사피엔스*—이 거대한 사냥감들을 모조리 없애버리지 않고서 사냥한 것 또한 사실이다. 그러나 후기 구석기 시대의 사람들은 그들의 선인들보다 훨씬 더 도구를 잘 갖추었고 그 수가 많았으며, 큰 규모로 동물들을 죽였다.[17]

그들의 살육 장소들 중 일부는 규모 면에서 거의 산업적이다. 한 번은 매머드 천 마리를 죽이기도 했고, 다른 경우에는 말(馬) 만 마리 이상을 죽이기도 했다.[18] 인류학자 윌리엄 하우얼스(William

---

17) 크로즈비는 다음과 같이 쓰고 있다. "인간들은 심지어 횃불과 돌로 된 무기만 갖추고 있다고 하더라도 세계에서 가장 위험하고 무자비한 포식동물이다" (ibid., 1986, p.272).

18) 매머드들은 체코 공화국의 피에드모스트(Piedmost)에서 죽었고 말들은 프랑스의 솔뤼트레(Solutré)에서 죽었는데, 그곳은 솔뤼트레 문화(Solutrean)의 최고 지점을 가리키는 이름이 되었다. 다음 두 가지 저작을 보라. William Howells, *Mankind in the Making: The Story of Human Evolution*(London: Secker and Warburg, 1960), p.206; Andrew Goudie, *The Human Impact on the Natural Environment*(Oxford: Blackwell, 2000), p.145. 스트링어와 맥기는 이 시기의 인류의 이동과 그 결과들에 대한 탁월한 정보를 제공하고 있는데(ibid., pp.163~178), 그들은 한 운 나쁜 매머드의 갈비뼈들이 애리조나 주에서 발견되었는데 클로비스(Clovis)의 창날 8개가 가득 박힌 모습이었다고 말한다. 다음 논문도 참고하라. Paul Martin, "Prehistoric Overkill: The Global Model", in *Quaternary Extinctions: A Prehistoric Revolution*, eds. Paul S. Martin and Richard G.

Howells)는 1960년에 "네안데르탈인들은 확실히 추격에 유능하고 용맹스러웠지만, 이와 같이 거대한 뼈 묘지는 남기지 않았다."고 썼다.[19] 그리고 생태학적 도덕(ecological moral)에 관해서는 보다 최근에 이언 태터샐(Ian Tattersall)이 명확하게 설명하였다. 그는 "우리와 마찬가지로 크로마뇽인들에게는 보다 어두운 면이 틀림없이 있었다."고 말했다.[20]

가파른 지형에서는 이러한 가차 없는 사냥꾼들은 모든 동물의 무리들을 절벽 너머로 몰아서는 대량의 동물들이 썩도록 내버려 두었다. 이러한 관행은 역사 시대까지도 이어져서 캐나다 앨버타 주의 헤드스매쉬드인 버팔로 점프(Head-Smashed-In Buffalo Jump)와 같은 곳에서 행해졌다. 큰 들소에게는 행운이었지만 거대한 평원에서는 절벽이 드물다. 그러나 19세기의 몇십 년 동안 들소와 인디언을 거의 멸종에 가깝게 감소시킨 백인의 총에는 제한이 없었을 것이다. 허먼 멜빌(Herman Melville)은 "지금은 예의 바른 중개인이 당신에게 1인치당 1달러에 땅을 파는 …… 일리노이 주와 미주리 주의 대초원을, 40년도 되지 않은 과거에, 질주하는 들소의 무리들 수십만 마리씩이 뒤덮고 있었다."고 썼다.[21] 1인치당

Klein(Tucson: University of Arizona Press, 1984).

19) William Howells, ibid., p.206.

20) Ian Tattersall, ibid., p.203.

21) Herman Melville, *Moby Dick*, 105장. 죽임을 당한 큰 들소의 정확한 수는 알려져 있지 않지만, 그 추정치는 3천만 마리에서 6천만 마리 사이이다. 1870년대에는 1년에 1백만 마리 이상이 백인 사냥꾼들에 의해 죽임을 당했다. 19세기가 끝날 무렵에는 단지 몇

1달러의 땅, 이제는 그것이 문명이다.

현대의 수렵·채취자들—아마존 원주민들, 오스트레일리아의 토착민들, 이누잇, 칼라하리의 '부시맨'—은 자신들의 수를 제한하고 땅을 가볍게 밟으면서 생태계를 현명하게 관리하고 있다.[22] 과거의 수렵인들도 똑같이 현명했을 것이라고 가정하는 경우가 종종 있다. 그러나 고고학적 증거는 이러한 견해를 뒷받침하지 않는다. 석기시대의 수렵은 주된 생계수단이었고 겉으로 보기에 경계가 없는 듯한 지구에서 가장 풍요로운 환경 속에서 이루어졌다. 그렇게 되면, 우리는 대량으로 남아 있는 것들에서 추량하지 않으면 안 되며, 그것도 다음 언덕 너머에서 언제나 다른 대규모 사냥이 있었을 거라는 주식 중개원의 낙관주의를 갖고 추량한다. 최후의 그리고 가장 잘 기록된 대량 멸종—뉴질랜드와 마다가스카르의 날지 못하는 새들과 여타 동물들의 멸종—에서는 사람들에게 책임이 있다는 것을 의심할 여지가 전혀 없다.[23] 오스트레일리아의 생물학자 팀 플래너리(Tim Flannery)는 인간을 '미래 식객(future-eaters)'이라고 불렀다. 각 멸종은 가능성의 죽음이다.[24]

백 마리의 동물들이 남아 있었다.

22) 예를 들어 다음을 보라. Hugh Brody, *The Other Side of Eden: Hunters, Farmers and the Shaping of the World*(Vancouver: Douglas and McIntyre, 2000).

23) 다음을 보라. Alfred Crosby, ibid., *1986*; David Steadman, "Prehistoric Extinctions of Pacific Island Birds", *Science*, no. 267(February 1995), pp.1123~1131.

24) Tim Flannery, *The Future Eaters: An Ecological History of the Australasian Lands and People*(New York: Braziller, 1995).

그리하여 우리가 우리 자신에 대해 알 필요가 있는 것들 가운데에는 대량 학살로 시작되었다고 해도 무방한 후기 구석기 시대는 당신은 모든 것을 죽일 수 있다는 야생생물 바비큐로 끝났다는 사실이 있다. 수렵의 *완성*은 생활방식으로서 수렵의 *종식*을 초래했다. 쉽게 얻을 수 있는 고기는 보다 많은 아이들을 의미했다. 보다 많은 아이들은 보다 많은 사냥꾼을 의미했다. 보다 많은 사냥꾼은 머지 않아 보다 적은 사냥감을 의미했다. 이 시기에 일어난 세계를 가로지르는 대규모의 인간 이동의 대부분은 우리가 우리의 이동 축제일들로 땅을 파산시켰기 때문에 생긴 결핍에 의해 추동된 것이었음이 틀림없다.

구석기 시대의 마지막 천 년 동안의 서유럽에 관한 고고학적 연구들은 크로마뇽인들의 거대한 생활양식이 무너져 내리는 것을 보여 준다. 그들의 동굴 회화는 그 수가 적어지고 사라진다. 그들의 조상(彫像)과 조각물도 그 양이 드물어진다. 부싯돌의 날은 더 작아진다. 그들은 매머드를 죽이는 대신에 토끼를 쏘고 있다.

1930년대의 〈꼴사나운 사람들을 찬양하여〉라는 에세이에서 체코의 익살맞은 작가인 카렐 차페크(Karel Čapek)는 "인간은 매우 서투른 사냥꾼들인 개인들이 태어났을 때 단순한 사냥꾼이기를 그만두었다."고 말했다. 언젠가 누군가가 바그너의 음악에 대해 말한 바와 같이 차페크의 말은 실제보다 좋게 들린다. 구석기 시대 끝무렵의 수렵인들은 확실히 꼴사납지는 않았지만, 신중한 식객이라면 누구나 지켜야 할 규칙, 즉 *당신의 집주인을 죽이지*

*마라*는 규칙을 어겼기 때문에 서투른 사냥꾼이었다. 그들이 종을 하나씩 멸종으로 몰아감에 따라 그들은 첫 번째 진보 함정으로 걸어 들어갔다.

이들의 후손들 중 일부—최근까지 생존해 온 수렵·채취 사회들—는 사회라는 학교에서 자신들을 제어하는 법을 배웠을 것이다. 그러나 우리의 나머지 사람들은 판돈을 올리는 새로운 방법을 발견했다. 즉, 나중에 농경 또는 신석기 시대의 '혁명'으로 알려진 위대한 변화가 그것이다.

유목민과 정주민

수렵인들 사이에는 항상 많은 수의 비(非)수렵인들이 존재해 왔는데, 채취인들—우리가 추정하기로는 잘 영위되는 동굴의 일상 식단에 필요한 야생의 과일과 야채를 책임지는 사람들로서 주로 여성과 아이들로 구성되어 있었을 것이다—이 그들이다. 음식 공급에 대한 그들의 공헌은 사냥감이 죽어 없어짐에 따라 점점 더 중요해졌다.

중석기시대(Mesolithic; Middle Stone Age)라고 알려진 짧고 비참한 시기를 산 사람들은 모든 것을 시도했다. 강어귀나 소택지에서 산다든지, 해변에 떠밀려 온 것을 수확한다든지, 나무 뿌리들을 뽑는다든지, 작은 씨앗을 얻기 위해 야생의 풀들을 베어들인다

든지 했는데, 이것은 엄청난 함축이 포함된 실천이었다. 이러한 풀들 중에서 일부는 매우 귀중했고 그것을 개발하는 것이 노동집약적이어서 농경 *이전에* 핵심 지역에서 정착 마을들을 생겨나게 했다.[25] 채취자들은 우연히 흩어지거나 떨어진 채 지나친 씨앗들이 다음 해에 싹이 튼다는 것을 주목하기 시작했다. 그들은 가장 쉽게 수확되고 토실토실한 씨앗들을 뿌림으로써 야생의 농작물들을 재배하고 확장하여 산출에 영향을 주기 시작했다.

그러한 실험들은 결국에는 완전한 농업과 몇몇 단조로운 농작물들에 대한 거의 전적인 의존을 초래했겠지만, 그것은 몇 천 년 떨어진 훨씬 뒤의 일이었다. 이러한 초창기에 식물 재배자들은 여전히 주로 채취자들이었고 그들이 발견할 수 있었던 야생의 사냥감이나 물고기와 마찬가지로 매우 다양한 식물상(植物相)들을 이용하였다. 예를 들면, 칠레의 몬테 베르데(Monte Verde)에서는 직사각형의 오두막들로 구성된 영구적인 촌락이 1만 3천 년 전에 자리잡았다. 여기에서는 카멜리드(camelids)와 작은 사냥감, 곧 멸종

25) 중동에서 야생의 에머밀(emmer wheat)을 채취하는 현대의 실험들에서는 1헥타르당 4천5백 킬로그램까지 수확했다. 멕시코에서는 한나절 동안 옥수수의 야생 친척인 *테오신틀*(야생 옥수수)을 수확하면 한 사람이 열흘 동안 먹고 살 수 있다(다음을 보라. Clive Ponting, *A Green History of the World: The Environment and the Collapse of Great Civilizations*[London: Sinclair Stevenson, 1991], p.39). *테오신틀*(테오신테도)이 옥수수의 조상인지 아니면 좀더 먼 친척인지는 분명하지 않다. 일부 전문가들은 도움 없이는 그 자체로 씨를 뿌릴 수 없는 길들여진 옥수수가 야생의 친척들과 교배되어서 그 조상 유전자 풀을 죽여 없앴다고 믿고 있다. 오늘날의 유전학적으로 변형된 곡물들이 걷잡을 수 없게 되면, 다른 주요 산물들에서도 일어날 수 있는 일에 대해 미리 경계하는 것이다.

한 마스토돈(mastodon)을 사냥해서 생계를 유지했지만 유적에는 많은 야생의 야채 특히 감자 껍질들이 포함되어 있다.[26] 비록 몬테 베르데는 아메리카 대륙에 있는 어느 곳보다도 가장 초기의 인간 거주지이지만, 그것은 지역의 식물들에 대한 원숙하고 상세한 지식을 보여 주며, 그것들 중 몇몇은 결국 인디언 문명의 기초 작물이 되었을 것이다.

다른 커다란 유인원들과 우리를 갈라놓았던 작은 변동들이 축적되어서 나타난 결과와 마찬가지로, 농업 혁명은 너무도 점진적으로 진행되어 그것을 처음 시작한 사람들도 어떤 결과를 가져올지를 예측하는 것은 고사하고 의식하지도 못한 무의식적인 실험이었다. 그러나 그에 앞선 모든 발전들과 비교하면 그것은 아주 빠른 속도로 일어났다.

그것이 우리들 자신에 관해 우리에게 말해 주는 것이 무엇인지 관련해서 몹시 중요한 것은, 하나의 혁명이 아니라 다수의 혁명이 있었다는 점이다. 오스트레일리아를 제외한 모든 대륙에서 농업 실험들은 얼음이 녹기 시작하자마자 곧 시작되었다.[27] 좀더 오래

26) 다음을 보라. Tom D. Dillehay, ed., *Monte Verde: A Late Pleistocene Settlement in Chile*(Washington, DC: Smithsonian Books, 1989). 요약을 보려면 다음을 참조하라. Michael E. Moseley, *The Incas and Their Ancestors: The Archaeology of Peru*(London: Thames and Hudson, 1992), pp.83~85; Chris Scarre, *Past Worlds: The Times Atlas of Archaeology*(London: Time Books, 1988), p.70. 유적들은 특별한 건물에서 의식을 위해 사용된 것으로 보이는 약용 허브도 포함하고 있다.

27) 오스트레일리아가 예외가 된 것은 아마도 건조하고 불안정한 기후, 곡물 생산 잠재력이 있는 토착 식물의 부족에 따른 결과일 것이다. 오스트레일리아 대륙은 아메리카 대륙

된 책들(그리고 일부 최근의 책들[28])은 중동이나 비옥한 초승달 지대(Fertile Crescent, 나일 강과 티그리스 강과 페르시아 만을 연결하는 고대 농업 지대)의 중요성을 강조한다. 이 지역은 그 시절에 지중해 해안에서 아나톨리아의 고원과 이라크의 충적 평원들에 이르기까지 뻗어 있었다. 빵에 기반을 둔 모든 문명은 이 지역에서 나온 주요 산물들에서 파생되었는데, 이 지역은 우리에게 밀, 보리, 양, 염소를 주었다.

중동이 거의 동시에 독자적으로 농업이 발달한 적어도 네 군데의 세계 주요 지역 중의 하나였다는 것은 이제 명백하다. 그 이외의 지역들은 쌀과 기장이 주요 산물이었던 극동, 옥수수와 콩과 호박과 아마란스(amaranth), 토마토에 기반을 둔 문명인 중미(멕시코와 중미의 인접한 지역들), 많은 종류의 감자와 여타의 괴경(塊莖) 작물과 호박과 목화와 땅콩과 키노아(quinoa)[29]와 같은 고단

보다 훨씬 먼저 주민이 정착했고, 식량의 위기—큰 사냥감의 멸종—는 세계 기후의 불안정성이 농업적 실험들을 불가능하게 했을 때 일어났을지도 모른다.

28) 예를 들면 다음 책이 있다. Jared Diamond, *Guns, Germs, and Steel: The Fates of Human Societies*(New York: W. W. Norton, 1997). 이 책은 싹(germ)에 관해서 많은 정보를 제공하지만, 고고학적 · 역사적 자료나 해석에 관해서 믿어서는 안 된다. 특히, 신세계의 농업에 대한 연대 결정과 기술은 흠집투성이이며, 아타우알파(Atahuallpa)의 전복 과정과 여타 스페인의 정복에 대한 묘사는 중요한 자료를 생략하고 있어 내가 보기에는 편향적이다.

29) 키노아는 명아주(Chenopodium, goosefoot)과의 비곡식류(non-cereal) 곡물이다. 멕시코에서 새로운 발견들은 약 6,250년 전의 길들인 옥수수에 관해 보고하고 있다(〈사이언스〉 지 2003년 11월 14일자를 보라). 큰 열매가 있고 생산성이 높은 옥수수는 그보다 약 2천 년 뒤에 개발되었는데 그때는 식단에서 옥수수의 중요성이 급속하게 커지고 옥수수가 중미에서 남미로 확산되던 때였다. 남미의 식물인 카사바는 다른 길을 걸었

백 곡물을 개발한 남미의 안데스 산지 지역 등이다. 이런 중심부에서는 모두 농작물 길들이기가 8천 년에서 1만 년 전 사이에 나타난다.[30] 이 커다란 네 군데 이외에도 열대의 동남아시아, 이디오피아, 아마존, 북미의 동부를 포함하는 다수의 보다 작은 기반 지역들이 존재하는데, 앞서의 지역은 각각 우리에게 바나나, 커피, 카사바, 해바라기를 주었다.[31] 연관되지 않은 사람들이 때때로 동일한 식물들을 개발했는데, 목화와 땅콩은 신세계와 구세계에서 두 종류가 각기 동시에 개발되었다.

동물 길들이기는 증명하기가 더 힘들지만, 사람들이 농작물을 개발하고 있던 때와 거의 동시에 그들은 특정 유제류(有蹄類)와 새들이 사람을 따르게 하고 그것들을 우리에 넣고 지속 가능한 비율로 죽일 수 있는 방법을 배웠다. 여러 세대를 거쳐서 이러한 동물들은 충분히 길들여지고 멍청해져서는 자신들을 줄곧 따라다

다. 다음을 보라. Robert J. Sharer, *The Ancient Maya*(Stanford, CA: Stanford University Press, 1994), p.54.

30) 안데스와 중미에서 가장 빨리 길들여진 식물들은 중동의 식물들과 연대 면에서 필적한다. 섬유나 깔짚으로 사용된 몇몇을 포함해서 1만 년 전까지 거슬러 올라가는 채취되고 재배된 식물들은 페루의 기타레로(Guitarrero) 동굴에서 발견되었다. 현재의 일반콩과 리마콩, 칠레 고추는 확실히 길들여진 식물들이다. 초기의 길든 우유코(olluco, 페루산 감자의 일종)와 감자 또한 1만 년 전부터 길들여졌는데 고지(高地) 칠카(Chilca)의 분수계에 있는 트레스 벤타나스(Tres Ventanas)에서 발견되었고, 이 시대의 조롱박은 아야쿠초(Ayacucho)에서 발견되었다. 다음을 보라. Michael E. Moseley, ibid., pp.96~97.

31) 고대의 씨앗들은 습한 장소보다는 건조한 장소에서 훨씬 더 잘 보관되었다. 그렇기 때문에 동남아시아, 뉴기니, 아마존의 정글들처럼 저지(低地) 지역의 중요성이 증거가 없다는 이유로 평가절하될지도 모른다. 뉴기니의 쿡(Kuk) 늪에서 새롭게 발견된 흔적들은 약 7천 년 전에 타로토란(taro)과 바나나, 설탕이 재배되었음을 암시해 준다.

니던 두 발 가진 연쇄 살해자를 마음에 두지 않게 되었다. 채취가 원예로 발전했듯이 수렵은 목축으로 변했다.

양과 염소는 중동에서 약 8천 년 전에 기르기 시작한 최초의 진정한 길들인 동물들이었다. 길든 카멜리드—라마와 알파카의 초기 형태들로 고기뿐만 아니라 짐을 운반하거나 털을 얻기 위해서도 이용되었다—는 유라시아에서 소와 거의 같은 시기인 기원전 6천 년대에 페루에서 나타나는데, 카멜리드나 초기 소도 젖을 짜는 데는 이용하지 않았다. 당나귀와 말은 기원전 4000년경에 길들여졌다. 개와 돼지, 고양이와 같은 보다 교활한 동물들은 오랫동안 먹다 남긴 것이나 음식물 찌꺼기, 곡식 창고에 모여든 쥐떼에 대한 답례로 인간의 정착지 주위를 기꺼이 어슬렁거려 왔다. 개는 구석기 시대에 사냥을 위해 길들여졌을지도 모르는데, 전 세계에 걸쳐서 인간 집단과 함께 발견된다. 추운 날씨에서는 개들은 때때로 잠자리를 따뜻하게 하는 용도로 이용되었다. 한국과 멕시코 같은 곳에서는 특별한 품종들을 고기를 얻기 위해 키웠다. 닭은 화려한 깃털이 달린 아시아의 멧닭과 마찬가지로 커넬 샌더스(Colonel Sanders, KFC를 상징하는 인물)의 위(胃)를 향한 슬픈 행진을 시작한 반면, 멕시코에서는 칠면조를 길들였다. 라마와 알파카와 함께 페루 인들은 물오리와 발달 정도는 낮지만 새끼를 많이 낳는 기니 돼지를 키웠다. 이 돼지는 식민지 시대풍의 한 그림에서 예수의 최후의 만찬 메뉴로 깜짝 출연을 하기도 했다.[32]

기니 돼지와 치와와를 먹었다는 것이 암시하듯이, 아메리카 대륙은 구세계보다 길들일 수 있는 동물들을 덜 부여받았다. 그러나 신세계는 식물의 보다 광활하고 생산적인 분포구역을 개발함으로써 보상을 받았다. 페루만 해도 40개에 가까운 주요 종들을 갖고 있었다.[33] 그런 식물들은 결국에 아메리카 대륙의 거대한 토착 도시들을 부양했으며, 그것들 중 몇몇은 구세계에 도입되었을 때 그곳의 영양과 경제를 변모시켰다.

식량 공급이 더욱 예측 가능하게 될수록 인구는 늘어난다. 이동하면서 마소의 꼴을 구하는 유목민과는 달리 정주민(定住民)들은 아이의 수를 제한할 이유가 거의 없는데, 그것은 아이들이 들판과 가정에서 일을 도우는 데 유용했기 때문이다. 체지방의 수준

---

32) 이 그림은 구(舊) 잉카제국의 수도였던 쿠스코(Cusco)의 대성당에 걸려 있다. 에드워드 랜닝(Edward Lanning)은 자신의 저작에서 페루의 길들여진 식물과 동물에 대한 좋은 요약을 제공하고 있다(*Peru before the Incas*, Englewood Cliffs, NJ: Prentice-Hall, 1967). 이런 것들의 기원과 연대는 그 후 기타레로 동굴과 여타 지역의 발견들로 더욱 잘 알려지게 되었다. 잉카의 언어인 케추아 어(Quechua)에는 닭에 대한 고유 단어가 있으며, 페루에는 콜럼버스 이전에 아시아–폴리네시아 계통의 닭이 있었다는 증거가 늘어나고 있다.

33) 랜닝은 39개의 종을 열거하고 있다(ibid., p.15). 또한 다음 책도 보라. National Research Council, *Lost Crops of the Incas*. 이 책은 범세계적인 잠재성이 있지만 소홀히 취급된 30개의 안데스 산지의 농작물들을 열거하고 남미에서 기원한 다수의 농작물들에 대해서도 기술한다. 중미는 이것들 중 일부만을 공유했지만 토종 식물의 다양성에서는 똑같이 풍부했다. 옥수수와 감자는 밀보다 거의 두 배 더 생산적이다(다음을 보라. Clive Ponting, ibid., p.112). 허먼 바이올라(Herman Viola)와 캐럴린 마골리스(Carolyn Margolis)는 신세계의 농작물들이 구세계에 미친 영향을 상세히 기록하는데(*Seeds of Change: A Quincentennial Commemoration*, Washington, DC: Smithsonian Institution Press, 1991), 이 문제는 제5장에서 다시 다룰 것이다.

이 더 높아지고 동물의 젖이나 곡물로 된 유아식 덕분에 이유(離乳)를 더 일찍 할 수 있었기 때문에 여성의 출산율이 높아지는 경향이 있었다. 농경인들은 곧 수렵 · 채취인들보다 그 수가 —흡수하거나 죽이거나, 아니면 그들을 주변의 '황무지'로 몰아냄으로써— 많아졌다.

우리의 현대적 아종(亞種)이 지구의 상속자로서 정당하거나 부정한 수단을 통해 출현한 후기 구석기 시대의 시작 무렵에는 그 수는 아마도 모두 합쳐서 1백만 명의 3분의 1 수준이었을 것이다.[34] 농업이 시작되기 직전이고 모든 거주 가능한 대륙에 인간이 정착한 다음인 약 1만 년 전에는 약 3백 만 명으로 증대되었고, 농경이 모든 기반 지역에서 정착되고 완전한 문명이 수메르와 이집트에서 시작된 약 5천 년 전에 우리는 전 세계적으로 1천5백 만 명에서 2천만 명 사이에 이르렀을 것이다.

그러한 계산은 단지 경험에서 나온 추측이고, 내가 방금 말한 그 밖의 모든 것은 물론 과도하게 단순화한 것이다. 전업(專業) 농업으로 변동하는 데는 몇 천 년이 걸렸고, 초기의 결과들은 중동과 같은 핵심 지대에서조차도 항상 유망한 것은 아니었다. 신석기 시대의 예리코(Jericho)는 조그마했고, 기원전 8000년에는 단지 약 2헥타르였으며, 4헥타르로 늘어나는 데 또다른 1천5백 년이 걸렸다. 기원전 7000년에서 5500년 사이에 비옥한 초승달 지대에서 가

34) Christopher Stringer and Robin McKie, ibid., p.163.

장 큰 정착지였던 터키의 카탈 후유크(Çatal Hüyük)라는 거주지는 단지 13헥타르였으며, 그 거주민들은 자신들의 단백질의 많은 부분을 야생의 사냥감에 의존하였다. 캐나다의 어떤 농민이라도 알고 있듯이, 수렵은 그것이 재미있거나 시간과 노력을 들일 만한 곳에서는 어디에서든 농부들 사이에서 지속되었다. 이것은 가축이 부족한 아메리카 대륙과 아시아 대륙의 일부에서는 특히 그러하다. 그럼에도 성장의 속도는 가속화되었다. 약 5천 년 전에는 인간의 대부분이 야생의 식량에서 길들인 식량으로 이행을 완수했다.

농업 혁명

그 결과가 가져온 중대성에 비추어 볼 때, 어떠한 다른 발명도 농업에 필적하지 못한다(1940년 이래 인류를 죽일 수 있는 무기들의 발명은 제외하고). 인간의 이력은 두 가지로 분리된다. 신석기 혁명 이전의 모든 것과 이후의 모든 것이 그것이다. 비록 세 단계의 석기시대—구석기, 중석기, 신석기—가 하나의 조합으로 묶일 수 있는 것처럼 보일지 몰라도 그렇지 않다. 신석기 시대는 그 이전에 있었던 석기를 도구로 사용했던 1백만 년의 세월보다는 신석기 시대 이후의 시대들과 훨씬 더 많은 공통점이 있다.

농업 혁명은 완전히 새로운 생계유지 양식을 낳았으며, 이것은 오늘날까지 세계 경제의 기초로 남아 있다. 석기시대 후기의 식량

테크놀로지는 그것 없이 우리가 살 수 없는 그런 종류의 유일한 테크놀로지이다. 약 12명의 고대 사람들의 농작물들이 오늘날 지구상의 60억 명을 먹여 살린다. 과학적인 농작물 품종개량을 위한 2세기 이상의 노력과 1960년대의 소위 녹색혁명과 1990년대의 유전공학에도 선사시대 이래의 우리 농작물의 목록에 단 하나의 새로운 주요 산물도 추가되지 않았다.

신석기 시대가 결국에는 세계의 몇몇 지역에서 금속가공과 유럽에서 산업혁명을 발생시켰지만, 이것들은 생계유지에서 근본적인 변천이 아니라 동일한 주제를 기초로 한 정교화들이었다. 신석기 시대의 마을들은 청동기 시대나 철기 시대의 마을—또는 그 문제에 관해서는 현대 제3세계의 마을—과 매우 유사했다.

인간 발전의 단계를 도구의 재료에 의해 분류하는 빅토리아조의 고고학적 도식은 신석기 시대 이후에는 무용한 것이 되었다. 그것은 테크놀로지가 종종 사회 변동과 연계된 유럽에서는 일정한 장점을 가질지도 모르겠다. 하지만 우리의 기술중심적 문화가 기초적인 것으로 간주하는 물건들—금속, 쟁기, 바퀴—이 결여된 것을 재치 있게 피해 나가거나 역으로 그런 물건들이 하찮은 곳에서 무슨 일이 일어났는지를 이해하는 데는 거의 아무런 도움이 되지 못한다.[35] 예를 들면, 메소포타미아는 기원전 4000년경에 바퀴

35) 브루스 트리거(Bruce Trigger)에 따르면, "초기 문명의 발전을 조형하는 주요 경제적 요인은 보다 집약적인 식량 생산이었으며, 그것에 대해 자르는 도구의 테크놀로지들

를 발명했지만, 메소포타미아의 가까운 이웃인 이집트는 다음 2천년 동안 바퀴를 전혀 이용하지 않았다. 고전적 시기의 마야는 수학과 천문학에서 고전시대의 유럽에 필적할 만한 교양 있는 문명이었는데, 금속을 거의 이용하지 않았기 때문에 그들은 기술적으로 석기시대에 있었다.[36]

대조적으로, 사하라 사막 이남의 아프리카는 기원전 500년에 (중국이 했던 것만큼 빨리) 철제품 제작법에 숙달되었지만 결코 본격적인 문명을 발전시키지 못했다.[37] 기원전 1500년경에 금속 제조가 시작되었던 페루의 잉카는 세계에서 가장 거대하고 정교하게 통치된 제국을 건설했지만, 우리가 알고 있는 바와 같이 글쓰기 없이 그러한 일을 이루어냈는지도 모른다(비록 그들의 결승문자 체계가 진정으로 문자의 한 형식이었다는 증거가 늘어나고 있지

은 단지 사소한 구실을 했을 뿐이었다.…… 각 초기 문명에서 유용한 도구들의 복잡성은 농업 생산의 집약성과 상관관계를 갖지 않는다. 이러한 문명들 중 어떤 것도 철기시대 유럽의 부족 사회들이 소유한 것만큼 정교한 도구들을 가진 것처럼 보이지 않는다" (ibid., p.33).

36) 데이비드 웹스터(David Webster)는 다음과 같이 쓴다. "극도로 복합적인 사회는 많은 기술적 변동 없이도 진화할 수 있는데, 이것은 우리에게 매우 반(反)직관적인 관념이다. 왜냐하면 우리의 삶은 급속하고 강력한 혁신들에 의해서 영향을 받고 있기 때문이다" (*The Fall of the Ancient Maya: Solving the Mystery of the Maya Collapse*[London: Thames and Hudson, 2002], p.77).

37) 중국에서는 석기 · 청동기 · 철기 '시대들'이 오랫동안 공존했고, 기술적인 단계들도 서(西)유라시아의 가정된 '논리적인' 계승을 따르지 않았다. 청동기는 철의 발견 이후에도 오랫동안 여전히 무기로 선호되었다. 윌리엄 왓슨(William Watson)은 다음과 같이 쓴다. "철은 단조되기 전에 몇 세기 동안 내던져졌는데, 이러한 사실은 이 기술의 자연적 발전에 대한 우리의 서구적 선입견을 당혹하게 한다" (*China*, London: Thames and Hudson, 1961, p.15).

만).[38] 일본은 어느 누구보다도 오래전에—1만 2천 년 전보다 이전에— 도기류를 만들었지만 쌀 경작과 완전한 문명은 다음 1만 년 동안 출현하지 않았고, 중국과 한국에서 대대적으로 받아들였다. 일본인들은 기원전 500년까지 청동을 다루지 않았지만, 16세기경에는 철제 검으로 유명하게 되었다. 그때에 그들은 유럽의 화기들을 획득하였고, 그러고 나서는 300년 동안 그것들을 버려두었다.

따라서 우리는 기술결정론을 경계하지 않으면 안 된다. 그것은 기술결정론이 문화적 요인들을 과소평가하고 인간의 적응이

---

38) 도로시 호슬러(Dorothy Hosler)는 자신의 논문에서 두 가지 뚜렷하게 구별되는 금속 제조의 전통이 안데스에서 발흥했다고 주장하면서 남미에서 멕시코에 이르는 야금술 기법의 기원과 확산에 대해 논의하고 있다("Ancient West Mexican Metallurgy: South and Central American Origins and West Mexican Transformations", *American Anthropologist 90*, no. 4, 1988, pp.832~855). 남부 안데스에서 금속 제조는 볼리비아의 완카라니(Wankarani) 거주지(가장 큰 거주지는 700이 넘는 거처를 갖고 있었다)와 안다우아일라스(Andahuaylas) 근처의 와이와카(Waywaka)에서 구리 슬래그(slag)의 형태로 규정되어 왔다(다음을 보라. Michael E. Moseley, ibid., pp.144~148). 잉카 시대에는 청동기의 일상적인 사용이 널리 확산되었다. 아마도 유성처럼 일시적 현상이겠지만 일부 철이 알려졌다는 사실은 옛 케추아 어에 철에 대한 단어(qquillay 또는 kkhellay)가 존재한다는 것에 의해 암시된다. 결승문자(quipu, khipu)는 창고에 저장된 끈들에 대한 정교한 기록이었으며 공적 관리에 의해 관리되었다. 그 의미는 매듭의 유형과 위치와 색깔 등에 의해서 기호화되었다. 결승문자를 읽는 열쇠는 정복 시기에 상실되었는데, 이때 문서 저장고가 파괴되고 관리들 대부분이 죽거나 달아났다. 결승문자의 수학은 (마야문명이 그랬던 것처럼) 영(zero)을 사용했지만 십진법에 바탕을 두었고 중미처럼 20진법에 바탕을 둔 것은 아니었다는 것이 알려졌다. 살아남은 잉카 인들은 결승문자가 통계적 정보와 마찬가지로 이야기(narrative)도 잘 보존할 수 있었다고 주장했다. 최근까지 학자들은 이것에 대해 회의적이었지만, 게리 어턴(Gary Urton)의 새로운 연구는 그 체계가 적어도 1,536개의 '정보 단위' 또는 기호—수메르의 설형문자보다 많은—을 가진 '삼차원의 이진법 약호(three-dimensional binary code)'였다는 것을 시사한다. 〈사이언스〉 지 2003년 6월 12일자를 보라.

라는 복잡한 문제들을 "우리는 역사의 승리자들이고, 따라서 왜 다른 사람들은 우리가 한 것을 하지 않는가?"라는 식의 단순한 문제로 환원하는 경향이 있기 때문이다. 우리는 농업과 문명을 '발명' 또는 '실험'이라고 부르는데, 그것은 되돌아보면 그것들이 어떻게 보이는지를 잘 나타내 주기 때문이다. 그러나 그것들은 우연히 시작되었고, 한 길을 따라가는 일련의 매혹적인 걸음들이 사람들 대부분을 단조롭고 수고스러운 삶으로 인도하였다. 농업은 질을 희생한 대가로 양을 성취하였다. 즉, 더 많은 식량과 사람이 생겨났지만, 더 나은 영양상태와 삶은 좀처럼 생겨나지 않았다. 사람들은 한 움큼의 녹말기 있는 뿌리와 풀—밀, 보리, 쌀, 감자, 옥수수—을 얻기 위해 광범위한 야생 식량들을 포기했다. 우리가 식물들을 길들였듯이 식물들은 우리를 길들였다. 우리 없이는 식물들이 죽고, 또한 식물들 없이는 우리도 죽는다. 대규모 기아에 허덕이는 것 이외에는 농업에서 탈출할 수 없고, 농업은 여하튼 종종 가뭄과 마름병과 함께 기아로 이끌어 왔다. 거의 모든 시대에 걸쳐서 사람들 대부분은 배고픔의 가장자리에서—그리고 세계의 많은 부분이 여전히 그러고 있다—살아왔다.[39]

---

39) 예를 들면, 초기 중세시대의 프랑스 메로빙(Meroving) 왕조의 해골들은 만성적인 기아 상태를 보여 주는데, 부분적으로는 금속이 무기를 위해 비축되어서 석기를 만드는 방법을 더는 알지 못하는 농부들이 나무 괭이와 쟁기로 땅을 긁어 파게 내버려두었기 때문이다. 조지스 두비(Georges Duby)와 로버트 만드루(Robert Mandrou)는 다음 책에서 이를 인용하였다. Jane Jacobs, *The Economy of Cities*(New York: Random House, 1969), pp.14~15.

부와 권력의 탄생

수렵 · 채취 사회(약간의 특수한 사례들을 제외하고)에서는 사회구조가 다소간 평등주의적이었고, 가장 많은 사람과 가장 적은 사람 사이의 부와 권력에는 단지 근소한 차이만이 존재했다. 리더십은 합의의 문제로 분산되어 있거나, 공적(功績)이나 본보기에 의해서 얻어지는 무엇이었다. 성공적인 사냥꾼은 자신이 죽인 동물의 옆에 앉아서 즉석에서 혼자 먹지 않았고, 고기를 나눠주고 그리하여 신망을 얻었다. 만일 어떤 지도자가 위압적이거나 소수가 다수의 결정을 싫어한다면 사람들은 떠날 수 있었다. 고정된 경계나 소유물이 없었던 혼잡하지 않은 세계에서는 불만을 표시하고 다른 곳으로 가는 것이 쉬웠다.

마지막 빙하기 이후에 세계 곳곳에서 출현한 다수의 농업 중심부의 초기 성읍과 마을은 얼마 동안 이러한 자유롭고 쉬운 방식들을 지속한 것처럼 보인다. 그것들 대부분은 유사한 일들을 하고 거의 동등한 생활 수준을 누린 소규모 농민 공동체들이었다.[40] 땅은 공동으로 소유하거나 신(神)들 이외에는 소유주가 없다고 생각했다. 노력과 기술을 통해 더욱 부유하게 될 수 있던 농민들은 혈연에 의해 결속된 궁핍한 사람들과 공유할 의무를 갖고 있었다. 그러나 점진적으로 부와 권력에서 차이가 나타나게 되었다. 인구

40) 화산에 가까이 있던 카탈 후유크는 흑요석을 매매하던 곳으로 보인다.

가 늘어나고 집단들 사이의 경계가 강화되면서 자유와 사회적 기회는 줄어들었다. 이러한 유형은 중동의 신석기 마을들에서 처음 나타나서는 전 세계에 걸쳐서 반복되었다. 예를 들면, 다뉴브 강가의 최초의 농민들은 자신들의 유물 속에 도구들만 남겨 두었지만, 나중의 정착지들은 무겁게 요새화되고 무기들로 뒤덮여졌다. 이 점에 대해 오스트레일리아의 위대한 고고학자 고든 차일드(Gordon Childe)는 "우리는 거의 모두 땅이 부족해짐에 따라 …… 만인에 대한 만인의 전쟁이 발흥하는 것을 본다."고 말했다.[41] 히틀러의 *생활권*(Lebensraum)[42]이라는 팽창주의적 정책이 펼쳐지던 1942년에 이러한 말들을 썼기 때문에, 차일드는 세계가 석기시대부터 자신의 시대까지 얼마나 변한 게 없는지를 강조할 필요가 없었다.

존슨 박사가 말했듯이 애국심은 진정 '악당의 마지막 피난처'일지 모르지만, 애국심은 폭군의 첫 번째 의지 수단이기도 하다. 외부자들을 두려워하는 사람들은 쉽게 조종된다. 이른바 사회의 보호자들인 전사 계급은 종종 보호를 대가로 돈을 뜯는 자들이 된다. 전쟁이나 위기의 시대에는 소수가 안전에 대한 약속을 빌미로 다수에게서 권력을 쉽게 훔친다. 적이 파악하기 어렵거나 상상적일수록 동의를 만들어내기에는 더 유리한 조건이 된다. 종교재판

---

41) Gordon Childe, *What Happened in History*(Harmondsworth, UK: Pelican, 1964), p.74.

42) 독일 국민(Volk)을 위한 '생활공간(living room)'.

소는 악마에 대한 장사를 잘했다.[43] 그리고 20세기의 자본주의와 공산주의 사이의 투쟁은 과거 종교전쟁의 모든 특질들을 갖고 있었다. 양 체제 중 어느 하나를 수호하는 것이 세계를 날려버릴 위험을 무릅쓸 만한 가치가 *진정으로* 있었는가?

이제 우리는 테러리즘이 마치 새로운 무엇인 양 세계적인 규모의 '테러에 대한 전쟁'을 구실로 삼는 가운데 어렵게 얻은 자유들을 잃어가고 있다(그것이 새로운 것이라고 생각하는 사람들은 무정부주의자이면서 자살 폭파범인 한 인물이 폭발물로 가득한 옷을 입고서 런던을 배회하는 모습을 그린 소설 《비밀 요원*The Secret Agent*》을 읽어야 할 것이다. 이 소설은 1백 년 전에 조셉 콘래드[Joseph Conrad]가 쓴 것이다).[44] 무슬림의 광신자가 이교도, 무정부주의자, 특히 냉전시대에 걸쳐서 군사 예산에 크게 도움이 되었던 소련의 군사적 위협(Red Menace)의 알맞은 후계자임을 증명하고 있다.

---

43) 계몽시대 이래 악마의 쇠퇴는 프랑스의 위대한 지질학자이자 박물학자인 조르주 퀴비에(Georges Cuvier, 1769~1832)의 삶에 나오는 한 일화에 의해 잘 예증된다. 퀴비에의 학생들 중 한 명이 어느 날 밤 염소를 닮은 악마처럼 차려 입고 그의 침실로 뛰어들어와서는 그를 삼켜버리겠다고 위협하였다. 퀴비에는 그 유령 같은 존재를 위아래로 쳐다보고서는 다음과 같이 말했다. "나는 네가 그렇게 할 수 있는지 의심된다. 너는 뿔과 발굽을 갖고 있다. 너는 식물만을 먹는다"(Glyn Daniel, ibid., p.34).

44) 《비밀 요원》은 1906년에 연재물로 출판되었고, 1907년에 책으로 출간되었다. '테러리즘'이란 단어는 프랑스 혁명 시기에 폭도의 폭력이라는 의미를 띠고 생겨났다. 1813년에 존 애덤스(John Adams)는 필라델피아의 폭동들을 상기하는 한 편지에서 토머스 제퍼슨(Thomas Jefferson)에게 다음과 같이 물었다. "제퍼슨씨, 당신은 테러리즘이 무엇이라고 생각하십니까?"

두 개의 세계

신석기 혁명은 그 발달 과정이 발견되는 곳에서는 어디에서나 불가피했거나 그에 가까웠던 것처럼 보인다. 만일 농업의 발견이 환경의 특이한 결합에 의해 촉발되었다면, 우리는 그것이 하나의 특정 장소에서만 발생해서 거기에서 바깥쪽으로 확산되거나 매우 드물게 발생하고 크게 상이한 시기에 발생하는 것을 볼 수 있기를 기대할 것이다. 후기 구석기 시대(또는 그보다 약간 앞서서[45])까지는 자연은 모든 지겹게 참견하길 좋아하는 유인원들을 하나의 커다란 실험실, 즉 구세계에 두었다. 그러나 일단 유인원들이 밖으로 나가서 신대륙으로 나아가기 시작하자, 두 개의 실험실이 존재하게 되었다. 각 실험실은 상이한 원 재료를 갖추고 있었고 빙하가 녹으면서 바닷물의 수위가 높아지자 대체로 서로 격리되었다.[46] 각 실험실의 식물, 동물, 환경, 테크놀로지가 그렇게 상이하다는 점을 고려하면, 놀라운 일은 지구의 각기 다른 부분에서 얼마나 유사한 경로를 걸었는지—그리고 그 결과들이 얼마나 유사한 것으로 판명되었는지— 하는 점이다.

---

45) 일부 학자들은 아메리카 대륙으로 소규모로 이주한 것은 약 5만 년 전이었다고 주장한다. 그러나 약 1만 5천 년 전까지는 아메리카 대륙에 사람들이 정착하지 않았다는 것이 일반적인 견해이다.

46) 오스트레일리아는 제3의 실험실이었다. 왜 거기에서는 결코 농업이 발달하지 않았는지에 대해서는 견해가 엇갈린다(각주 27을 보라). 그러나 참마(yam)와 여타 야생 식물을 정규적으로 재배—원예농업으로 진전한 중요한 한 단계—함으로써 유지된 돌로 건설된 마을들의 유적이 존재한다.

스페인 사람들이 16세기 초에 아메리카 대륙의 본토에 도착할 때까지 서반구 사람들과 동반구 사람들은 그들의 조상이 사냥감이 바닥난 빙하시대의 수렵인으로서 헤어진 이래 만난 적이 없었다. 콜럼버스 이전에 약간의 접촉—폴리네시아 인, 바이킹, 아마도 아시아 인과의—이 있었던 것은 사실이지만, 너무도 잠시간의 일이고 나중의 일이어서 토착의 식물상(flora)과 동물상(fauna) 또는 문명의 발흥에 영향을 줄 수 없었다. 노르웨이의 쥐나 바퀴벌레처럼 유능한 선원조차도 콜럼버스 이전에 아메리카 대륙에 도착할 수 없었다. 구세계의 끔찍한 전염병, 예컨대 천연두도 도달할 수 없었다.[47]

1500년대 초기에 일어난 일은 진정으로 예외적인 것이었고, 전에도 일어난 적이 없고 앞으로도 결코 일어날 수 없는 그런 일이었다. 1만 5천 년 또는 그 이상 분리되어서 진행되었던 두 개의 문화적 실험들이 마침내 대면하게 된 것이다. 놀랍게도, 여하튼 그때에, 각기 상대의 제도들을 인식할 수 있었다. 에르난 코르테스(Hernan Cortés)가 멕시코에 상륙했을 때, 그는 도로, 운하, 도시, 왕궁, 학교, 법정, 시장, 관개 시설, 왕, 사제, 사원, 농부, 장인, 군대, 천문학자, 상인, 스포츠, 극장, 미술, 음악, 책 등을 발견했다. 세목에서는 상이하지만 본질적 요소에서는 유사한 고도의 문명이 지구의 양 면에서 독립적으로 진화한 것이다.

---

47) 이러한 세계적 유행병들과 그것들의 효과에 대해서는 제5장에서 논할 것이다.

아메리카 대륙의 시험적 사례는 우리가 어디에서나 유사한 욕구, 정욕, 희망, 어리석음에 의해서 추동되는 예측 가능한 생물이라는 점을 시사해 준다. 다른 곳에서 독립적으로 진행된 보다 소규모의 실험들은 동일한 수준의 복합성에 도달하지 못했지만, 다수가 동일한 추세를 보여 주었다. 한두 대의 배에 탄 용맹한 뱃사람들의 후손들이 정착한 폴리네시아의 멀리 떨어진 섬들에서조차 사회적 계급, 집약적 농업, 암석 기념물 등을 완비한 소문명들이 발흥했다.

세계의 기후

이러한 별개의 발전들이 갖고 있는 유사성뿐만 아니라 동시대성까지 직면한 상황에서 우리는 다음과 같이 묻지 않으면 안 된다. 왜 최후의 빙하기가 끝나기 *전에는* 어디에서도 어떤 농작물도 길들여지지 않았을까? 2만 년 전의 사람들은 1만 년 전의 사람들과 꼭 마찬가지로 영리했다. 그들이 사냥감을 배불리 먹었던 것은 아니며, 빙하는 보다 낮은 위도에서는 지배력을 행사하지 못했다.

이 질문에 대한 한 가지 가능한 답은 이제는 우리에게 걱정거리이다. 고대의 빙하의 핵들은 나무의 나이테처럼 연간 기록을 남기는데, 기후학자들이 이를 연구하여 25만 년 동안에 걸친 지구의 평균 기온을 추적할 수 있게 되었다. 이러한 연구들은 세계의 기후가 과거 1만 년 동안 유별나게 안정적이었다는 것을 보여 준다. 농업과 문명의 수명과 정확히 일치한다. 우리가 비록 시도를 했다고 하더라도 그 이전에는 농업을 발선시킬 수 없었던 것처럼 보인다. 그 연구들은 또한 지구의 기후가 여러 세기에 걸쳐서가 아니라 *몇 십 년* 사이에 하나의 빙하시대에서 뛰쳐나오기도 하면서—또는 하나의 빙하시대로 뛰어들기도 하면서—때때로 거칠게 요동쳤다는 것을 보여 준다.[48]

그러한 사건들의 자연적인 계기들은 잘 이해되지 않고 있다. 일부 종류의 연쇄 반응은 급속한 전복—아마도 대양 해류의 갑작스런 역류나 북극지방의 영구 동토층이 녹으면서 메탄이 방출되는 것 같은—을 불러일으킬 수도 있다. 리처드 앨리(Richard Alley)는 빙하 핵 연구에 관한 자신의 책에서 틀림없이 명백한 다음과 같은 사실을 지적하고 있다. "인간은 오늘날 우리가 갖고 있는 기후에 적응한 문명을 건설했다. 점차적으로 인류는 이 기후가 제공하는 모든 것을 이용하고 있으며 …… (그리고) 지난 몇 천 년의 기후는 거의 최상을 유지했다."[49]

변동은 우리의 관심사가 아니다. 우리의 유일한 합리적 정책

---

48) 다음을 보라. Richard Alley, *The Two-Mile Time Machine: Ice Cores, Abrupt Climate Change, and Our Future*(Princeton, NJ: Princeton University Press, 2000). 2004년경에, 영국의 연구자들이 80만 년 전으로 거슬러 올라가는 극지방의 빙하 핵을 얻었다(BBC 월드뉴스, 2004년 6월 9일). 극심한 동요의 한 시기는 3만 5천 년 전에서 4만 년 전쯤에 있었는데, 이것이 남쪽에 살면서 따뜻한 기후에 적응한 인류의 한 갈래—크로마뇽인들—가 북쪽에 살면서 추위에 적응한 네안데르탈인들을 침입할 수 있게 했는지도 모른다.

은 변동을 불러일으킬 위험을 무릅쓰지 않는 것이다. 그러나 우리는 문명 그 자체가 화석연료의 방출물들과 여타 교란 요소들을 통해서 문명을 성장시켜 온 오랜 고요를 전복시켜 가고 있다는 풍부한 증거를 마주치고 있다. 북극과 남극에 빙하층들이 부서져내리고 있다. 안데스 산지와 히말라야 산지의 빙하들이 녹고 있으며, 일부는 단 25년 안에 사라졌다.[50] 가뭄과 유별나게 더운 날씨는 이미 8년 동안 연속으로 세계의 곡물 산출을 떨어뜨리거나 정체시키는 원인이 되었다. 그 8년 동안 먹여야 할 인구는 60억 명으로 늘어났다.

꾸준히 날씨가 따뜻한 것은 충분히 나쁜 결과를 초래하겠지만, 최악의 결과는 지구의 기후 균형이 갑자기 전복—땀과 오한의 낡은 체제로 돌아가는 것—되는 것이다. 만일 그러한 일이 일어난다면, 농작물들은 어떤 곳에서도 자라지 못할 것이고 문명이라는 위대한 실험도 비극적 파멸을 맞을 것이다. 식량에 관해서는 우리는 전문화되고 따라서 상처 입기 쉽고 검(劍) 모양의 송곳니가 있는 고양이로 변했다.

---

49) ibid., p.192. 2003년 말 무렵에 세계의 곡물 보유고는 소비량의 16.2퍼센트 수준으로 떨어졌는데, 1990년과 2000년 사이에는 약 30퍼센트 수준이었다. 다음을 보라. Martin Mittelstaedt, "The Larder Is Almost Bare", *Globe and Mail*, May 22, 2004.

50) 마크 리너스(Mark Lynas)는 페루의 인상적인 계단형 빙하의 소멸 과정을 기술하고 있다(*High Tide: News from a Warming World*, London: Flamingo, 2004). 잉게 볼린(Inge Bolin)은 2003년 11월 미국 고고학회의 학술대회에서 발표한 한 논문("Our Apus Are Dying!: Glacial Retreat and Its Consequences for Life in te Andes")에서 여타 빙하들의 급속한 소멸에 대한 민족지적이고 과학적인 증거를 제출했다.

제3장

바보들의 낙원

고대 세계에 관한 가장 큰 놀라움은 그것이 전적으로 얼마나 최근의 일인가 하는 점이다. 어떤 도시나 기념물도 5천 년보다 훨씬 더 오래 되지는 않았다. 문명이 시작된 이래 70년씩의 수명 약 70개 정도가 끝을 이어서 내려왔을 뿐이다.[1] 문명의 전체 길이는 우리의 최초 조상이 돌을 날카롭게 다듬어 온 기간인 250만 년의 불과 0.002퍼센트를 차지할 뿐이다.

제2장에서 나는 구석기 시대의 '인간-수렵인(man the hunter)'의 발흥과 몰락에 대해 요약하였다. 그의 진보 그 자체, 그에 의한

1) 제2장에서 내가 내린 문명에 관한 정의를 보라. 고고학자 대부분은 활짝 개화된 최초의 문명, 즉 수메르와 이집트 문명의 출발 시점으로 기원전 3000년 또는 그 부근을 채택하고 있다. 약 1만 년 전에 문명은 출발하였는데, 구세계와 신세계에서 식물 재배의 첫 번째 단계와 함께 시작되었다.

무기와 기술의 완성은 하나의 생활양식으로서 수렵의 종식을 직접적으로 가져 왔다(조건들이 희생물에게 유리했던 몇 군데를 제외하고). 다음에는 세계의 몇몇 곳에서 신석기 시대 동안에 농업의 발견이—아마도 여성에 의해서—이어졌다. 그리고 거기에서 문명이라는 우리의 실험이 생겨났는데, 문명은 다수의 독립적인 기획으로 시작했지만 과거의 몇 세기 동안에 지구를 뒤덮는 하나의 거대한 체계로 (주로 적대적인 탈취에 의해서) 합병되었다.

수렵과 마찬가지로 이 실험도 현재 그 자체로 성공의 희생양으로 전락할 위험에 처해 있다는 조짐들이 나타나고 있다. 나는 이미 핵무기와 온실효과를 내는 이산화탄소에 대해 언급한 바 있다. 핵 속의 거대 폭발은 수백만 개의 엔진들 속에서 일어나는 작은 폭발들보다 명백히 치명적이다. 그러나 만일 우리가 불행하거나 현명하지 못하다면, 핵무기와 이산화탄소는 현재의 문명을 종식시킬 수도 있을 것이다. 훨씬 더 단순한 테크놀로지들도 과거에는 치명적인 것으로 판가름났다. 때때로 특정의 발명이나 기획 속에는 곤경이 놓여 있다. 그러나 곤경은 사회 구조, 즉 권력과 부가 증대하고 다수가 소수에 의해 지배당하는 도시 문명들 속에 사람들을 함께 짜 넣으면 사람들이 경향적으로 행동하는 방식 속에 놓여 있기도 하다.

제3장에서는 진보에 의해서 생겨난 두 개의 함정, 즉 태평양의 한 작은 섬에서 생겨난 것과 이라크의 평원들에서 생겨난 것에 관해서 이야기하고자 한다.

어느 스페인 총독의 편지

내가 앞서 이야기한 것처럼, 우리의 실패한 실험의 잔해들이 마치 비행기록 장치들을 통해서 무엇이 잘못되었는지를 알 수 있는 추락한 대형 여객기처럼 사막과 정글에 놓여 있다. 고고학은 앞날을 바라보는 데 이용할 수 있는 최상의 도구인데, 그것은 시간을 가로지르는 우리의 경로와 추진력을 깊이 읽을 수 있게 해주기 때문이다. 즉, 우리는 무엇이고, 우리는 어디에서 왔으며, 따라서 우리는 어디로 가게 될 가능성이 가장 많은지를 알 수 있게 해 준다.

종종 편집이 많이 되는 기록된 역사와는 달리, 고고학은 우리가 잊어버렸거나 잊어버리기로 한 행위들을 발굴할 수 있게 해 준다. 비록 여러 시대의 사람들이 엘리자베스 여왕 시대의 골동품 애호가인 윌리엄 캄던(William Camden)이 '뒤로 돌아보는 호기심'에 대한 어려움을 느껴 왔지만, 과거에 대한 사실주의적 이해는 아주 새로운 것으로 계몽주의가 뒤늦게 준 과실(果實)이다. 캄던은 "고대는 영원과 일정한 유사성을 갖고 있다. 그것은 마음의 달콤한 양식이다."고 썼다.[2)]

그의 시대에는 모든 사람의 마음이 그렇게 열려 있지 않았다. 안데스 산지의 높은 곳에서 보석과 같이 꼭 맞추어진 거대한 돌들로 된 성벽에 둘러싸인 잉카의 수도를 막 보게 된 페루의 스페인

---

2) 다음에서 인용했다. Glyn Daniel, ibid., pp.14~15.

총독은 자신의 왕에게 다음과 같이 회신을 보냈다. "신(臣)은 (잉카 인들이) 건설한 요새를 시험해 보았습니다. …… 명백히 악마가 만든 작품입니다. …… 왜냐하면 그것이 인간의 힘과 기술로 만들었다는 것은 결코 가능한 것으로 보이지 않기 때문입니다."[3)]

심지어 오늘날에도 고대 세계의 경이로운 유물들이 태양 아래 땀흘리며 수고하는 많은 사람들이 아니라 아틀란티스 섬 사람들이나 신들, 또는 우주의 여행자들에 의해 건설되었다고 믿고 싶어하면서 신비화에 마취된 일부 사람들이 있다. 그런 생각은 선인들이나 우리들에게서 당연한 권리를 강탈하는 것이다. 왜냐하면 그럴 경우 사람들은 과거에 관해서—사람들이 전 세계에 걸쳐서 반복해서 유사한 진보와 오류를 행해 왔다는 것을 우리에게 말해 주는 뼈, 질그릇 조각, 비문 들을 직시하지 않은 채—자신이 좋아하는 것은 무엇이든 믿을 수 있기 때문이다.

이스터 섬의 석상

스페인이 페루를 침공한 지 약 2세기 뒤에 칠레의 서쪽과 남회귀선 밑까지 멀리 간 네덜란드의 남태평양 함대는 안데스 산지의

3) 프란시스코 데 톨레도(Francisco de Toledo)의 1571년 3월 25일자 편지. 다음에서 인용했다. Luis A. Pardo, ed., *Saqsaywaman*, no. 1(July 1970), p.144.

거석 건물들보다 결코 덜 장엄하지 않고 훨씬 더 설명하기 어려운 광경을 만나게 되었다. 1722년 부활주일에 네덜란드 사람들은 황량한 언덕을 모래언덕으로 착각할 정도로 나무가 전혀 없고 침식된 미지의 섬을 목격했다. 그들이 가까이 다가가서 수백 개의 석상들을 발견하고 어떤 것들은 암스테르담의 집만큼이나 큰 것을 보고 깜짝 놀랐다. "우리는 무겁고 두꺼운 목재 (또는) 강력한 밧줄도 없는 이 사람들이 그럼에도 약 9미터 높이나 되는 그런 석상들을 세울 수 있었다는 것이 어떻게 가능했는지 이해할 수 없었다."[4] 쿡 선장은 나중에 "연료로 삼을 목재가 전혀 없고 배에 실을 만한 신선한 물도 없다는 것을" 발견하고 그 섬이 황폐화되었다고 확신했다. 그는 몇 조각의 유목(流木)을 신발 가죽처럼 꿰매서 만든 그 섬 사람들의 작은 카누를 태평양 지역에서 최악의 것이었다고 묘사했다. 그는 자연이 "이곳에 대해 자신의 호의를 지나치게 아끼고 있었다."[5]고 결론지었다.

모든 초기 방문자들을 놀라게 한 이스터 섬의 커다란 신비는 이러한 거대한 조상(彫像)들이 그렇게 작고 멀리 떨어진 세계의 구석에 세워졌다는 사실 자체가 아니다. 그것은 마치 돌들이 하늘

---

4) Andrew Sharp, trans. and ed., *The Journal of Jacob Roggeveen*(Oxford: Clarendon Press, 1970). 다음에서 인용하였다. Paul Bahn and John Flenley, *Easter Island, Earth Island*(London: Thames and Hudson, 1992. p.13). 보다 상세한 것은 다음에서 인용하였다. Catherine Orliac and Michel Orliac, *Easter Island: Mystery of the Stone Giants*, trans., Paul G. Bahn(New York: Harry N. Abrams, 1995), pp.98~99.

5) Catherine Orliac and Michel Orliac, ibid., p.17.

에서 떨어져 내린 것처럼 아무런 도구 없이 거기에 놓인 것처럼 보였다는 것이다. 잉카 건축물의 훌륭함을 악마의 것으로 돌린 스페인 사람들은 단지 다른 문화의 성취들을 인정할 수 없었을 뿐이다. 그러나 심지어 과학적으로 관찰한 사람들이라 할지라도 처음에는 이스터 섬의 거석들을 설명할 수 없었을 것이다. 그 석상들은 상식을 무시하면서 거기에 조롱하듯이 서 있었다.

지금은 우리가 그 수수께끼의 해답을 알고 있는데, 그것은 한기가 들게 한다. 쿡 선장의 말은 지극히 온당하지만, 자연은 자신의 호의를 베푸는 데 유별나게 인색하지 않았다.[6] 섬의 분화구 호수에 대해 꽃가루 연구를 해보면 그 호수들이 한때는 물이 가득하고 푸르렀으며, 두꺼운 칠레 야자술 야자나무(Chilean wine palm)[7]를 지탱하는, 즉 참나무만큼이나 크게 자랄 수 있는 좋은 목재를 위한 풍요로운 화산토를 갖고 있었다는 것을 알 수 있다. 어떠한 자연 재해도 그것을 변화시키지 않았고, 어떠한 화산폭발이나 가뭄이나 질병도 그것을 변화시키지 않았다. 이스터 섬에 닥친 대참사는 사람이었다.

폴리네시아 사람들은 그곳을 라파 누이(Rapa Nui)라고 부르는데, 그곳에 보통의 농작물과 동물을 실은 커다란 뗏목배를 타고 마르케사스 군도와 갬비어 군도에서 온 이주자들이 서기 5세기경

---

6) 그러나 섬과 바다 모두 피지와 타히티 제도와 같은 열대의 커다란 군도(群島)보다는 덜 풍요로웠다. 마르케사스 군도처럼, 이스터 섬은 섬을 둘러싼 산호초가 없다.

7) 칠레 야자나무와 밀접하게 연관되어 있는 멸종된 종(種).

에 정착하였다. 거기에 있던 개, 닭, 식용 쥐, 사탕수수, 바나나, 고구마, 나무껍질 옷을 만들기 위한 뽕나무 등은 그들이 가져온 동식물이었다[8](비록 페루와 오세아니아 사이의 산발적인 접촉이 일어났겠지만,[9] 그 섬에는 남미에서 온 사람들이 살았다는 토르 헤위에르

---

8) 이것들 대부분은 궁극적으로 동남아시아가 원산지였다. 고구마는 사실 남미에서 온 것이며, 폴리네시아 전체에 걸쳐서(다음 저작에는 실례지만, Paul Bahn and John Flenley, ibid.) 케추아 어 이름인 쿠마라(kumara)의 변형들을 통해 알려져 있다. 알려지지 않은 이유로 인해서 돼지는 그 항해에 동참하지 않았다.

9) 반(Bahn)과 플렌리(Flenley)는 그렇지 않았다면 이스터 섬에 관한 탁월한 책이 되었을 법한 자신들의 책에서(ibid., p.46), 고대의 페루 사람들은 돛이 있는 배를 가지고 있지 않았다고 말한 점에서 틀렸다. 티와나쿠 시대(서기의 첫 천 년) 이래로 남미의 해안을 따라 해양을 항해하는 발사(balsa) 나무로 만든 배를 이용하는 등 정교한 항해 문화가 존재했다. 잉카 시대에는 그런 배로 친차(Chincha)와 리마(Lima) 남쪽의 여타 항구에서 과야킬(Guayaquil)에 이르는 그리고 거기에서 다시 파나마에 이르는 제국의 해안을 따라 정기적인 무역 항해를 했다. 배들은 *콘티키*(Kontiki)의 구조와 유사했지만, 더 크고 정교했다. 다수의 하수용골(下垂龍骨, centerboard)을 장착하고 그들은 바람에 역행해서 갈짓자형으로 나아갈 수 있었으며, 18세기에는 여전히 갈라파고스 제도를 향해서 일주 여행—편도로 거의 1천 킬로미터—을 하고 있었다. 프란시스코 피사로(Francisco Pizarro)는 모항(母港)인 툼베스(Tumbez)에서 파나마로 가는 무역 선단을 중간에서 빼앗아서는 1526년에 잉카 제국의 선박기술을 배웠다. 그가 탄 배는 20명의 선원이 있었고 30톤의 화물을 싣고 있었다. 스페인 사람들은 자신들의 작은 범선과 그 배를 규모와 항해 장치의 면에서 비교해 보았다. 잉카 시대 이전의 페루 뱃사람들이 몇 번에 걸쳐서 갈라파고스에 도착해서는 특유의 도기류를 남기고 갔다는 사실 또한 알려져 있다. 잉카 시대 이전의 페루 사람들이 마르케사스 제도에 도착했다는 것도 확실히 가능한데, 이곳은 이스터 섬, 하와이, 여타의 섬 집단들로 가는 이주의 '중심지'였을지도 모른다. 나는 폴리네시아의 카누가 이따금 남미의 해안에 도착해서는 자신들의 고향 섬으로 돌아갔다는 것도 똑같이 가능하다고 생각한다. 스페인의 기록자들은 투파 잉카 유팡키(Tupa Inca Yupanqui, 아타우알파의 할아버지)에 의한, 페루에서 두 달의 항해 끝에 도착할 수 있는 주민이 있는 섬들에 대한 15세기의 한 원정에 관한 이야기들을 기록하였다. 이 증거와 그것이 초기의 스페인 탐험들에 미친 영향에 대한 개관을 위해서는 다음을 보라. Thor Heyerdahl, *Sea Routes to Polynesia*(London: Allen and Unwin, 1968), 제4장과 제5장. 잉카의 통치자가 1년 동안 자신의 제국을 떠나 개인적으로 여행하지는 않았을 것으로 보이지만, 그가 그런 원정을 위임했을지도 모른다.

달(Thor Heyerdahl)의 이론은 최근의 연구에 의해 더는 지지를 받지 못하고 있다). 이스터 섬은 빵나무와 코코넛 야자를 키우기에는 너무 춥지만, 불고기와 바다표범, 돌고래, 거북, 둥지를 트는 바닷새 등 해산물은 풍부했다. 5~6세기 이내에 주민들이 1만 명 가까이로—166평방 킬로미터 부지에—늘어났다. 그들은 돌로 된 기초 위에 좋은 집들로 마을을 건설했고 모든 최상의 땅을 논밭으로 개간했다. 그들은 사회적으로 씨족과 계급—귀족, 사제, 평민—으로 분리되었고, 최고 권위를 가진 수장 또는 '왕'이 있었을지도 모른다. 일부 여타의 섬들에 살던 폴리네시아 사람들과 마찬가지로 각 씨족은 인상적인 석상들로 자신의 가계를 명예롭게 하기 시작했다. 이 석상들은 분화구의 유연한 화산 응회암을 잘라서 만들었으며, 해안 가까이의 편평한 대 위에 세워졌다. 시간이 흐름에 따라 조상(彫像) 숭배는 점차 경쟁적이고 사치스럽게 변했고, 플랜태저넷(Plantagenet) 왕가가 영국을 통치하던 유럽의 고(high) 중세시대 동안 극에 달했다.

석상들의 각 세대는 이전 세대보다 커졌고, 따라서 *아후*(ahu)라고 불리는 제단까지 운반하기 위해서 더 많은 목재와 밧줄과 인력이 필요했다. 나무들은 자라는 속도보다 빨리 잘려졌고, 문제는 씨앗과 묘목을 먹어치우는 이주자의 쥐들에 의해서 악화되었다. 서기 1400년경에는 나무 꽃가루가 분화구 호수의 연간(年間) 층에서 더는 발견되지 않는다. 삼림은 그 섬의 가장 큰 포유류와 가장 작은 포유류에 의해서 철저하게 파괴되었다.

우리는 테레바카(Terevaka) 고지에서 보면 섬사람들이 한눈에 자신들의 전체 세계를 조망할 수 있었던 그런 제한된 장소에서, 벌목을 중지하고 묘목을 보호하며 나무를 다시 심는 조치들을 취했을 것이라고 생각할 수도 있을 것이다. 우리는 나무들이 부족해짐에 따라 석상들의 건립이 축소되고 목재는 배를 만드는 데나 지붕을 잇는 데와 같은 필수적인 목적을 위해 비축되었을 거라고 생각할 수도 있을 것이다. 그러나 그러한 일은 일어나지 않았다. 마지막 나무를 베어 넘어뜨린 사람들은 그것이 마지막 나무라는 것을 *볼* 수 있었고, 앞으로는 다른 나무가 결코 없을 것이라는 것을 완벽하게 확실히 알 수 있었다. 그리고 그들은 여하튼 그것을 베어 넘어뜨렸다.[10] 그 땅에서는 돌로 된 조상(祖上)들이 드리우는 추상적 회화 같은 그림자들을 제외하고 모든 그늘이 사라졌으며, 사람들은 돌로 된 조상들이 자신들을 덜 외롭게 느끼게 해 주었기 때문에 더욱더 그들을 사랑했다.

한 세대가량은 거대한 돌들을 운반하고 깊은 바닷물도 항해할 수 있는 몇몇 카누를 여전히 유지하기에 충분한 낡은 재목들이 존재했다. 그러나 마지막 좋은 배가 사라진 날이 오고 말았다. 그때서야 사람들은 해산물을 거의 얻을 수 없게 될 것이라는 것 그리고—더 나쁜 것은—탈출할 아무런 방도가 없다는 것을 알게 되었다. 나무를 뜻하는 단어인 *라카우*(rakau)는 그들의 언어에서 가장

10) Paul Bahn and John Flenley, ibid., p.214.

소중한 말이 되었다. 오래된 널빤지와 낡아 빠진 고물들을 둘러싸고 전쟁이 벌어졌다. 그들은 자신들의 개를 모두 먹어치우고 거의 모든 둥지 트는 새들을 잡아먹었으며, 그곳의 참을 수 없는 고요는 동물들의 죽음과 함께 깊어져만 갔다.

이제는 *모아이*(moai), 즉 그 땅을 집어삼킨 돌로 된 거인들을 빼고 아무것도 남아 있지 않다. 그리고 여전히 이 거인들은 만일 사람들이 신앙을 지키고 그들을 증대시킴으로써 존경하기만 한다면 풍요를 회복시켜 주겠다고 약속했다. 조각가들은 "그러나 우리가 당신들을 어떻게 제단까지 옮깁니까?" 라고 물었고, *모아이*들은 그때가 오면 자신들이 스스로 거기로 걸어갈 것이라고 대답했다. 그리하여 망치 소리가 여전히 채석장에서 들려왔고 분화구의 벽들은 수백 개의 새로운 거인들로 살아 있는 것처럼 되었으며, 거인들은 이제는 인간의 운송이 필요하지 않을 정도로 더욱 커져 갔다. 제단 위에 세워진 것 중 가장 키가 큰 것은 9미터가 넘고 무게가 80톤이 나가지만, *조각된* 것 중에서 가장 키가 큰 것은 길이가 20미터에 무게가 *2백* 톤이 넘어서 잉카 인들이나 이집트 인들이 만든 가장 커다란 석조물들에 필적한다. 물론 그것이 결코 1센티미터도 움직이지 않았다는 사실은 제외하고.

종국에 이르러서는 천 개 이상의 *모아이*가 존재했는데, 이는 그들의 전성기 때의 인구로 따지면 섬사람 10명당 하나가 있었던 셈이다. 그러나 좋은 시절들은 갔다. 좋은 땅과 함께 갔고, 그 땅은 끝없는 바람에 실려 떠내려가고 돌발적인 범람에 의해 바다로 씻겨져 나갔다. 사람들은 하나의 열광, 또는 일부 인류학자들이 부르듯 '이데올로기적 병리'가 된 일종의 진보에 의해 유혹당했다. 유럽 인들이 18세기에 당도했을 때, 최악의 상황이 끝났다. 그들은 석상 하나당 한둘의 살아 있는 영혼들만을 발견했으며, 한 가엾은 잔류자는 쿡의 말을 빌리면, "작고, 여위고, 겁에 질려 있고, 비참했다".[11] 이제는 지붕의 들보도 없이 많은 사람들이 동굴에 살고 있었고, 그들의 유일한 건축물들은 돌로 만든 닭장이었는데, 이것을 통해서 그들은 인간에게서 얻은 것이 아닌 이 마지막 식량을 밤낮으로 지켰다. 유럽 인들은 전사 계급이 어떻게 권력을 얻었는지, 어떻게 해서 섬이 불타는 마을과 유혈의 전투와 인육을 먹는 축제로 대혼란에 빠졌는지에 관한 이야기들을 들었다. 이 종말기의 유일한 혁신은 흑요석(면도날처럼 날카로운 화산 유리)을 도구 제조용에서 무기용으로 이용하는 것으로 전환한 것이었다.[12] 단검과 창 끝이 그 섬에서 가장 흔한 인공유물이 되었고, 오늘날의 생존주의자들에 의해 보관되는 수류탄이나 공격용 소총처럼 구덩이에 저장되었다.

이것조차도 완전한 끝은 아니었다. 1722년의 네덜란드 사람들의 방문과 50년 뒤의 쿡 선장의 방문 사이에, 사람들은 서로를 향한 전쟁을 다시 벌였고, 처음으로 조상들에 대해서도 전쟁을 벌였

11) Catherine Orliac and Michel Orliac, ibid., p.170

12) ibid., p.165.

다. 쿡은 *모아이*가 그 제단에서 넘어뜨려져서는 부셔지고 목이 잘린 모습을 보았으며, 유적 주변이 인간의 뼈로 어질러져 있는 것을 목격하였다. 어떻게 왜 이런 일이 발생했는지에 대한 믿을 만한 설명은 전혀 존재하지 않는다. 아마도 그것은 제2차 세계대전 기간에 유럽의 국가들이 대성당에 폭격을 한 것처럼[13] 적대적 씨족들 사이의 극단적인 잔학행위로 시작되었을 것이다. 또한 상상할 수 없는 부와 위협을 지닌 떠다니는 성(城)들을 탄 낯선 자들에 의해서 섬의 고독이 산산이 부수어짐과 동시에 시작되었을 것이다. 나무를 소유한 이 사람들은 또한 죽음과 질병을 가져왔다. 뱃사람들과의 난투는 종종 원주민들이 총을 맞고 해변에 줄줄이 죽어 쓰러지는 것으로 끝났다.[14]

우리는 *모아이*가 당시 사람들에게 무슨 약속을 해 주었는지 정

---

13) 비록 코번트리(Coventry)와 드레스덴(Dresden)에서는 그렇지 않았지만, 일반적으로 이런 폭격행위는 회피하였다.

14) 로헤벤(Roggeveen)은 적어도 열두 명을 죽였다. 후에 이방인들에 의한 공격은 체계적으로 되었고, '흑인 노예 유괴'처럼 폴리네시아 인들의 노예화는 태평양 전체에 걸쳐서 행해졌다. 1805년에 미국의 *낸시*(Nancy) 호는 많은 섬사람들을 죽이는 한편 강제 노역을 시키기 위해 사람들을 납치하기도 했다. 1822년에 포경선 *핀도스*(Pindos)는 선원을 '즐겁게 하기' 위해서 젊은 소녀들을 붙잡았으며, 선원들이 충분히 즐기고 난 다음에는 그들을 배 밖으로 던져버렸다. 그러나 최악의 일은 1862년에 일어났다. 이때 페루의 노예 사냥꾼들이 그 섬 주민의 절반 또는 그 이상을 '죽음의 섬들', 즉 영국인이 자금을 대는 악명 높은 페루 해안의 조분석(鳥糞石)을 캐는 곳으로 데리고 갔는데, 거기에서 노동자들은 서로 사슬에 묶여서 지쳐 쓰러질 때까지 일했다. 단 15명만이 살아서 이스터섬으로 돌아갔는데(타히티 주교의 인도주의적인 호소 후에), 그들은 자신들과 함께 천연두도 가져 갔다. 피에르 로티(Pierre Loti)가 그 섬을 목격한 1872년경에는 그 섬은 살아서 남아 있는 사람이 100명을 거의 넘지 않는 거대한 무덤이었다(Paul Bahn and John Flenley, ibid., p.179).

확히 알지 못하지만, 외부 세계의 도래가 석상 숭배의 확실한 환상들을 만들면서 강제적인 신앙을 똑같이 강제적인 각성으로 바꾸었을 가능성이 큰 것처럼 보인다. 그 적의가 무엇이었든 간에 라파 누이의 파괴는 적어도 70년 동안 이어졌다. 이방의 배가 올 때마다 똑바로 서 있는 석상들의 수는 점점 적어졌고, 마침내 단 하나의 거인도 그 제단 위에 서 있지 않게 되었다.[15] 파괴 작업은 석상 건립자들의 얼마 남지 않은 후손들에게는 지극히 고된 일이었음이 틀림없었다. 그 철저함과 신중함은 씨족 전쟁보다 깊은 무엇이 있었다는 것을 말해 준다. 즉, 자신들의 무모한 조상들에 대해 분노한 사람들, 그리고 죽은 자들에 대한 반감을 말해 준다.

라파 누이가 우리 세계에 남긴 교훈은 결코 사라지지 않을 것이다. 고고학자인 폴 반(Paul Bahn)과 존 플렌리(John Flenley)는 자신들의 저작인 《이스터 섬, 지구의 섬*Easter Island, Earth Island*》의 후기에서 명백히 밝혔다. 그들은 쓰기를, 그 섬의 사람들이

> 제한되지 않은 인구 성장, 자원의 낭비적 이용, 환경 파괴, 자신들의 종교에 대한 무한한 확신을 허용할 경우 무슨 일이 일어나는지에 관한 실험을 우리가 미래에 대비하도록 우리를 위해서 수행하였다. 그 결과는 주민의 파멸로 이어진 생태적 재앙이었다. …… 우리는 그 실험을 거대한 규모로 반복하지 않

---

15) 오늘날 제대로 서 있는 석상들은 복원된 것이다.

> 으면 안 되는가? …… 인간의 인성은 그 마지막 나무를 베어 넘어뜨린 사람의 인성과 언제나 동일한가?[16]

마지막 나무, 마지막 매머드, 마지막 도도(dodo), 아마도 마지막 물고기와 마지막 고릴라. 경찰이 '범죄기록'이라고 부르는 것에 따르면, 우리는 이성의 한계를 넘어선 연쇄 살해자들이다. 그러나 이것이 언제나 사실이었으며, 사실이 되어야만 하는 것일까? 인간의 모든 체계들은 그 내적 논리의 무게에 눌려서 그것이 그 체계들을 눌러 부술 때까지 비틀거리며 나아가도록 운명지어져 있는 것인가? 내가 제안한 대로 답—그리고 내 생각에는 치료법—은 과거 사회의 운명들 속에 놓여 있다.

이스터 섬은 압박당한 환경 속에서 격리된 소문명이었다. 그것은 얼마나 문명 일반에 전형적인가? 제2장에서, 나는 기술적 정의를 제공했다. 즉, 문명이란 식물과 동물과 인간의 길들이기에 기반을 두고 성읍과 도시와 정부와 사회계급, 특수화된 전문직업들이 있는 크고 복합적인 사회이다. 그것은 고대 문명과 현대 문명에 모두 적용될 수 있다. 그러나 이스터 섬은 모든 기준들을 충족하지는 않는다. 1만 명의 사람들에게 그 섬은 작았으며, 도시가 없었고, 정치 구조는 기껏해야 추장체제였지 국가는 아니었다. 그러나 그 섬은 계급과 전문직업(예를 들면 석상 조각가)이 있었고,

---

16) Paul Bahn and John Flenley, ibid., pp.213・218.

그 성취는 훨씬 더 큰 문화들의 성취와 같은 부류에 속할 정도였다.[17] 그 섬이 격리되어 있었기 때문에, 우리가 타고서 우주를 향해 표류하는 이 커다란 섬을 포함해서 보다 복합적인 체계들의 소우주로 독특하게 중요한 의미를 지닐 수도 있게 되었다. 이스터 섬은 자신의 체급을 훨씬 초과해서 펀치를 휘둘렀지만, 마치 거울 속에서 하는 것처럼 혼자 복싱을 했기 때문에 우리는 그 섬이 스스로 멸망시킨 그 움직임들을 재생해 볼 수 있게 되었다.

제2의 에덴동산

일부 작가들은 무기와 승자를 통해 역사를 보면서 문화와 대륙이 발전시킨 상이한 진도를 지나치게 강조해 왔다. 나를 더욱 놀랍게 하는 것—그리고 우리 인간이 어떤 종류의 피조물인지를 발견해 내는 데 매우 유의미한 것—은 전 세계에 걸쳐서 사람들이 상이한 문화와 생태 안에서 활동함에도 각기 독립적으로 매우 유사한 일을 하는 데 얼마나 적은 시간이 걸리는가 하는 것이다.

3천 년 정도 이전에 문명은 적어도 일곱 군데에서 발흥했다. 메소포타미아, 이집트, 지중해, 인도, 중국, 멕시코, 페루가 그곳

---

17) 많은 전문가들이 그 기원은 외부와의 접촉 이후에 생긴 것이라고 믿고 있기는 하지만, 그 섬은 *롱고롱고*(rongorongo)라고 불린 문자판도 있었다.

이다.[18] 고고학은 이곳들 중에서 절반가량만이 자신들의 농작물과 문화적 자극들을 타 문명에서 수용했다는 것을 보여 주고 있다.[19] 나머지는 세계 속에서 다른 누군가가 동일한 일을 하고 있다는 의심을 하지 않고서 출발선에서부터 스스로 문명을 건설했다. 관념과 과정과 형식의 이러한 어쩔 수 없는 병행 진화는 우리에게 중요한 무엇을 말해 준다. 즉, 일정하고 대략적인 조건들이 있다면 인간 사회는 어디에서나 보다 큰 규모, 복합성, 환경적 수요를 향해 움직일 것이다.

이스터 섬의 작은 문명은 독립적으로 발전된 마지막 문명 중의 하나였다. 모든 문명 가운데 가장 시기가 이른 것은 지금의 남부 이라크에 있던 수메르 문명이다. 종족적 · 언어적 근원이 불분명한 수메르 인들은 셈 족의 문화와 구세계의 여타 문화들이 뒤따라간 유형을 설정했다.[20] 그들은 문명화된 삶의 최선과 최악을 모두

---

18) 수메르 문명과 이집트 문명은 기원전 3000년경, 인더스 강 유역은 기원전 2500년경, 중국의 상(商)나라는 기원전 1700년경, 미노스 크레타와 미케네 그리스는 기원전 1700년과 기원전 1500년경, 멕시코의 올멕(Olmec) 문명과 페루의 차빈(Chavin) 문명은 기원전 1200년경이었다. 페루 해안의 중요한 새로운 작업이 기원전 2600년경에 카랄(Caral)에서 시작되어 관개와 도시생활(총 2백만 세제곱 미터에 달하는 피라미드를 포함해서)을 보여 주었다.

19) 메소포타미아, 인도, 이집트, 그리스는 비옥한 초승달 지대의 동일한 곡물들을 나눠 가졌다. 중국, 멕시코, 페루는 자신들의 농작물을 개발했고 나중에 타 문명과 나눠 가졌다. 두 반구(半球) 내에서 예술, 수학, 글쓰기와 같은 문화적 특질들이 확산된 정도에 관해서 경쟁적인 학파 사이에서 뜨겁게 논쟁이 벌어지고 있다. 나는 초기 중국 문명은 멕시코 문명과 페루 문명처럼 타 문명과는 거의 독립적인 것이라고 생각한다.

20) 여기에는 아시리아 인, 바빌로니아 인, 페니키아 인, 유대 인, 아랍 인, 셈 족의 언어를 쓰는 여타 사람들이 포함된다.

예증하고 있으며, 훈련된 새들의 발자국 같은 글쓰기로 인간 목소리를 위한 가장 영구적인 매체인 점토판 위에 쓰인 설형문자로 우리에게 자신들에 관해 이야기하였다. 그들은 세계에서 가장 오래된, 글로 쓰인 이야기를 기록했는데, 그것은 《길가메시의 서사시 *The Epic of Gilgamesh*》로 알려진 텍스트들의 모음이다. 이것은 스톤헨지와 이집트의 첫 피라미드들이 건설된 시기에 "강력한 성벽으로 둘러싸인 커다란 도로들이 있던 도시 우루크(Uruk)"에서 편집되었다. 히브리의 성경을 통해 우리가 알고 있는 전설들—에덴동산, 노아의 홍수—은 보다 초기 형태로 *길가메시*의 서사시에 나타나며, 아마도 《모세 5경*Pentateuch*》에 포함되기에는 너무도 선정적으로 보이는 다른 이야기들도 함께 나온다. 이것들 중의 하나가 야만인 엔키두(Enkidu)의 이야기인데, 그는 '매춘부, 쾌락의 자식'의 꼬드김에 넘어가서 도시로 들어가는데, 이것은 우리가 수렵에서 도시생활로 이행하는 것을 상기시켜 준다.

> 그리고 이제 야생의 생물들은 모두 달아나 버렸다. 엔키두는 약해졌는데, 그것은 지혜가 그의 안에 있었고 한 남자의 생각들이 그의 심장 안에 있었기 때문이다. 그래서 그는 돌아와 그 여자의 발 아래 앉아서 그녀가 말하는 것을 골똘하게 들었다. "당신은 현명해요, 엔키두. 그리고 이제 당신은 신과 같이 되었어요. 당신은 왜 언덕에 있는 야수들과 함께 야생에서 살려고 하나요? 나를 따라와요. 나는 당신을 강력한 성벽에 둘러싸

인 우루크로 데려가서 이쉬타르와 아누, 즉 사랑과 하늘의 축복받은 신전으로 데려갈게요. 거기에는 길가메시(왕)가 살고 있는데 그는 매우 강력하고 사람들 위에 군림하고 있어요."[21]

제2장에서 우리는 농업이 종종 비옥한 초승달 지대로 불리는 땅들에서 시작된 직후에 중동을 떠나 왔다고 보았다. 인간의 시대 전체에 걸쳐서 이곳은 아프리카와 유럽과 아시아의 교차로로 기능해 왔다. 구석기 시대로 거슬러 올라가면 네안데르탈인과 크로마뇽인이 5만 년 동안 이곳을 두고 경쟁했다. 기후의 변동에 따라 북쪽과 남쪽으로 이동하면서, 아마도 서로를 퇴거시키면서 동일한 동굴에서 서로 다른 시기에 살았다. 나는 만일 우리가 선사시대의 거의 어떤 시기에 관해서라도 중동의 뉴스를 수신할 수 있다면, 우리는 역사가 시작된 이래로 그랬던 것과 마찬가지로 창조성과 투쟁으로 끓어오르는 장소를 발견하게 되는 것이 아닌가 생각한다.

그러나 비옥한 초승달 지대가 그것이 갖고 있는 모든 자연의 혜택과 길들이기에 적합한 식물과 동물 등에도 급속하거나 쉽게

---

21) N. K. Sandars, trans., *The Epic of Gilgamesh*(Harmondsworth, UK: Penguin, 1972), p.65. 이러한 텍스트들 중에서 원래의 수메르 언어로 존재하는 것은 거의 없다. 그것들 대부분은 아시리아나 바빌로니아의 교정본으로 전승되어 왔다. 따라서 산다르스는 인물과 신들의 이름을 더 최근의 셈 족 언어로 된 것을 사용하고 있다. 예를 들면 이쉬타르(Ishtar) 여신의 수메르 어 원이름은 이난나(Inanna)였다. 하늘의 신이자 여타 신들의 아버지인 아누(Anu)는 안(An)이었다. 태양의 신인 샤마쉬(Shamash)는 우투(Utu)였고, 지혜의 신인 에아(Ea)는 엔키(Enki)였다.

발전했다고 가정하는 것은 오류이다. 농업과 목축이 시작되고 수천 년이 지난 후에도 중동의 가장 큰 정착지—예리코(사해 부근)와 카탈 후유크(아나톨리아에 있는)—는 여전히 작았고, 각기 4헥타르와 12헥타르만을 포괄하고 있었다.

에덴동산이 지리상 물리적 지점이 있다면, 여기가 그곳이다. 그러나 뱀이 유일한 적은 아니었다. 예리코와 여타 지점의 요새들을 보면 땅을 둘러싼 경쟁이 있었고 그 거주지들만으로 증명할 수 있는 것보다 많은 인간이 존재하였다는 사실을 알 수 있다. 농업 생활이 수렵 생활보다 쉽거나 건강한 것도 아니었다. 사람들은 체격이 더 작아지고 비농업인보다 긴 시간 동안 노동을 했다. 카탈 후유크에 매장된 유골들에서 연역해 보면 평균 기대수명은 여자는 29세, 남자는 34세였다.[22] 기원전 6000년경에는 광범위한 삼림 벌채와 침식이 있었다는 증거가 존재한다. 무차별적인 방화와 무분별한 염소 방목이 주요 범인일지도 모르지만, 회반죽과 석회도료를 얻기 위해 석회를 태운 것도 삼림지를 파괴했다. 그러한 행위는 그곳이 오늘날 거기에서 보이는 가시 많은 관목뿐인 반(半) 사막이 될 때까지 계속되었다. 기원전 5500년경에는 초기 신석기

22) 마셜 살린스(Marshall Sahlins)는 수렵 · 채취 사회를 '원래의 풍족한 사회'라고 불렀는데, 그것은 식량과 거처를 위해서 더 적은 노동시간이 필요했기 때문이다(Marshall Sahlins, *Stone Age Economics*[London: Tavistock Publications, 1972], chap. 1). 카탈 후유크의 기대수명 수치(Chris Scarre, ibid., p.82)는 고대의 기준으로 보면 나쁘지 않지만, 대부분의 수렵 · 채취 사회보다는 아마도 낮을 것이다. 이 수치는 집 안의 많은 매장 유골들에서 연역하였다.

시대의 거주지들 중 많은 곳이 황폐해졌다.[23] 이스터 섬에서 그랬던 것처럼 사람들은 자신들의 둥지를 더럽히거나, 아니 그보다는 발가벗겨 버렸다. 그러나 이스터 섬 사람들과는 달리 그들은 도망치거나 다시 시작할 여유가 있었다.

그들은 에덴에서 자기 자신들을 스스로 몰아내고(하나님의 불타는 칼은 아마도 그들이 언덕에 지른 불의 섬광이었을 것이다), 메소포타미아 또는 이라크라고 불리는 티그리스와 유프라테스의 커다란 범람원 위에 있는 보다 낮은 두 번째 낙원을 발견하여 내려왔다. 이곳의 모습은 현대의 전쟁들 때문에 우리들의 마음속에 생생하게 그려진다. 나무가 없는 평원과 죽어가는 오아시스들, 소금밭, 모래먼지 폭풍, 유막(油幕), 불타버린 탱크 등이 그것이다. 여기저기에 가차없는 태양과 바람 속에 무너져내리는 진흙 벽돌로 된 거대한 흙무더기들—여전히 우리 문화의 저장고 속에서 그 이름이 울려 퍼지고 있는 고대 도시들의 폐허—이 있는데, 이것이 바빌론, 우루크, 아브라함이 태어난 칼데아 우르(Ur of the Chaldees)이다.

기원전 5천 년대와 4천 년대로 돌아가면 남부 이라크는 물고기, 집보다 큰 갈대, 대추야자가 풍부한 모래톱으로 가득 찬 수로

23) 다음을 보라. Charles Redman, *Human Impact on Ancient Environments*(Tucson: University of Arizona Press, 1999), pp.106~109. 그 증거로는 꽃가루, 숯, 재와 침전물의 층들이 포함된다. 요르단 아인 가잘(Ain Gazal)의 개리 어턴과 일저 롤레프슨(Ilse Rollefson)의 연구는 환경적 타락의 핵심 증거를 제공하였다. 목재의 두께가 감소함에 따라 집들은 더욱 작아진 반면, 사냥감은 더욱 부족하게 되고 다양성도 줄어들었다.

들로 이루어진 늪과 같은 삼각주였다. 멧돼지와 물새가 등나무숲에서 살았다. 충적토(沖積土)는 경작을 하면 모든 씨앗에서 100배의 수확을 거둘 수 있었는데, 그것은 이 땅이 페르시아 만의 수원(水源)에 펼쳐진 새로운 땅이었기 때문이다. 말하자면 '새로운' 땅이었다. 실제로는 여기에 정착한 사람들은 성경에서 말하는 대로 에덴동산에서 흘러나오는 거대한 강들에 의해 낡아버린 언덕에서 씻겨져 내려온 자신들의 옛 들판을 따라온 것이었다.[24]

하나님은 아담과 이브의 자식들 앞에 두 번째 기회를 펼쳐 주었지만, 이 재생된 에덴에서는 첫 번째 에덴과는 달리 그들은 땀과 노동에 의해서만 먹고 살았을 것이다. 고든 차일드는 자신의 고전적 저작인 《가장 고대의 아시아*The Most Ancient East*》에서 다음과 같이 썼다. "이 자연적 낙원을 이용하기 위해서는 집약적인 노동과 커다란 인간 집합체의 조직된 협력이 필요했다. 경작할 수 있는 토지가 …… 늪의 물을 빼고, 홍수를 통제하고, 생명을 주는 물은 인공적인 운하들에 의해서 비 없는 사막으로 변하게 하는 등 물에서 땅의 '분리'에 의해 글자 그대로 창출되었다."[25] 적어도 이 경우에는 문명의 위계서열들이 물 통제의 수요와 더불어 증대

---

24) 1970년대에 이르면 레바논에 남아 있던 삼나무의 가장 큰 입목지(立木地)에는 단지 400그루가 있었다. W. B. Fisher, *The Middle East: A Physical, Social and Regional Geography*(London: Methuenm, 1978), p.95.

25) Gordon Childe, *New Light on the Most Ancient East*(London: Routledge and Kegan Paul, 1954), p.114. 이 책은 처음에 《가장 고대의 아시아*The Most Ancient East*》(1928년)라는 제목으로 출간되었다.

한 것으로 보인다.[26)]

분산되었던 진흙 마을들이 성읍으로 성장했다. 그리고 기원전 3000년경에는 이러한 성읍들이 작은 도시들로 바뀌었는데, 이 도시들은 텔(tell, 고대 건축의 잔존물이 누적되어 생기는 언덕)로 알려진 흙무더기들로 평원 위에 솟아오를 때까지 자신들의 파편들을 반복해서 재건축한 것이었다. 수메르 문명은 1천 년의 존속기간 전체에 걸쳐서 그러한 12개의 도시에 의해 지배되었는데, 도시 각각은 작은 국가의 중심이었다. 단 두 번만 통일된 왕국이 잠시 동안 생겨났는데, 첫 번째는 셈 족 침입자 사르곤(Sargon)에 의한 것이었고, 나중 것은 우르(Ur)의 제3왕조에 의한 것이었다. 수메르 인구의 5분의 4가 도시지역인 중심에 살았고 전체 인구는 단지 50만 명에 불과했다고 생각된다(동시대 이집트의 인구는 수메르보다 전원[田園]에 사는 사람이 많았고, 이 규모보다 3배 정도 많았다).[27)]

---

26) 이것은 유명하고 여전히 논쟁에 휩싸여 있는 문명의 기원들에 관한 '수력학 이론(hydraulic theory)'인데, 1949년에 줄리언 스튜어드(Julian Steward)에 의해 주창되었다. 모든 문명에 적용 가능하지는 않지만, 그것은 아직도 메소포타미아와 이집트, 인더스 강 유역의 경우를 설명하는 데는 적합하다.

27) 다음을 보라. Bruce Trigger, ibid., p.9. 이는 다음에서 인용되었다. Robert McCormick Adams, *Heartland of Cities: Surveys of Ancient Settlement and Land Use on the Central Floodplain of the Euphrates*(Chicago: University of Chicago Press, 1981).

사적인 권력

수메르의 땅은 초기에는 공동으로 소유되었고, 사람들은 자신들의 농작물이나 잉여 농작물을 사제들이 인간과 신의 일을 돌보는—별을 관찰하고, 관개 작업을 감독하고, 농작물을 개량하고, 술과 포도주를 제조하고, 더욱 웅장한 사원을 건축하는 등—도시의 성소(聖所)로 가져 왔다. 시간이 흘러가자 도시는 전형적인 메소포타미아의 계단 피라미드나 인간 영역을 내려다보는 신성한 산인 지구라트(ziggurat)를 맨 꼭대기에 둔 인공적인 언덕들로 점점 성장했다.[28] 그런 것들은 나중에 이스라엘 사람들이 바벨탑으로 풍자한 건축물들이었다. 처음에는 마을의 협동조합으로 출발한 사제직(司祭職)도 수직적 성장을 하면서 관리(官吏)와 피고용인을 완비하고 "신들의 자산을 관리하는 비영리적 과업"[29]에 종사하는 최초의 기업 같은 조직으로 바뀌었다.

남부 이라크의 평원들은 풍요로운 농경지였지만, 성읍 생활에 필요한 여타 물품들 대부분은 부족하였다. 목재, 부싯돌, 흑요석, 금속, 건축과 조각과 음식물을 가는 데 필요한 모든 돌 덩어리는

---

28) 지구라트는 진흙 벽돌로 건축되었는데, 좀더 비바람에 잘 견디게 외장 처리된 회반죽, 색깔 입힌 타일, 돌과 구운 벽돌 등도 이용되었다. 꼭대기와 무대는 타르로 표면처리되었는데, 이것은 이라크의 석유를 사용한 것 중에서 가장 이른 것으로 알려져 있다. 그 높이와 기하학적인 유형의 색깔 입힌 타일의 사용에서 지구라트는 광탑(光塔, minaret)의 선구였다.

29) Gordon Childe, ibid., 1964, p.101.

곡물과 의복을 주고 수입하지 않으면 안 되었다. 그래서 바퀴 달린 짐수레, 멍에를 맨 황소, 구리와 청동이 일찍 발전되어 사용되었다.[30] 거래와 자산이 매우 중요하게 되었으며, 그 이래로 서구 문화의 핵심에 가까운 것이 되었다. 중동 사람들은 자신들의 신들을 거대한 토지 소유자로 자신들은 '포도원에서 수고하는' 농노로 보는 금전보상적인 견해를 취했다. 이집트, 중국, 중미의 글쓰기는 신성한 텍스트나 예언, 문학 또는 심지어 왕의 선전을 위해서 발명되지 않았고 회계를 위해 발명되었다.

시간이 지남에 따라 사제들의 기업은 비대해지고 착취적으로 바뀌었으며, 자신들보다 신분이 낮은 성원들보다는 자신들의 이익에 많은 관심을 갖게 되었다. 비록 그들은 사유재산과 같은 자본주의의 요소들을 발전시켰지만, 애덤 스미스(Adam Smith)가 권장한 것과 같은 종류의 자유로운 경쟁은 존재하지 않았다. 수메르의 기업들은 하늘에 의해 정당화된 독점체들로 중세의 수도원이나 텔레비전 전도사들의 봉토와 비슷한 무엇이었다. 그러나 그들의 삶의 양식은 《길가메시의 서사시》에 나오는 사원 매춘이 함축하는 바대로 수도사처럼 금욕적인 것은 아니었다.[31] 비록 고대의

---

30) 부싯돌이나 흑요석과 같은 좋은 돌이 풍족한 곳에서는 청동의 이점들이 그것을 만드는 데 드는 비용과 노력보다 반드시 중요하지는 않다. 그러나 모든 원료가 멀리서부터 수입되는 곳에서는 청동 도구들이 끝없이 수선해서 쓸 수 있다는 이점을 가지고 있다. 부러진 도끼나 칼날은 개주(改鑄)해서 다른 무엇으로 만들 수 있다. 이와 대조적으로 부러진 석기들은 대부분 쓰레기이다.

31) 신성한 섹스와 매춘은 많은 문화에서 발견된다. 수메르의 '매춘부들'은 아마도 고전

사람들은 잘 믿게 조작하는 행위들에서 면제를 받은 것은 아니었지만, 수메르의 사제들은 자신들의 신에게 성실한 신자였을지도 모른다. 최악의 상태에서 보면 그들은 영원히 돌아가는 돈 방적기—보호, 술, 여자—를 돌리는 세계 최초의 야바위꾼이었다.[32]

사제들이 처음 제공한 보호는 신들의 본성과 분노의 힘에서 나온 것이었다. 그러나 수메르의 도시국가들이 성장함에 따라 그들끼리 전쟁을 하기 시작했다. 그들의 부는 비록 덜 문명화되어 있지만 종종 무장이 더 잘 된 산악과 사막에 사는 사람들의 습격을 불러일으키기도 했다. 그래서 우루크—면적이 400헥타르와 주민 5만 명이 사는 가장 커다란 수메르의 도시[33]—는 '강력한 성벽으로 둘러싸였고', 그 세계의 경이가 되었다.

《길가메시의 서사시》는 권유하기를 "우루크의 성벽을 기어올라 보라. 그 벽을 따라 걸어 보라. 나는 말한다. 초석(礎石) 테라스를 쳐다보고 벽돌공사를 시험해 보라. 그것은 구운 벽돌이고 좋은 벽돌이 아니더냐?"[34]

그리스 시대의 신전 창녀들과 유사한 존재였을 것이다. 이 메소포타미아의 관습은 의심할 여지 없이 '거대한 창부'로서 바빌론에 대한 나중의 성경적 관점에 기여했다.

32) 예를 들면 외경(外經)의 이야기인 〈벨과 용Bel and Dragon〉을 보라. 거기에서 다니엘은 바빌론의 왕에게 왕의 사제들이 왕을 어떻게 속이고 있는지를 보여 준다.

33) 우르의 면적은 단지 60헥타르였는데 보다 전형적인 수메르 도시 규모였다. 인구는 아마도 우루크의 5만 명과 우르와 여타 도시의 1만 명이나 2만 명 사이에 분포했을 것이다. 두 반구의 많은 중간 규모의 초기 도시들과 중세 유럽의 도시들에 필적하지만, 약 50만 명이 살았던 로마와 25만 명 정도가 살았던 테노치티틀란(Tenochtitlan, 멕시코시티)에는 훨씬 못 미친다. 제4장의 주 20을 보라.

관개, 도시, 기업, 글쓰기를 발명한 후에 수메르는 직업 병사와 세습 왕을 추가로 만들었다. 왕들은 신전에서 나와 자신들의 왕궁으로 옮겼으며,[35] 거기에서 그들은 하늘의 혈통을 내세워 신적 지위를 주장하면서 신성(神性)과 개인적 연계들을 만들어냈다. 이 관념은 많은 문화에서 나타나고 현대에 와서는 신성한 권리로 변하여 지속된다.[36] 왕제와 함께 글쓰기가 새롭게 사용되었다. 즉, 왕조의 역사와 선전, 단일 개인에 대한 찬미 등에 쓰였다. 베르톨트 브레히트(Bertolt Brecht)가 피라미드를 바라보는 노역자에 관한 자신의 시에서 건조하게 성찰하였듯이

책들은 왕들의 이름으로 가득 차 있다.
왕들이 울퉁불퉁한 돌덩어리들을 날랐는가?……
젊은 알렉산드로스가 인도를 정복했다.
그 혼자?

기원전 2500년경에는 도시와 기업이 집합적으로 토지를 소유하던 시절이 끝났다. 들판은 이제 군주와 문벌에게 속하게 되었

34) N. K. Sandars, trans., ibid., p.61.

35) 말로원(M. E. L. Mallowan)은 자신의 저작에서 최초 '교회와 국가의 분리'의 텍스트적 증거를 라가시(Lagash, 메소포타미아 최남부 유프라테스 강 어귀에 있던 고대 수메르의 도시)에서 인용하고 있다(*Early Mesopotamia and Iran,* London: Thames and Hudson, 1965, p.88).

36) 프랑스 혁명까지 유럽 인들과 1945년까지 일본인들 사이에서 지속되었다.

다. 수메르의 민중은 농노와 물납(物納) 소작인이 되었고,[37] 그들 밑에는 영원한 최하층인 노예들이 있었다. 이것은 예수 그리스도 이후 19세기까지 지속된 서구 문명의 한 특징이다.

국가들은 채찍을 후려치고, 죄수를 처형하고, 젊은이들을 전쟁터에 보내는 권리 등 강압적 폭력을 사적으로 행사했다. 여기에서부터 쿳시(J. M. Coetzee)가 자신의 색다른 소설《야만인을 기다리며*Waiting for the Barbarians*》에서 '문명의 검은 꽃'[38]—고문, 부당한 투옥, 과시용 폭력—이라고 불렀던 바로 그 독을 분비하는 꽃이 돋아났다. 힘(might)을 권리(right)로 바꾸는 것이 바로 그것이다.

수메르나 여타 다른 지역에서 신왕(神王)들의 특권 가운데는 사람들을 무덤까지 데려가는 권리를 포함해서 인간 희생의 다양한 양식들이 포함되어 있었다. 고고학자들 사이에 죽음의 구덩이로 알려진 우르에 있는 왕의 무덤에는 왕의 후처, 신하, 무덤을 만든 노역자 들이 최초로 대규모로 매장되었다. 통틀어서 약 75명의 남녀가 묻혔으며, 그들의 해골이 장롱 속에 숟가락처럼 포개져 있다.[39] 전 세계 도처에서, 즉 이집트와 그리스에서 중국과 멕시코에 이르기까지, 왕의 생명은 다른 사람들의 그것보다 훨씬 가치

---

37) Clive Ponting, ibid., p.58.

38) J. M. Coetzee, *Waiting for the Barbarians*(London: Penguin, 1982), p.70.

39) 이 무덤은 초기 왕조 시대의 제2기나 제3기의 것으로, 사르곤 이후의 우르 제3왕조와 혼동되어서는 안 된다.

가 있다는 관념은 반복해서 뿌리를 내리기도 했다.[40] 무덤을 봉한 건축자들은 호위병에 의해 현장에서 살해되고 그 호위병들은 다른 호위병들에 의해 살해되며, 죽은 왕의 유언집행인들이 그의 안식처가 충분히 명예롭고 안전하다고 생각할 때까지 반복해서 살해되었다.

우리는 고대 북미를 비(非)도시적이고 자유를 존중하는 곳이라고 간주하는 경향이 있는데, 순장의 가장 놀라운 예들 중의 하나는 카오키아(Cahokia)—우루크와 거의 동일한 규모의 콜럼버스 이전의 도시—로, 여기에는 흙으로 된 피라미드들이 세인트루이스 부근의 미시시피 강가에 여전히 우뚝 서 있다.[41]

고대 세계 전체를 통틀어서 지배자는 극단적인 정치극(政治劇)을 상연했는데 그것은 공중 앞에서 포로들을 희생으로 삼는 행위

---

40) 초기 중국 상(商)나라의 한 무덤에서는 165명의 인간 희생이 발견되었다(다음을 보라. Chris Scarre, ibid., p.147; William Watson, ibid., p.69).

41) 카오키아의 가장 큰 피라미드는 기반이 6.5헥타르를 차지하고 높이는 30미터나 된다. 이것은 그 어떤 시기를 막론하고 세계에서 가장 큰 건축물이며, 20세기 이전에는 미국에서 가장 큰 건축물이다. 도시의 중심에는 벽으로 둘러싸인 120헥타르의 행정구역이 있었고, 도시 전체의 중심은 적어도 490헥타르였다. 다음 문헌들을 참고하라. Chris Scarre, ibid., pp.230~231; Jack Weatherford, *Native Roots: How the Indians Enriched America*(New York: Crown, 1991), pp.6~18; Joseph A. Tainter, *The Collapse of Complex Societies*(Cambridge: Cambridge University Press, 1988), p.16; Carl Waldman, *Atlas of the North American Indian*(New York: Facts on File, 1985), p.22; Melvin Fowler, "A Pre-Columbian Urban Center on the Mississippi", *Scientific American*, August 1975. 카오키아의 인구는 2만 명에서 7만 5천 명 정도로 추정된다. 그것이 차지했던 넓은 지역과 흙무더기(약 120개)의 수로 판단해 볼 때 나는 그 도시가 전성기인 13세기에 4만 명보다 적은 인구였다고는 생각하지 않는다. 좀더 남쪽에 살면서 그들과 연관된 낫체스(Natchez) 사람들은 역사 시대까지 순장을 계속 실행했다.

였다. 19세기에 아샨티(Ashanti)의 한 왕이 영국인들에게 "만일 내가 인간 희생을 폐지해야 한다면 나는 백성들이 계속 내게 복종하도록 할 수 있는 가장 효과적인 수단을 내게서 박탈하는 것이 될 것이다."[42]고 솔직하게 말했다. 당시에 인도인 폭도들을 대포 구멍에 가로질러 묶어서는 그들을 반으로 날려버리고 있던 영국인들에게 그런 충고는 거의 필요하지 않았다. 각 문화에는 그 자체의 약호(略號)와 감수성이 있다. 멕시코에서 스페인의 정복자들은 칼로 심장을 베는, 죄수에 대한 의식적(儀式的) 학살에 질겁하였다. 아스텍 사람들은 스페인 사람들이 사람들을 산 채로 불에 태우는 것을 보고 똑같이 공포에 질렸다.

폭력은 인간만큼이나 오래된 것이지만, 문명은 그것에 특수한 공포를 더하는 정교화 작업을 거쳐서 폭력을 저지른다. 우리는 왕의 기념비를 재건하는 데 쓸 벽돌에 자신의 이름을 새겨 넣은 사담 후세인의 이라크에서 완전한 원을 그리는 모든 공동 묘지의 전조를 미리 엿볼 수 있다. 우르의 죽음 구덩이에서 5천 년을 흘러내려와 보스니아와 르완다를 거쳐 이라크의 고대 왕들이 한 것처럼 말이다. 수렵 · 채취자의 삶과 달리 문명에서는 당신이 누구인지 항상 문제가 되어 왔다. 우리는 구석기 시대 한 모닥불 주위에 모인 확대가족에서 일부 사람들은 반신반인(半神半人, demigod)이

42) 다음에서 인용하였다. Nancy Jay, *Throughout Your Generations Forever: Sacrifice, Religion, and Paternity*(Chicago: University of Chicago Press, 1992).

고 나머지 사람들은 죽도록 일해야 하거나 자신들의 윗사람들의 무덤에 순장당해야 하는 살덩이에 불과한 사회까지 매우 긴 여정을 지나 왔다.[43)]

기계화된 영농이 시작되기 전까지는 먹을 것을 재배하거나 사육하던 사람들은 농부이든 노예이든 자신들의 잉여에 얹혀 살던 엘리트와 전문가들보다 10 대 1 정도로 그 수가 많았다. 이로 인해 대중들에게 돌아온 보상은 겨우 연명이나 할 수준을 거의 넘어서지 않았고, 그 고통은 관습과 신앙의 위안에 의해 덜어졌다. 만일 그들이 운이 좋다면, 흉년에는 계몽된 자기이해 속에서 공적인 부조(扶助)를 제공하는 국가에 속했을 것이다. 부양자로서 지도자의 이상(理想)과 관대한 부자의 이상은 일정한 정도로 살아남았으며 많은 언어에서 추적할 수 있다. 영어의 '주인(lord)'이란 단어는 옛 영어의 *흘라포드*(hlaford) 또는 '한 덩어리의 빵을 향한(loafward)'에서 왔는데, 그것은 빵의 공급을 보장하는—그리고 그것을 나눠줄 것으로 기대되는—사람을 의미한다. 잉카의 칭호인 *카파크*(qhapaq)는 '아낌없이 주는(munificent)'이라는 의미인데, 부를 모을 뿐만 아니라 그것을 재분배하는 사람을 의미했다. 잉카 황제의 또

---

43) 아담과 이브의 전설에는 결함이 있지만(그들 아들의 아내가 어디서 왔는지가 전혀 나타나 있지 않다), 인도주의적인 메시지를 함유하고 있다. 즉, 모든 인간은 친척이라는 것이다. 배교(背教)한 사제인 존 볼(John Ball)이 영국의 농민 반란이 한창이던 14세기의 한 랩 리듬에 집어넣은 것처럼, "아담이 땅을 파고 이브가 실을 자아낼 때 / 그렇다면 누가 신사였는가?" 모든 영주와 법률가를 죽이기를 권한 파문 당한 사제 볼은(셰익스피어의 〈헨리 4세〉 제2부를 보라), 1381년에 리처드 2세에 의해 살해되었다.

다른 칭호는 *왁챠쿠야크*(wakchakuyaq)였는데, 이는 '빼앗긴 사람들을 돌보는 사람'이다.[44)]

하와이 추장들은 그들의 원로들에게서 음식이나 재물을 축적하는 것에 대해 다음과 같은 경고를 받았다. "아리이(Arii)의 손은 항상 비어 있지 않으면 안 되며, 여기에 당신의 명예가 달려 있다."[45)] 그리고 중국의 황제들에 관해서는 그들의 첫 번째 임무는 자신들의 백성을 먹여 살리는 것이라고 얘기되었다. 대부분의 농업 사회와 마찬가지로 중국은 기근에 기근을 거듭하면서 근대로 비틀거리며 잘 넘어온 것이 사실이다.[46)] 식량을 효과적으로 보증하는 것은 오늘날 제3세계에서와 마찬가지로 과거에도 드문 일이었다. 고대 국가들 대부분은 작은 위기보다 나쁜 어떤 일이 생길 경우 거기에 대처할 수 있는 저장 능력이나 수송 역량이 없었다. 잉카제국과 로마제국은 아마도 기근 구제에서 최상의 국가였을 것인데, 두 제국이 좋은 창고시설과 도로와 바닷길을 가지고서 몇몇 기후 지대에 걸쳐 확산된 매우 큰 제국이었다는 것은 결코 우연의 일치가 아니다.

---

44) 몇몇 잉카의 왕들—예를 들면, 만쿠 카파크(Manku Qhapaq, Manco Capac로도 씀)와 와이나 카파크(Wayna Quapaq, Huayna Capac로도 씀)를 포함해서—은 자신들의 이름에 이 단어를 갖고 있었다. 현대의 케추아 어에서는 카파크는 단순히 부자를 의미한다.

45) 다음에서 인용했다. Marshall Sahlins, ibid., p.259.

46) 중국은 과거 2000년 동안 거의 매년 적어도 한 지방에는 기근이 찾아 왔다(Clive Ponting, ibid., p.103).

노아의 홍수

단일한 생태계에 의존하고 고지대가 없던 수메르와 같은 작은 문명은 홍수와 가뭄에 특히 취약했다. 그런 재앙은 지금과 마찬가지로 '유일신(또는 신들)의 행위'로 간주되었다. 우리와 마찬가지로 수메르 인들은 인간의 활동 탓도 있다는 것을 어렴풋하게만 알고 있었다. 범람원들은 항상 조만간 범람할 것이지만, 상류의 거대한 분수계들의 나무를 남벌하는 것은 그렇지 않았을 경우에 비해 범람을 훨씬 거세고 치명적으로 만들었다. 덤불과 이끼, 진흙으로 가득 덮인 삼림지들은 거대한 스펀지 같은 작용을 하여 빗물을 빨아들여서는 빗물이 땅으로 서서히 스며들 수 있도록 한다. 또한 나무는 물을 들이마셔서는 호흡을 통해 공기 중으로 내뿜는다.

그러나 원시시대의 숲과 토양이 벌채, 방화, 지나친 가축 방목, 경작으로 인해 파괴된 곳은 어디에서나 드러난 밑흙이 건조한 날씨에 딱딱하게 굳어져서 우기에는 지붕과 같은 구실을 한다. 그 결과는 순식간에 일어나는 범람인데, 때때로 너무도 무거운 흙모래와 자갈을 실어 날라서 그것들이 가파른 골짜기에서 마치 액체로 된 콘크리트처럼 쏟아져 내리게 한다. 일단 물이 범람원에 도달하기만 하면 물은 천천히 흘러내려 자갈을 쏟아 버리고 바다를 향해 서서히 퍼져나간다.

비틀거리는 충적의 힘이 메소포타미아에서 작동하고 있다. 수메르 인들의 기록이 시작된 이래 5천 년 동안 두 강은 페르시아 만의 130킬로미터를 가득 채웠다. 이라크의 두 번째 도시인 바스라(Basra)는 고대에는 망망한 바다였다.[47] 수메르의 평원들은 320킬로미터 이상으로 넓었다. 유별나게 큰 범람—한 세기에 한 번 정도 일어날 법한 종류의 것—이 닥칠 때에는 왕이 빗속에서 자신의 발밑에서 부드럽게 녹아 내리는 사원 위에 서서는 자신과 하늘의 가장자리 사이에 물밖에 없는 것을 보게 되었을 것이다.

아담과 이브는 그들을 스스로 에덴에서 몰아냈을 뿐만 아니라, 그들이 뒤로하고 떠난 침식된 전경은 노아의 홍수[48]의 무대장치가 되었다. 도시 언덕들이 낮고 쉽게 침수되던 초기에 유일한 피난처는 배였을 것이다. 그 전설의 수메르판(版)은 우트나피쉬팀(Utnapishtim)[49]이라는 이름의 한 남자가 1인칭으로 말하는 형식을 취하고 있는데, 괴상한 날씨와 무너진 둑에 관한 생생한 세부내용과 함께 실제 사건들의 소리를 담고 있다. 거기에서 우리는 성경에 나오는 이야기의 전조(前兆)뿐만 아니라 인간이 만든 환경적 대재

47) 바그다드와 마찬가지로 바스라는 기원후 7세기에 무슬림 침입자들에 의해서 건설되었다. 바스라는 2003년에 영국군에 의해 탈취되고 점령되었다.

48) 고고학자들은 수메르의 최초의 단계들에 일어난 몇몇 큰 재앙과 같은 범람의 증거를 발견하였다.

49) 우트나피쉬팀은 유명하게 된 첫 도시들 중의 하나인 슈루파크(Shurrupak), 현대의 파라(Fara) 출신이다(다음을 보라. N. K.Sandars, trans., ibid., p.40). 이것은 전설의 배경이 되는 거대한 홍수가, 도시들이 더 쉽게 침수되었던 수메르 시대 초기에 일어났음을 시사해 준다. 우트나피쉬팀의 이름은 '멀리 있는 자'를 의미한다. 홍수 뒤에 그는 페르시아 만의 가장자리에서 물의 영(靈)이 된다.

앙에 대한 최초 목격자의 설명을 들을 수 있다.

> 세계가 비옥하던 그 시절에는 사람들이 늘어났다. …… 엔릴(Enlil)은 아우성을 듣고 평의회에서 신들에게 말했다. "인류의 소란이 참을 수 없는 지경이어서 더는 잠을 잘 수가 없습니다……." 그래서 신들은 인류를 멸망시키는 데 동의했다.[50)]

폭풍우의 신인 엔릴이 선동자이고, 사랑의 여신이자 하늘의 여왕인 이쉬타르(성모 마리아의 전신이지만 처녀성은 덜한)를 포함한 다른 신들은 그에 따른다. 그러나 지혜의 신인 에아(Ea)는 꿈에서 우트나피쉬팀에게 다음과 같이 경고한다. "내가 말하노니, 너의 집을 헐어서 배를 만들고, 모든 재산을 버리고 살길을 찾아라. …… 모든 살아 있는 피조물들의 종자를 배에 실어라."

> 시간이 되고, 저녁이 왔으며, 폭풍우를 모는 자가 비를 내려보냈다. 나는 날씨를 조심히 살펴보았는데, 날씨가 무시무시했기 때문에 나도 배에 타고 승강구 입구를 폐쇄했다. …… 새벽동이 트자 한 검은 구름이 지평선에서 왔는데, 그 안에는 폭풍우의 주인인 아다드(Adad)가 타고 있었고, 천둥이 쳤다. …… 그러고 나서 지옥의 신들이 솟아올랐는데, 네르갈(Nergal)은 지옥의 물의 둑들을 잡아당겨 열었고, 전쟁의 주인인 니누르타

50) 이 인용구들은 산다르스(Sandars)의 번역 108~113쪽에서 가져 왔다.

(Ninurta)는 제방을 파괴했고, 그리고 …… 폭풍우의 신은 땅을 컵처럼 때려 부서서는 낮의 빛을 어둠으로 바꾸었다. …… 엿새의 밤낮 동안 바람이 불고, 급류와 폭풍우가 세계를 뒤덮었다. …… 일곱 번째 날이 밝았다. …… 나는 세계의 얼굴을 쳐다보았는데, 침묵만이 흘렀고 모든 인류는 진흙으로 변했다. 바다의 표면은 옥상처럼 평평하게 펼쳐져 있었고, 나는 승강구를 열었는데 빛이 내 얼굴에 떨어져 내렸다. 그런 후 나는 엎드려 절하고 앉아서는 울었다. …… 사면이 온통 물의 사막이었기 때문이다.

우트나피쉬팀은 땅을 발견하기 위해서 새들을 날려보냈다. 물이 빠지기 시작했을 때 그는 신들을 불러내기 위해 향을 태운다. 하지만 그의 말을 들어보면 실제 원인은 진흙 속 시체들의 악취라는 것을 암시한다. 그는 신들이 "희생 위의 파리들처럼 모여들었다."고 말한다. 무지개를 가진 여호와와는 달리 수메르의 신들은 아무런 약속도 하지 않는다. 이쉬타르는 그녀의 목걸이를 만지작거리면서 자신은 기억하겠노라고만 말한다. 엔릴은 방주(方舟)를 보고 화를 내면서 "이 죽어야 할 것들 중에서 누가 도망을 갔어? 단 한 명도 살아남아서는 안 되는 거였어."라고 말한다. 그러자 경고를 하면서 동물들을 구출한 에아는 엔릴이 저지른 일에 대해 그를 신랄하게 힐책하면서 서글픈 노래를 부르기 시작한다.

한 마리의 사자가 인류를 유린했더라면
홍수보다는……
기근이 세계를 황폐화시켰다면
홍수보다는.

에아는 그가 원한 것에 대해 더욱 신중하지 않으면 안 되었다. 레너드 울리 경(Sir Leonard Woolley)이 양차 세계대전 사이에 수메르를 발굴했을 때, 그는 다음과 같이 썼다. "메소포타미아의 사막을 본 적이 있는 사람들에게 …… 고대 세계는 거의 믿을 수 없는 것처럼 보이는데, 그것은 과거와 현재의 대조가 아주 완벽하기 때문이다. …… 만일 우르가 제국의 수도였거나 수메르가 한때 광대한 곡창지대였다면, 왜 주민들이 점점 줄어들어 아무도 없게 되고, 토양이 황폐화되었는가?"[51]

그의 질문은 단 한 마디로 답할 수 있었다. 소금이 바로 그것이다. 강들이 바위와 땅에서 소금을 씻어내어 바다로 나른다. 그러나 사람들이 물을 메마른 땅으로 끌어들이면, 대부분이 증발되고 소금이 남게 된다. 관개 또한 침수를 유발시켜서 소금기 있는 지하수를 위로 스며 나오게 한다. 좋은 배수로와 오랜 휴경(休耕), 땅을 씻어내리기에 충분한 강우(降雨)가 없는 한 관개 계획은 미래의 소금밭이다.

51) 다음에서 인용했다. Clive Ponting, ibid., p.70.

남부 이라크는 관개를 시작하기에 좋아 보이는 지역들 중 하나였는데, 그것을 유지하기에 어려운 지역 중의 하나이기도 했다. 따라서 진보의 유혹적인 함정에 빠지기 쉬웠다. 몇 세기에 걸쳐 대단한 풍작이 있은 뒤에 그 땅은 이전과 달라지기 시작했다. 고통의 첫 번째 신호는 탄광 광부들의 카나리아와 같은 반응을 나타내는 농작물인 밀의 수확 감소였다. 시간이 지남에 따라 수메르 인들은 밀을 보리로 대체할 수밖에 없었는데, 그것은 보리가 소금을 한층 더 잘 견뎌냈기 때문이다. 기원전 2500년경에 밀은 농작물의 15퍼센트에 불과했고, 기원전 2100년경에 우르는 밀 경작을 완전히 포기했다.

세계 최초의 거대한 급수 체계의 건설자들인 수메르 인들에게 그들의 새로운 테크놀로지가 가져올 결과를 예측하지 못한 책임을 묻기는 거의 어려울 것이다. 그러나 정치적 · 문화적 압력들이 문제를 더욱 나쁘게 만든 것은 분명하다. 주민이 보다 적었을 때에 도시들은 비록 노력과 비용이 늘어나기는 하지만 휴경 기간을 연장하고 황폐화한 밭을 포기하고 새로운 땅을 경작함으로써 문제를 옆으로 피해 비껴갈 수 있었다. 세 번째 천 년 중반 이후에는 개간할 수 있는 새로운 땅이 없어지게 되었다. 그때 인구는 절정에 달해 있었고 지배계급은 비대했으며, 만성적인 전쟁으로 인해 상비군—거의 언제나 괴로움의 신호이자 원인—을 유지할 필요가 있었다. 이스터 섬의 사람들처럼 수메르 인들은 환경의 충격을 감소시키기 위해 자신들의 사회를 개혁하는 데 실패했다.[52] 반대로 그들은 생산을 강화하려고 노력했는데, 아카드(Akkadian) 제국 시기(기원전 약 2500년에서 2150년 사이)와 기원전 2000년에 멸망한 우르의 제3왕조 치하의 마지막 전성기 때 특히 그랬다.

단명한 우르 제국은 우리가 이스터 섬에서 본 것과 똑같은 과정을 보여 준다. 현재를 유지하기 위해서 미래를 훔치고, 과도한 부와 영광을 무모하게 흥청망청 즐기기 위해 자연 자본의 마지막 비축분까지 소비함으로써 스스로 굳힌 신념과 관행을 고수한 것이다. 운하가 연장되고, 휴경 기간은 짧아지고, 인구는 증대하였으며, 경제적 잉여는 장엄한 건축물들을 지원하기 위해 우르에 집중되었다. 그 결과 몇 세대의 (지배자들을 위한) 번영에 그쳤으며, 그 뒤에는 붕괴가 뒤따랐고 남부 메소포타미아는 결코 회복되지 못했다.[53]

기원전 2000년경에 기록자들은 땅이 "하얗게 변했다."고 보고하였다.[54] 보리를 포함한 모든 농작물들의 흉작이 이어졌다. 수확은 원래 수준의 3분의 1로 떨어졌다. 역사의 양지에서 수메르 인들의 천 년은 끝났다. 정치적 권력은 북쪽으로 옮겨가 바빌론과 아시리아로 넘어갔고, 훨씬 나중에는 이슬람 치하의 바그다드로

---

52) 홍수에 관한 이야기들은 자연에 대한 인간의 부하(負荷)에 대한 일정한 인식을 반영하고 있는지도 모른다. 엔릴은 인간의 소음과 수(數) 때문에 화가 나서 인류를 파괴하기로 했는데, 홍수 이후에 인간의 출생률과 수명이 감소되었다.

53) Joseph A. Tainter, ibid., p.7.

54) 다음에서 인용했다. Clive Ponting, ibid. 나는 주로 폰팅의 탁월한 요약(pp.68~73)과 레드맨(ibid., pp.133~139)의 요약에 의존했다.

넘어갔다. 북부 메소포타미아는 남부보다 배수시설이 잘 되어 있었지만, 거기에서도 동일한 쇠퇴가 여러 제국을 거쳐서 현대까지 반복되었다. 어느 누구도 기꺼이 과거에서 배우려고 하지 않는 것 같았다. 오늘날 이라크의 관개된 토지의 꼭 절반이 염분을 함유하고 있다. 이것은 세계에서 가장 높은 비율이고, 그 뒤는 범람원 문명의 다른 두 중심지인 이집트와 파키스탄이 잇고 있다.[55)]

수메르의 고대 도시들에 관해 말하면, 소수는 촌락으로 근근이 버텨 왔지만 대부분은 버려졌다. 심지어 4,000년 뒤에도 그 도시들을 둘러싸고 있는 땅은 불모의 땅이고, 진보의 먼지로 여전히 창백하다. 우르와 우루크가 서 있는 사막은 그 도시들이 만들었다.

---

55) 앤드루 구디(Andrew Goudie)의 저작 170쪽에 제시된 식량농업기구(FAO: the Food and Agriculture Organization)의 통계에서 인용했다. 이라크의 수치는 현재 사용하지 않는 토지는 포함하지 않았다. 피셔(W. B. Fisher, ibid., p.85)는 이라크 농경지의 80퍼센트가 '일정한 정도로' 염분을 함유하고, 매년 1퍼센트가 '쓸모 없는' 땅으로 변하고 있다고 평가한다. 이집트 역시 염분 있는 땅이 늘어나고 있지만 그 문제의 많은 부분은 1950년대에 아스완 하이 댐(Aswan High Dam) 건설에 뒤따른 최근의 것이다. 댐은 이집트의 자연 생태를 이라크와 더 유사한 인공적인 생태로 바꿈으로써 나일 계곡의 급수와 수세(水洗)를 감소시켰다.

제4장

피라미드 조직

유카탄(Yucatán)과 벨리즈(Belize)의 숲에는 마야 인들이 엑스타바이(Xtabay)라고 부르는 사랑스럽지만 사악한 요부가 살고 있다. 덤불 속에서 너무 오랜 시간을 보낸 외로운 사냥꾼들의 눈에 보이는 그녀는 그들을 정욕에 미치게 만든다. 그들은 나뭇잎 사이로 그녀를 흘끗 보고는 따라가지 않을 수 없고 황혼이 짙어지면 망각에 빠지게 된다. 그들은 계속 따라가서 그녀와 거리가 매우 가까워지면 엑스타바이의 야생의 향내를 맡고 그녀의 긴 머리가 향기롭게 흩날리는 것을 느낄 수 있게 된다. 그들이 깨어나면(*만일* 그들이 깨어나면, 왜냐하면 많은 사람들이 결코 다시는 볼 수 없게 되었기 때문에), 그들은 바지가 내려진 채 거세당하고 피를 흘린 채 완벽하게 길을 잃게 된다.

섹스, 식량, 부, 권력, 명예, 이런 것들이 우리를 꾀어 앞으로 나가게 하고 우리에게 진보를 만들어 준다. 그리고 여기에 우리는 점점 더 좋아지는 물질적인 조건들이라는 현대적 의미의 진보 그 자체를 첨가할 수 있는데, 이것은 산업혁명과 더불어 발생하고 진보의 위대한 신조(信條)가 된 개념이다.[1] 내가 지금까지 그 여정을 요약적으로 설명한 두 개의 고대 사회, 즉 이스터 섬과 수메르는 아마도 그러한 진보의 개념이 없었겠지만, 그들은 똑같이 자신의 욕망에 의해 유혹당하였고 그것에 의해 멸망하였다.

그러나 그 두 사회가 전체 문명에 얼마나 전형적인 것일까? 문명은 본래부터 부적응적인 것이고 그 자체의 동학(動學)에 의해서 운명지어진 하나의 실험인가? 지구 전체에 걸쳐 있는 폐허들은 그렇게 말하는 것처럼 보인다. 그러나 현대 문명이 도처에 존재하고 있다는 것은 과거와 모순되는 것처럼 보인다. 우리의 문명은 엑스타바이를 이미 길들였으며 앞으로도 영원히 그녀와 행복하게 살아가게 될 예외인가?

로마 문명과 마야 문명의 흔적

이 장에서 나는 내적 붕괴의 가장 유명한 두 가지 사례—서기 4세기 로마의 멸망과 9세기 고전 마야(Classic Maya)의 멸망—를

1) 제1장과 다음을 참조하라. Sidney Pollard, ibid.

먼저 개략적으로 설명하고, 오랫동안 되풀이되면서 끈질기게 살아남은 두 사례—이집트와 중국—에 대해 간단히 살펴보고자 한다. 로마 문명과 마야 문명은 수메르 문명에 비해서 훨씬 나중에 생겼고 그 규모도 크며, 적어도 로마의 경우에는 훨씬 더 복합적이었다. 수메르 인들과 마찬가지로 고전 마야 인들은 경쟁적인 도시국가의 집합체 속에서 살았다. 그러나 그들의 절정기 인구는 약 10배 정도 더 많아서 모두 합해서 5백만 명에서 7백만 명 사이였다.[2)] 로마 제국은 그 절정기에 —당시 인류의 4분의 1— 약 5천만 명을 다스렸다.

마야 인과 로마 인은 서로 아무런 연계가 없었다. 그들은 유사한 시기에 그러나 별개의 사회적 실험실, 즉 신세계와 구세계에서 발흥했다. 이 점 때문에 우리는 시간, 공간, 문화의 특질들을 초월

---

2) 애덤 스미스는 수메르의 인구를 50만 명으로 추산했는데, 트리거(Bruce Trigger, ibid., p.30)도 이를 수용한다. 이것은 신중한 편에 속하는지도 모르지만, 알려진 도시 규모와 사람들 대부분이 도시 안에 살았다는 점을 감안하면 총 인구는 그것보다 2배 이상 많을 것 같지는 않다. 서기 8세기 마야의 인구 추정치는 광범위하게 차이 나지만 저지(低地)의 인구는 약 5백만 명이며, 여기에 우리는 과테말라와 치아파스(Chiapas)와 같은 고지(高地)의 인구로 1백만 명 또는 2백만 명을 보탤 수 있을 것이다. 웹스터는 저지의 인구에 대해 대체로 오류를 저지르고 있는데, 전체 마야 지역의 10분의 1에 불과한 약 2만 3천 평방 킬로미터의 중심지대에 3백만 명 정도의 인구가 있었다고 시사하는 지리학적 연구들을 인용하고 있다. 그는 저지의 인구가 총 4백만 명 또는 5백만 명이었다는 결론에 도달하고 있지만 이것도 여전히 많은 건지도 모른다고 느끼고 있다(David Webster, ibid., pp.173~174). 린다 쉘레(Linda Schele)와 데이비드 프라이델(David Freidel)은 티칼(Tikal) 왕국 하나만 하더라도 인구가 50만 명이 있었다는 추정치를 받아들이고 있다(Linda Schele and David Freidel, *A Forest of Kings: The Untold Story of the Ancient Maya*, New York: Morrow, 1990, pp.57~59). 그리고 8세기경에는 60개 정도나 되었을 다른 국가들은 각각 5만 명 미만이었다.

하는 인간 행동들을 인식하는 데 이 두 사례를 유용하게 이용할 수 있다. 내 생각에 우리가 고갱의 두 질문, 즉 '*우리는 무엇인가?*', '*우리는 어디로 가고 있는가?*'에 대해 답하는 것을 도와줄 수 있는 유형들이다.

이스터 섬과 수메르는 자신들의 환경을 너무도 철저하게 파멸시키고 가혹하게 무너뜨렸기 때문에 실제적으로도 스스로 소멸되었다.[3] 그러나 로마와 마야는 붕괴된 이후에 단순화된 '중세적' 형태들로 그럭저럭 남아 있으며, 오늘날 세계의 일부를 이루는 직접적인 후손들을 남겼다. 로마의 계승자는 비잔틴 제국과 라틴 어의 현대적 방언을 사용하는 유럽 국가들이다. 마야 인들은 제국 건설자들이 아니었고, 그들이 이룩했을 법한 어떠한 르네상스도 16세기 스페인의 침입에 의해 선점되어 방해되었다. 그러나 그들의 문화의 죽음은 과장되어 왔다. 8백만 명—고전시대와 대략적으로 동일한 수—의 사람들이 오늘날에도 마야의 언어를 사용하고 있고, 그들 중 많은 사람은 사회 조직 · 신앙 · 예술 · 달력을 이용한 점성술 등에서 명백히 마야적인 형태들을 실행한다.[4]

---

3) 나중의 문명들에 대한 수메르의 커다란 영향에도 수메르 인의 인종적인 정체성은 사라져 버렸다. 언어는 바빌로니아의 학자들에 의해 숭상된 죽은 언어로만 살아남았으며, 아무런 살아 있는 친척 언어를 남기지 못했다.

4) 서로 연관되어 있지만 뚜렷이 구별되는 20가지 이상의 마야 언어가 존재하는데, 각 언어는 고대 도시국가의 영역과 대략적으로 일치한다. 마야 언어를 쓰는 원어민들은 점점 더 많은 수가 콜럼버스 이전 문헌들의 해독(解讀)에 종사하고 있고, 마야의 달력 사제나

사회 자본과 자연 자본

나의 반(反)유토피아적인 소설 《과학적 로맨스》에서 한 등장인물이 문명을 '피라미드 조직'이라고 부르고 있는데, 몇 년 뒤에 나는 이 말을 이 책의 근원이 된 한 논문의 제목으로 사용하였다.[5)] 돌이나 벽돌로 된 피라미드는 거대한 조상, 무덤, 예배용 탑의 형태를 취할 수도 있지만, 그것은 인간의 사회적 피라미드의 외면적이고 가시적인 표상이다. 그리고 인간 피라미드는 다시금 덜 가시적인 자연 피라미드—식량 연쇄와 주변 생태 속의 여타 모든 자원들, 종종 '자연 자본'이라고 불리는 것들—에 의해 지탱된다.

내 생각에 로마와 마야의 여정 역시 문명이란 종종 성장하는 동안에만 번영하는 '피라미드' 판매 조직처럼 행동한다는 것을 보여준다. 문명은 팽창하는 주변부에서 중심으로 부를 모으고, 주변부는 통상을 하는 정치적 제국의 변경 또는 자원의 집중화된 이용을 통한 자연의 식민화의 변경일지도 모르며, 종종 둘다 일 수도 있다.

'점성술사'는 고대 이래로 달력의 일부를 보존해 왔다. 마야의 정치 활동가 중에는 1992년 노벨 평화상 수상자인 리고베르타 멘추(Rigoberta Menchú)가 있다. 다음을 보라. W. George Lovell, *Conquest and Survival in Colonial Guatemala: A Historical Geography of the Cuchumatán Highlands 1500~1821,* 2nd ed.(Montreal: McGill-Queen's University Press, 1992); *A Beauty That Hurts: Life and Death in Guatemala*(Austin: University of Texas Press, 200); Rigoberta Menchú, *I, Rigoberta Menchú: An Indian Woman in Guatemala,* trans., Ann Wright(London: Verso, 1984); Barbara Tedlock, *Time and Highland Maya*(Albuquerque: University of New Mexico Press, 1982).

5) Ronald Wright, *A Scientific Romance*(London: Anchor, 1997), pp.66 · 259; Ronald Wright, "Civilization Is a Pyramid Scheme", *Globe and Mail*, August 5, 2000.

그렇기 때문에 그런 문명은 생태에 대한 최대 수요에 이르게 된 절정기에 가장 불안정하다. 부나 에너지의 새로운 원천이 나타나지 않는 한 생산을 증대시키거나 자연의 변동들에 의한 충격을 흡수할 수 있는 여지가 전혀 없다. 나아갈 수 있는 유일한 길은 자연과 인간에게 새로운 대부(貸付)를 계속 쥐어짜는 길뿐이다.

일단 자연이 들어오지 못하게 막기 시작하면—침식, 흉작, 기근, 질병 등을 통해—사회 계약은 무너진다. 사람들은 잠시 동안 금욕적으로 견딜지도 모르지만, 조만간 하늘과 지배자의 관계가 기만이나 거짓말이라는 것이 드러난다. 그렇게 되면 사원들이 약탈을 당하고 조상들은 파괴되어 넘어뜨려지고, 야만인들이 환영받으며 궁정의 창문으로 도망가는 황제의 벌거벗은 엉덩이가 마지막으로 보이게 된다.

여기서 진정한 붕괴와 프랑스 · 러시아 · 멕시코 혁명 같은 정치적 전복을 구분하지 않으면 안 된다. 비록 땅을 오용한 것과 굶주림이 이러한 전복에서 중요하지만, 그것의 주요 이유는 사회 자본의 고갈이지 자연 자본의 고갈이 아니다. 이 사회들은 일단 재조직되고 나면 문명이 지속될 뿐만 아니라 팽창되었다. 진정한 붕괴는 한 사회의 절멸 또는 절멸에 가까운 상태를 초래하며, 그 기간 동안 매우 많은 수의 사람들이 죽거나 뿔뿔이 흩어진다. 설사 회복은 된다고 하더라도 몇 세기가 걸리는데, 왜냐하면 숲과 물과 표토(表土)는 서서히 재건되므로 자연 자본의 재생에 필요한 시간이 오래 걸리기 때문이다.

가장 문명화된 문명

마르쿠스 아우렐리우스(Marcus Aurelius)가 죽고 쇠퇴의 긴 고통이 시작되는 서기 180년 직전의 로마 전성기의 세계를 그려보자. 수메르의 멸망 이래 흘러간 2천 년 동안 문명들은 지구 도처에서 꽃을 피웠다. 전형적인 2세기의 어느 날, 태양은 중국의 한(漢)나라에서 떠서 인도 마우리아 왕조의 불교 사리탑 위를 가로질러서는 인더스 강 유역과 유프라테스 강 유역의 벽돌 폐허들을 내리쬐고는 두 시간 이상 걸려 지중해라는 로마의 호수를 횡단했을 것이다. 지브롤터가 정오가 될 시각에는 예배자들이 멕시코의 고지대와 과테말라의 정글, 페루의 관개된 계곡들에 있는 피라미드들의 꼭대기에서 새벽을 맞이하고 있었을 것이다. 태양이 태평양을 건너 서쪽으로 움직일 때에만 도시나 돌로 된 사원을 비추지 못했을 것이지만, 여기에서조차 재배와 건축—피지에서 마르케사스 군도까지 대양의 반구(半球)를 가로지르는 폴리네시아 인들의 최초 디딤돌—이 이미 시작되었다.

아테네는 기원전 4세기 이후에 쇠퇴했지만, 알렉산드로스가 그리스 문화와 식민지 이주자들을 다르다넬스 해협(the Dardanelles)에서 북부 인도까지 확산시키기 전까지는 완전히 멸망하지 않았다. 이집트는 모든 시대에서 가장 보수적인 문명인데, 쇠퇴와 부흥의 많은 시기들을 겪었지만 나일 강의 삼각주를 따라 펼쳐지는 유럽의 외관 뒤에 고대의 성격을 여전히 보유하고 있다.

에드워드 기번(Edward Gibbon)은 자신의 《로마 제국 쇠망사 *The History of the Decline and Fall of the Roman Empirc*》에서, 서기 2세기에는 "로마 제국이 지구의 가장 올바른 부분과 인류의 가장 문명화된 부분을 포괄하였다."고 선언하였다.[6] 유럽 혈통이 아닌 사람들은 그러한 주장을 반박할지 모르지만, 기번은 로마의 멸망이 "언제까지나 기억될 것이고, 여전히 지구의 여러 나라들에 의해 느껴지고 있다."는 말을 덧붙인 점에서는 확실히 옳았다. 로마와 고전 마야의 후손들은 결국—스페인 사람들이 신세계를 침입했을 때—만난다. 유럽의 모든 제국들과 미국과 같은 신유럽들(Neo-Europes)[7]은 비록 실제의 로마는 남아 있는 건축물들[8]이 보여 주는 질서와 깨끗한 대리석의 초대국(超大國)이 아니

6) Edward Gibbon, *The History of the Decline and Fall of the Roman Empire*(London: Folio Society, 1995), p.31.

7) '신유럽'이란 용어는 미국, 오스트레일리아, 아르헨티나 등을 지칭하는데 알프레드 크로즈비(ibid., 1986, pp.2~3)가 만든 말이다. 나는 여기에서 19세기에 미국이 자신의 대륙을 가로질러 제국주의적 팽창을 한 것을 가리킨다고 생각한다. 미국의 국가적 신화는 이것을 '개척'이나 '정착'이라고 보지만, 체로키(Cherokee)와 이로쿼이(Iroquois)와 같은 조직화된 토착국가들을 포함해서 인디언을 차례차례 정복하고 추방한 것은 명백히 제국주의적인 것이고 독일의 *생활권*(Lebensraum)이란 이름으로 진행된 것은 아니지만 행위에서는 그것의 선구자가 되었다. 미국의 역사가인 퍼트리샤 넬슨 리메릭(Patricia Nelson Limerick)은 다음과 같이 쓰고 있다. "정복이라는 사실보다 명백한 사실은 미국 역사에 없다. 남미에서와 마찬가지로 북미에서도 …… 유럽 인들은 토착민들이 완전하게 점거하고 있던 땅에 침입하였다"(*Something in the Soil*[New York: Norton, 2000], p.33)

8) 고전시대의 조각이 중세의 종교적 이미지들과 다르지 않게 원래는 밝은 색깔로 칠해지고 덮개, 금속, 털 등의 조각으로 장식되었다는 사실이 종종 잊혀진다.

었지만, 상상된 고전적 이상들을 스스로 본뜨려고 노력하였다. 모든 사회와 마찬가지로 로마 인들은 위기를 거듭 거치며 비틀거리면서 나아갔는데 그러면서 규칙들을 만들었다. 사실 영어권의 민주주의는 고전적 모델 못지않게 앵글로–색슨족에 의존하는 바가 크다.

벌거벗은 대지

제3장에서 나는 세계 최초의 농경 촌락들이 비옥한 초승달 지대나 중동의 고지에서 출현하였으며, 인류가 기원전 6천 년 대에 그 땅을 벌거벗김으로써 에덴동산에서 스스로 몰아냈다고 언급한 바 있다. 몇 천 년 뒤에 슬픈 이야기는 지중해 유역에서 되풀이 되었고, 지금은 생태계에 거의 아무런 흔적도 남아 있지 않지만 한때는 오래된 숲에 의해 짙게 덮여 있었던 구릉성 지형에서 특히 그러했다. 또 다시 그리스와 남부 이탈리아, 남부 프랑스, 스페인을 황폐화한 주범은 불, 염소, 벌목이었다. 염소떼는 고기와 젖을 줄 뿐만 아니라, 좋은 시절에는 저장하고 필요할 때는 팔거나 먹을 수 있는 살아 있는 자본이었다. 염소는 거의 어디에서든 잘 자랄 수 있기 때문에 종종 염소말고는 거의 아무것도 살아남을 수 없는 환경을 조성하기도 한다.

삼림지는 일정 수준의 화재나 벌목을 견뎌낼 수 있지만, 너무 많은 가축이 방목되면 묘목들은 먹히고 늙은 나무는 죽기 마련이다. 야생에서 풀을 뜯는 짐승들은 인간을 포함한 육식동물에 의해 솎아진다. 그러나 목자들은 종종 너무도 많은 동물들을 길러서 목초지에 대한 압력이 가차없이 커진다.[9] 그리고 인구가 많고 농촌이 가난하던 시절에는 방목에 이어 종종 산허리를 경작하는 데까지 이른다. 오늘날 소위 발전도상에 있는 나라에서 동일하게 볼 수 있는 광경이지만, 괭이와 쟁기가 땅이 남아 있는 곳이면 어디에든 마지막 타격을 가한다.[10]

아테네 인들은 기원전 6세기에 일찍부터 삼림 벌채의 위험성을 알고 있었다. 그리스의 도시 인구는 당시에 급속하게 증대하고 있었고, 대부분 목재는 이미 벌채되었으며 가난한 사람들은 염소에 의해 황폐해진 언덕에서 농경을 했지만, 비참한 결과를 낳았다. 수메르 인들은 너무 늦어서 돌이킬 수 없을 때까지 자신들의 관개 방법들에 의해 야기된 파괴에 대해 알지 못한 것과는 달리, 그리스 인들은 무엇이 일어나고 있는지를 이해했고 뭔가를 하려고 시도했다. 기원전 590년에 정치가 솔론(Solon)은 고통의 많은

---

9) 염소의 나쁜 특질 중의 하나는 비교적 낮은 가지에 기어올라갈 수 있고 나무껍질을 갉아먹어 다 자란 나무도 죽일 수 있다는 점이다. 피셔(ibid., p.91)는 다음과 같이 쓰고 있다. "무제한의 방목은, 특히 '염소의 날카로운 독이빨'에 의해서, 중동에서 농업이 후퇴되는 근본적 원인들 중의 하나이다." 양 역시 문제가 될 수 있으며, 특히 양들이 자연적 한계를 넘어서 방목되었을 때 그러한데, 그것은 토착 식물들이 양들을 견뎌낼 수 없을지도 모르기 때문이다.

10) 나는 페루의 밭들을 보았는데, 그것은 너무도 가팔라서 농부들이 때때로 말 그대로 밭에서 떨어진다.

부분 뒤에 농촌의 가난과 아테네의 강력한 귀족들에 의한 토지 전용(轉用)이 놓여 있음을 깨달았다. 그래서 부채 농노(debt-serfdom)와 식량 수출을 법적으로 무효화시켰으며, 가파른 비탈에서 농경을 금지하려고 노력하였다.

한 세대 뒤에 아테네의 또 다른 지배자인 피시스트라투스(Pisistratus)는 올리브 나무를 심으면 하사금을 내렸는데, 이는 효과적인 교정 조처였고, 특히 계단식으로 만들 때 효과적이었다.[11] 그러나 오늘날의 그러한 노력들과 마찬가지로 재원과 정치적 의지로는 그 과제를 감당하지 못한다. 약 200년 뒤에 플라톤은 자신의 미완성 대화집인 《크리티아스*Critias*》에서 그 피해에 대해 생생히 기록하는데, 물과 숲의 연관에 대한 정교한 지식을 보여 준다.

> 그때 존재한 것과 비교해서 지금 남아 있는 것을 보면, 피골이 상접한 아픈 사람의 얼굴과 같아서 모든 기름지고 부드러운 흙이 말라빠지고 말았다. …… 지금은 벌들이 먹을 것밖에 남아 있지 않는 산들은 …… 그리 멀지 않은 과거에 나무들이 있었다. (그 땅은) 해마다 내리는 비에 의해서 풍요롭게 되었고, 지금처럼 벌거벗은 땅에서 바다로 흘러 들어가 유실되지 않았다. 흙은 깊고 그 속으로 물을 받아들였으며 찰흙으로 된 땅에 물을 보존하면서 …… 어디에서나 흐르는 샘과 내에 물을 공급

11) 다음을 보라. Clive Ponting, ibid., p.76.

하였다. 지금은 버려진 전당(殿堂)만이 한때 샘물이 흐르던 곳이라는 것을 보여 주면서 남아 있을 뿐이다.[12)]

그리스의 권력과 업적이 이 무렵에 쇠퇴하기 시작했다는 것은 우연의 일치가 아니다. 고고학은 지중해 주위의 다른 곳에서 유사한 그림을 보여 준다. 남부 이탈리아와 시실리는 기원전 300년경까지는 숲이 잘 우거져 있었지만, 로마와 다른 도시들이 성장하면서 목재와 숯과 고기에 대한 수요가 크게 늘어남에 따라 숲이 급속하게 줄어들었다. 가축과 토지 소유 유형들이 다시 원인으로 비난받지 않으면 안 되게 되었다. 몇몇 분수계에서 너무도 많은 토양이 산허리에서 강어귀로 씻겨 내려가서 말라리아 늪지를 형성하고, 오스티아(Ostia)와 파에스툼(Paestum)과 같은 항구들을 개흙으로 막았다. 로마는 훨씬 더 많은 세기 동안 붕괴되지 않아서 초기의 쇠퇴가 경제를 파탄시키기에 충분할 정도로 격심하지 않았던 것은 분명하다. 하지만 그것은 농업 산출의 감소와 수입 곡물에 대한 의존의 증대, 이탈리아 심장부에서 농촌의 쇠퇴 등을 설명해 준다. 예수 그리스도보다 조금 앞선 시대의 시인 오비디우스(Ovidius)는 '오래전에' 다음과 같이 썼다.

---

12) 다음에서 인용하였다. ibid., pp.76~77. 또한 다음을 보라. Richard Manning, "The Oil We Eat", *Harper's Magazine*, February 2004, pp.37~45. 《크리티아스》는 벤저민 조웨트(Benjamin Jowett)가 다르게 번역한 것을 'http://classics.mit.edu'에서 읽을 수 있다.

땅은 …… 제공할 수 있는 더 좋은 것들을 갖고 있었다. 경작하
지 않은 채 농작물을,
큰 가지 위에는 과일을, 속이 빈 참나무에는 꿀을.
어느 누구도 보습으로 땅을 찢거나
토지를 분할하거나
노를 저어 바다를 휩쓸지 않았다.
해안은 세계의 끝이었다.
영리한 인간의 본성, 당신의 발명들의 희생,
파괴적이면서 창조적인,
왜 탑처럼 높이 솟은 벽들로 도시를 경계짓는가?
왜 전쟁을 위해 무장하는가?[13)]

율리우스 카이사르(Julius Caesar)의 시대까지는 로마의 정복은 본질적으로 사적인 사업이었다. 전쟁에 나간 로마 시민들은 전리품과 노예, 위탁을 받고 강제탈취와 고리대금업 등의 기법을 동원하는 지방의 요원들이 착취한 넘치는 공물 등을 갖고 귀환했다. 키케로는 브루투스(Brutus)가 48퍼센트의 이율에 키프로스의 한 성읍에 돈을 빌려주었다고 주장한다. 이것은 분명히 일반적인 관행으로, 제3세계 부채의 초기 전례(前例)이다.[14)]

13) *Amores*, Book 3., trans., Guy Lee(London: John Murray, 1968).
14) 그 성읍은 살라미스(Salamis)였다.

그들이 가문이 좋은 귀족이든 벼락부자이든, 로마의 모험 군인들은 자신들이 번 것을 집에서 즐기고 진열하고 싶어했다. 그 결과 수도의 범위 내에 있는 모든 곳에서 토지 붐이 일었다. 농부들은 추방당하고 부적합한 토지로 내몰렸으며, 이는 솔론이 아테네에서 인식한 것과 같은 환경과 연관된 결과를 초래했다. 가족 농장들은 노예 노동을 이용하는 대규모 사유지와 경쟁할 수 없었다. 그들은 파산하거나 땅을 팔아치울 수밖에 없었고, 그들 중 젊은이들은 군대에 합류했다. 로마 농부들의 고래(古來)의 공유지는 거의 아무런 합법성도 갖추지 않은 채 전용(轉用)되었다. 수메르에서와 마찬가지로 공적 토지는 재빨리 사적인 소유로 넘어갔고, 그라쿠스(Gracchus) 형제는 기원전 2세기 후반에 토지 개혁을 통해 이러한 상황을 교정하고자 시도했다. 그러나 그 개혁은 실패했고 공유지는 상실되었으며, 국가는 밀을 공짜로 나누어줌으로써 하위 계급들을 진정시켰다. 그러나 도시의 무산자 계급이 늘어남에 따라 비용이 많이 들게 되었다. 클라우디우스(Claudius) 시대에는 로마의 20만 가구가 구호품으로 연명했다.[15]

로마 역사에서 노출된 아이러니 중 하나는 도시국가들의 고유한 민주주의가 그 제국이 성장함에 따라 시들었다는 점이다. 진정한 권력은 원로원에서 율리우스 카이사르와 같은 자진해서 나서는 야전사령관들의 손으로 옮겨갔는데, 그는 전체 군대와 속주(屬

15) Joseph A. Tainter, ibid., p.132.

州)를 통제하였다. 권력에 대한 대가로 카이사르는 로마에 지적 개혁을 선사했다—법에 조바심을 내는 전제군주들이 종종 호소하는 수단의 한 전례이다—는 점이 언급되지 않으면 안 된다. 밀턴은 '필요'는 항상 '폭군의 구실'이라고 썼다.[16)]

파킨슨 법칙

고대 문명들은 일반적으로 두 가지 유형—도시국가 체계나 중앙집권화한 제국—이었는데, 이것은 구세계와 신세계에서 독립적으로 발흥하였다.[17)] 제국에 의한 공화국의 잠식과 함께 로마는 첫 번째 종류의 정치 형태에서 두 번째 종류의 정치 형태로 변화하였다(유사한 진화가 다른 시대나 다른 장소에서 일어나지만, 결코 불가피한 것은 아니다. 캐나다와 미국을 포함하는 몇몇 현대 국가들은 두 유형의 특성을 보여 준다).

율리우스 카이사르의 암살과 그에 뒤따른 내전이 있은 지 몇 년 후에 원로원은 카이사르의 큰 조카인 옥타비아누스(Octavian)와 타협을 했는데, 그는 아우구스투스(Augustus)란 이름을 택하고 *원수*(元首)로서 새로운 직무를 맡았다. 이러한 조처들은 그의 생애에만

16) John Milton, *Paradise Lost*, book 4. 젊은 시절의 윌리엄 피트(William Pitt)는 1783년 하원에서 연설하면서 그것은 '노예들의 신조'이기도 하다고 덧붙였다.

17) Bruce Trigger, ibid., pp.8~9.

적용된 특수한 사례라고 상정되었다. 이론상으로 그는 공화국 원수였으며, 공화국 문서는 여전히 효력을 지니고 있었다. 실제로는 유사 군주정의 새로운 세대가 시작되었다.[18] 제국은 그 기반이 된 도시의 제도들보다 빨리 성장하여 그것들에서 벗어났다.

아우구스투스와 많은 그의 후계자들은 유능하고 계몽된 통치자들임을 입증했다. 아우구스투스가 그랬듯이 그들 대부분은 제국의 합병과 통합의 때가 왔다는 것을 이해했다. 알렉산드로스의 영역들을 다시 정복하자는 호전적인 꿈은 조용히 포기되었다.[19] 제국의 동쪽 경계는 유프라테스 강에서 라인 강과 다뉴브 강을 따라 고정되었다. 다른 주요 경계들은 자연적인 것이었다. 즉, 사하라 사막과 아라비아 사막, 대서양 해안이 그것이다.

아우구스투스 체제는 많은 전복들을 겪으면서 거의 2세기 동안 지속되었다. 이 서방 제국은 그러고 나서도 멸망하는 데 또 다른 2세기가 걸렸을 정도이다. 수도는 제국의 지배권이 가장자리부터 낡기 시작한 뒤에도 오랫동안 계속해서 성장했다. 현대 국가들에서와 마찬가지로 속주들에서 느끼는 불안이 사람들을 중심으로 몰리게 했다. 로마는 콘스탄티누스가 서기 4세기 초에 제국

---

18) 기원전 27년부터 서기 284년까지의 시기는 역사가들에게 원수정치(principate) 시대로 알려져 있다. 그 뒤에는 지배정치(dominate) 시대가 왔다. 디오클레티아누스(Diocletian) 황제의 치세까지 황제들은 동양의 전제군주의 모든 위용을 갖춘 공식적인 군주가 되지 않은 것으로 보인다.

19) '매파들'은 로마가 왜 훨씬 더 잘 할 수 없었는지 그 이유를 알지 못하고서, 실크로드를 따라 세계의 먼 쪽에 있는 대양 가까이의 비단의 원천으로 나아갔다.

을 분리했을 무렵에 최고 인구에 달했을 것이다. 로마가 그때에 (일부 사람들이 주장하듯이) 주민 100만 명을 보유했든 아니면 약 50만 명을 보유했든 로마는 여전히 지구상에서 가장 큰 도시였으며, 각기 몇십 만 명의 주민을 보유하고 있던 중국과 멕시코의 동시대 도시들을 능가했다.[20)]

인구 몇백 만 명의 도시들은 기계화된 운송에 의존하여 최근에 일어난 현상이다. 헨리 8세 시대에 서유럽에서 가장 큰 성읍들—파리, 런던, 세빌랴—의 인구는 약 5만 명이었는데, 이것은 길가메시 시대의 우루크와 동일한 수준이다. 빅토리아 여왕이 죽었을 때 100만 명 또는 그 이상의 도시는 전 세계에서 16개밖에 없었지만, 지금은 적어도 400개가 있다.[21)] 모든 산업사회 이전의 도시들은

---

20) 로마 인구에 대한 추정치들은 주변 도시국가가 얼마나 많이 여기에 포함되어 있는지가 분명하지 않지만 40만 명에서 100만 명 사이에 걸쳐 있다. 로마인들 대부분이 혼잡한 가옥에 살았다고 하더라도 아우렐리우스 시대의 성벽 내부의 12평방 킬로미터는 몇십만 명 이상을 수용할 수는 없었을 것이며, 특히 많은 광장과 공공 건물들을 고려하면 더욱 그렇다. 중심부 밖의 교외, 병영, 별장 등을 포함한 좀더 큰 로마는 절정기에 100만 명에 접근했을 가능성이 있다. 로마 제국의 다른 도시들은 서기 4세기에 인구 20만 명에서 40만 명의 콘스탄티노플과 시리아의 안티오크를 제외하고 훨씬 작았다. 멕시코의 격자 모양의 도시인 테오티와칸(Teotihuacan)은 21평방 킬로미터를 포괄하고 있었는데, 서기 1세기에서 7세기 사이의 전성기에 주민이 약 25만 명이었을 것으로 생각된다. 초기 중국의 도시들은 주로 나무와 흙으로 지어졌기 때문에 추정의 기초가 될 것들이 거의 남아 있지 않다. 그러나 주(周)나라 후기(기원전 3세기에서 4세기)에는 가토(G'a-to)의 도시는 대략 31평방 킬로미터를 포괄했고, 주민이 27만 명이었을 것으로 짐작된다. 다음을 보라. Paul Wheatley, *The Pivot of the Four Quarters: A Preliminary Enquiry into the Origins and Character of the Ancient Chinese City*(Edinburgh: Edinburgh University Press, 1971). 중국에서 도시화는 몇몇 도시의 인구가 몇십 만 명에 달하는 서기 11세기 이전에는 급격하게 일어나지 않았다.

매일의 공급물자를 들여오고 쓰레기를 내보내는 어려움 때문에 규모가 제한되었는데, 이것은 말이나 마차에 의해서 항상 쉽게 해결되지 않는 문제였다. 최상의 해결책은 운하의 망에 의한 수상 운송이었는데, 베니스와 아스텍의 멕시코시티가 대표적인 예이다.[22)]

고약한 냄새가 나는 진실은 19세기 중반까지 도시 대부분은 질병과 해충과 기생충이 들끓는 죽음의 함정이었다. 고대 로마에서 평균 기대수명은 불과 19세나 20세였다. 이는 신석기 시대의 카탈 후유크[23)]보다는 훨씬 낮지만, 찰스 디킨즈(Charls Dickins)가 생생하게 묘사하고 있는 평균이 17세 또는 18세로 떨어지는 영국의 블랙컨트리(Black Country)보다는 조금 나았다.[24)] 군인, 노예,

---

21) David Webster, ibid., p.150; Andrew Goudie, ibid., p.32.

22) 테노치티틀란(Tenochtitlan)과 틀라텔롤코(Tlatelolco)의 쌍둥이 도시로 구성된 멕시코시티는 커다란 호수를 배수시킨 후에 인공적으로 확장된 섬들 위에 지어졌다. 그 도시는 공공 화장실을 보유하고 있었고 1,000명의 거리 청소부를 고용하고 있었다. 오물은 밭에서 쓰기 위해서 카누로 옮겨졌다. 중심 광장은 너무도 커서 그 안에 500명이 살 수 있는 성읍도 쉽게 지을 수 있을 정도였고, 40개의 '탑(피라미드)' 이 있었다. 그 중에서 가장 큰 것은 "세빌랴의 대성당보다 높았다." 고 코르테스는 쓰고 있다(Herman Viola and Carolyn Margolis, ibid., pp.36~37). 그 도시에는 1519년에 약 주민 25만 명이 살고 있었는데, 19세기 후반까지 그 이상을 넘지 않았다. 모셰 사프디(Moshe Safdie)는 현대에 와서 멕시코시티의 엄청난 성장을 지적하고 있는데, 1900년의 34만 5천 명에서 1990년대에는 2천1백만 명 이상을 기록하였다(*The City After the Automobile: An Architect's Vision*[Toronto: Stoddart, 1997, p.85]).

23) 제2장과 제3장을 보라.

24) 디킨즈가 《어려운 시절*Hard Times*》에서 '코크타운(Coketown)' 을 묘사하는 것을 보라. 제5장의 주 36에 인용되어 있다.

상인, 희망에 찬 이주자 들의 유입 없이는 고대 로마도 조지 5세 시대의 런던도 그 수를 유지해 갈 수 없었다. 로마는 몇 번의 심각한 전국적인 유행병을 겪었는데, 아마도 아시아에서 기원한 듯하다. 이러한 것들이 인력난과 재정난을 초래했지만, 그것들은 또한 토지에 대한 압력을 경감시킴으로써 제국의 쇠퇴를 연기했을지도 모른다.

로마의 멸망에 대한 설명들은 전 범위에 걸쳐 있는데—전염병, 납 중독, 미친 황제, 부패, 바바리안, 기독교— 조지프 테인터(Joseph Tainter)는 사회적 붕괴에 관한 자신의 책에서 파킨슨 법칙(Parkinson's law)을 추가했다. 그는 복합적인 체계들은 감소하는 보상들에 불가피하게 굴복한다고 주장했다. 설사 다른 것들이 동일하게 남아 있다고 하더라도, 제국을 운영하고 수호하는 데 드는 비용이 결국 너무도 부담스러워 제국의 전체 상부구조를 내던져 버리고 지방적인 조직 형태들로 복귀하는 것이 더욱 효율적이 된다는 것이다. 콘스탄티누스 대제의 시대에는 제국의 상비군이 50만 명 이상이 되었는데, 이로 인해 주로 그 수입을 농업에 의존하고 있던 국고에 막대한 유출이 생기게 되었다. 특히 다수의 대지주들이 세금 면제를 받고 있어서 사정은 더욱 열악했다.

정부의 해결책은 급료 지불총액에 사용되는 통화의 가치를 떨어뜨리는 것이었다. 결국 데나리온(denarius)은 너무도 적은 은을 함유하게 되어서 사실상 지폐가 되었다. 바이마르공화국 비율의 인플레이션이 잇따라 일어났다. 제국 전성기에 반 데나리온에 팔렸던 분량의 이집트 밀이 서기 338년에는 1만 데나리온이 나갔다. 4세기 초에는 솔리두스(solidus) 금화 한 개를 사기 위해서는 은화 4천 개가 필요했으며, 4세기 말에는 은화 1억 8천 만 개가 필요했다.[25] 인플레이션과 불공정한 과세에 지쳐버린 시민들은 고트 족들에게 도망가기 시작했다.[26]

로마는 글을 쓰고 읽을 수 있는 사회였기 때문에 우리는 로마인들이 보다 높은 수준의 인간 피라미드를 이루면서 느낀 고통에 대해 알고 있다. 정치체제가 부실한 것은 전체 기획을 지탱하던 자연 피라미드의 꾸준한 퇴화가 원인으로 작용했다. 이탈리아와 스페인에서 진행된 고고학적 연구에 의해 제국의 시대 동안에 높은 수준의 농업 활동에 상응하는 심각한 침식이 있었고, 중세 후기까지 인구의 급감과 토지의 방치가 뒤따랐다는 것을 알 수 있다.[27]

제국이 남유럽의 토양을 척박하게 함에 따라 로마는 이 환경적 부담을 식민지에 수출했으며, 북아프리카와 중동에서 나온 곡물에

---

25) Joseph A. Tainter, ibid., p.143. 이 경우에 은화는 이집트의 드라크마(drachma)로 데나리온과 고정되어 있었으며 똑같이 가치가 떨어졌다. 피셔는 플리니(Pliny)를 좇아서, 비단과 여타 동양의 사치품들을 얻기 위한 로마와 극동의 거래가 성장함에 따라 '4분의 1에서 절반 사이의' 제국의 금과 은이 아시아로 흘러갔다고 지적했다(ibid., p.160).

26) Joseph A. Tainter, ibid., p.147. 예를 들면 378년에 발칸의 광부들이 서고트 족들에게 도망쳤다.

27) 비페르노(Biferno) 지역에서는 충격이 "현대까지 그 계곡의 역사에서 전무후무한" 것이었다(Charles Redman, ibid., p.116). 남동 스페인의 베라(Vera) 분지도 동일한 양상을 보여 주는데, 인구(그리고 침식)가 급속하게 증가하고 서기 400년경에는 급감한다. 이 계곡은 청동기 시대에 집약적인 보리 재배에 의해 야기된 보다 초기에 있었던 파괴의 순환을 겪었는데, 이것은 초기 로마 시대까지 천 년의 방치로 이어졌다.

의존하게 되었다. 그 결과는 오늘날 이 지역에서 살펴볼 수 있다. 로마령 시리아의 수도인 안티오크(Antioch)는 벌채된 언덕에서 씻겨 내려온 9미터 정도의 침적토 아래 놓여 있었다. 그리고 지금 렙티스 마그나(Leptis Magna)의 거대한 리비아 유적은 사막 속에 서 있다.[28] 로마 고대의 빵바구니는 모래와 먼지로 가득차 있다.

물론 그것이 전부는 아니다. 로마는 많은 환경들을 통제했는데, 그것들 모두 그렇게 파괴적으로만 이용된 것은 아니었다. 알프스 산맥 이북의 유럽은 보다 습한 기후와 당시의 조야한 쟁기에 부적합한 점토질의 토양이었기 때문에 주민이 그리 많지 않았다. 로마령 런던은 단 1평방 킬로미터를 조금 넘는 면적이었고, 배스(Bath)의 온천마을은 그 성벽에 감명을 받은 초기 영국의 한 시인이 "왕의 것 …… 거인들의 작품"[29]이라고 읊었지만, 단 10헥타르를 차지하고 있었을 뿐이다.

중세의 역사는 고고학적 증거를 확인해 준다. 즉, 제국은 그 중심인 지중해 연안에서 가장 맹렬하게 무너졌는데, 그 지역이 직접적으로 환경의 희생양이 되었다. 그리하여 권력은 변방으로 옮겨갔고, 고트 족과 프랑크 족, 영국인들과 같은 게르만 족의 침입자들이 로마의 흔적이 없던 북쪽의 땅에 소규모 종족 국가들을 건설했다.

---

28) Clive Ponting, ibid., pp.77~78.

29) 《엑시터 북*Exeter Book*》에 나오는 오래된 영국 시 〈폐허The Ruin〉를 보라.

위대한 도시 그 자체는 약탈당하고 반쯤 버려졌으며, 끝없는 야만인과의 전쟁과 교황의 전쟁 전리품으로 전락했다. 로마의 인구는 20세기까지 다시는 50만 명에도 이르지 못한 것으로 보인다.

지적으로 풍요로운 마야 문명

로마가 인류의 4분의 1을 정복하고 있을 동안에 또 다른 4분의 1—아메리카 대륙에 살고 있던—도 내가 지적했듯이 유사한 사회적 실험들을 행하고 있었다.[30] 기원전 첫 천 년 동안 차빈(Chavín)이라는 이름의 한 문명이 페루의 많은 부분을 가로질러서 그 화려한 예술 양식을 퍼뜨렸다.[31] 예수 그리스도 시대 직후에 티와나쿠(Tiwanaku)의 석조 사원들이 고도가 거의 4천 미터인 티티카카 호수 옆에 세워졌는데, 그것은 그때까지 건설된 가장 높은 도시였다.[32]

---

30) 당시에 세계 인구가 2억 명이었다면, 중국과 인도가 각기 그랬듯이 나는 아메리카 대륙에 3천만 명에서 5천만 명이 살았을 가능성이 크다고 생각한다. 폰팅은 서기 200년 신세계의 전체 인구를 불과 5백만 명, 1300년의 인구를 1천4백만 명으로 추정하고 있는데, 이는 너무 낮은 수치이다(Clive Ponting, ibid., pp.92~93). 지금은 전문가 대부분이 1492년 신세계의 전체 인구는 8천만 명에서 1억 명 정도였다는 것을 수용하고 있는데, 당시 세계 전체 인구는 3억 5천만 명에서 4억 명이었다.

31) 첫 번째 층위인 차빈은 완타르의 차빈(Chavín de Huantar)이라고 불리는 중앙 안데스 산지에 있는 사원도시의 이름을 따서 지어졌다. 일부 전문가들은 그것의 화려하게 조각된 석조 유적들을 순례여행의 중심지로 본다. 이에 반해 다른 사람들은 그것이 정치적 수도였다고 생각한다.

로마 전성기에 아메리카 대륙에서 가장 큰 도시는 중앙 멕시코에 있던 테오티우아칸(Teotihuacan)인데, 당대 로마의 규모였으며 어디에서도 찾아볼 수 없는 도시적 중심들 중의 하나였다. 도시는 21평방 킬로미터를 포괄하면서 격자의 축에 나 있는 넓은 의식용 대로(大路)의 측면에 서 있었다. 그리고 계단이 있는 피라미드들을 갖춘 채 인구는 로마보다 적었지만 로마 자체보다 그 짜임새가 장엄했다.[33]

중미의 문명은 멕시코 만(灣)의 올멕 문명(Olmecs)과 함께 기원전 1200년경에 출현했다. 그들의 건축과 조각, 수학은 테오티우아칸 사람들과 마야 인들에게 영감을 주었는데, 이들은 과테말라, 유카탄, 온두라스에 적어도 4천 년 동안 살아 왔다.[34] 고고학자들은 마야의 고전 시기를 왕제(王制)와 왕의 비명(碑銘)이 생겨나는

---

32) 티와나쿠(티아우아나코[Tiahuanaco])에는 주민이 3만 명에서 6만 명이 살고 있었다. 제국의 수도는 마침내 가뭄에 의해 폐허가 되었고, 티와나쿠는 운하와 융기된 들판, 천 년 뒤에 잉카 인들을 감명시킨 거장의 석조물로 된 거석(巨石) 건물들을 뒤에 남기고 사라졌다. 티와나쿠가 현대의 아야쿠초(Ayacucho) 근처에 있는 도시인 와리(Wari, Huari)와 맺고 있었던 관계는 아직도 불분명하다. 비록 두 도시가 예술 양식과 일부 도해법(圖解法)을 공유하고 있었지만, 두 도시는 경쟁 국가였을지도 모른다. 다음을 보라. Alan Kolata, *Tiwanaku and Its Hinterland: Archaeology and Paleoecology of an Andean Civilization*(Washington, DC: Smithsonian Books, 1996); Charles Stanish, *Ancient Titicaca: The Evolution of Complex Society in Southern Peru and Northern Bolivia*(Berkeley, CA: University of California Press, 2003).

33) 아메리카 대륙의 전경들을 가로지르는 커다란 직사각형 속 도시의 불규칙한 확산 현상이라는 죄를 저지른 것은 백인이 처음은 아니었다.

34) 예를 들면, 웹스터는 기원전 2000년경 코판(Copan)의 옥수수 꽃가루를 지적한다. 여타의 마야 도시들도 이 시기에는 농경 촌락들로 출범하였다.

서기 200년경에 시작된 것으로 규정하고 있지만, 마야 문명은 그보다 오래전에 확립되었다. 기원전 400년의 상형문자로 된 텍스트가 발견되었고, 마야에 건설된 가장 커다란 사원들 중 일부는 칼락물(Calakmul)과 엘 미라도르(El Mirador)에 기원전 2세기 동안에 세워졌다.[35] 어떤 건축물은 9헥타르—로마령 배스(Bath)의 규모에 맞먹는 족적[36]—에 이른다.

마야에 대해 우리가 일반적으로 갖고 있는 것은—영화 〈스타워즈〉 1편의 말미에 나오는—부서진 마천루처럼 에메랄드로 된 미로의 천개(天蓋)에서 우뚝 솟아 나온 사원들의 이미지이다. 그 장면은 후기 고전시대 마야의 으뜸가는 도시였던 티칼의 유적들에서 찍었는데, 지금 이곳은 수백 종의 새들과 스라소니나 재규어 같은 희귀한 동물들의 야생 성역이 되었다. 그 사원들이 일상적으로 이용되던 마지막 시기인 1200년 전에는 눈에 들어오는 어떠한 정글도 거의 찾아볼 수 없었다. 자신의 지구라트 꼭대기에 서 있던 수메르의 한 왕처럼 티칼의 군주는 인간이 만든 전경을 응시하기도 했을 것이다. 즉, 높이 60미터의 가파른 사원 6개를, 그 다음엔 왕궁들과 교외, 그 다음엔 지평선까지 뻗어 있는 밭들과 농장

---

35) 초기 텍스트는 과테말라의 고지에 있는 엘 포르톤(El Portón)의 석비 위에 새겨져 있다. 다음을 보라. Robert J. Sharer, ibid., p.79.

36) 이것은 엘 미라도르에 있는 단타 플랫폼(Danta platform)으로 각 측면이 300미터이고 높이는 70미터이다. 그 체적의 일부는 자연적인 작은 언덕이지만, 필적할 만한 규모의 이 시기의 다른 건축물들이 널리 알려져 있다. 엘 티그레(El Tigre) 복합건물은 티칼(Tikal)에 있는 고전시대의 가장 큰 사원의 기초보다 6배나 크다. ibid., p.114 이하.

들이 있는 밀집한 도시의 중심부가 그것인데, 그 지평선에는 이웃 도시들이 하늘을 배경으로 솟아 있었다.

다른 도시국가 체계들에서와 마찬가지로 마야 문명은 내적으로 경쟁적이고, 예술적으로나 지적으로 풍요로웠다. 고전시대 이전의 마야 인들(올멕 인들과 나란히)은 영(零)의 개념과 함께 완벽한 자릿수를 세계에서 최초로 개발한 사람들이었다. 이 수학적 아이디어는 오늘날에는 명백한 것처럼 보이지만, 역사에서 단 두 번만 발명되었다. 아라비아의 체계(서기 600년경에 인도에서 개발된 것)가 중세 후기에 성가신 로마 숫자들을 몰아낼 때까지 그리스 인들과 모든 유럽 인들은 이것을 발견하지 못했다.[37] 중미 또한 글쓰기를 발명한 단 서너 곳 중의 하나였는데, 마야는 글쓰기를

37) 구세계에서는 바빌로니아 인들이 자릿수 체계에 가장 근접했지만, 진정한 영(零)은 결여하고 있었던 것처럼 보인다. 지금은 일부 전문가들이 알렉산드로스가 셀레우코스(Seleucid) 왕조를 설립한 기원전 300년경에 후기 바빌로니아 인들이 진정한 영을 개발했다고 믿고 있다. 만약 이것이 사실이라면, 힌두의 영은 바빌로니아에서 유래한 것일 수도 있을 것이다. 현대의 '아라비아' 체계는 서기 6세기에 북부 인도에서 처음 출현하여, 8세기에 인도에서 바그다드에 도착한 것으로 오랫동안 받아들여져 왔다. 유럽의 수학자들은 12세기에 그 체계의 장점들을 보기 시작했지만, 완전히 채택하는 데는 몇 세기가 더 걸렸다. 올멕과 마야는 아마도 기원전 6세기, 즉 힌두보다 천 년 이상 앞서서(그리고 바빌론의 셀레우코스 왕조보다 2~3세기 앞서서) 자신들의 체계를 완성했을 것이다. 신기하게도 마야의 체계는 (20에 기초로 하는) 20진법이지만, 마야의 언어들은 십진법의 셈을 암시하고 있다. '13(oxlahun)'이란 단어는 영어와 여타 대부분의 언어들처럼 '3(ox)'이란 단어와 '10(lahun)'이란 단어로 형성되어 있다. 남미의 잉카에도 영이 있었는데 십진법을 사용했지만 그 기원 연대는 알려져 있지 않다. 태평양을 횡단하였다고 믿는 일부 학자들은 아시아의 산수(算數)가 아메리카의 영향을 받았을지도 모른다고 시사하고 있다. 논쟁적이기는 하지만 불가능한 것은 아니며, 영의 발명이 극히 희귀하다는 점을 고려하면 더 그렇다.

상형문자 체계뿐만 아니라 음성 표기체계로도 발전시켰다[38](다른 곳들은 수메르, 중국, 어쩌면 이집트이다. 세계의 나머지 부분의 문자들은 이것들에서 유래했거나 이웃 사회에 글쓰기가 존재한다는 것을 알고서 자극을 받아 생겨난 것들이다).[39]

마야 인들은 롱 카운트(Long Count)로 알려진 달력에서 자신들의 선진 산술을 이용하여 시간의 신비를 도표화하였으며, 천문학적인 사건들을 기록하고 과거와 미래로 멀리—때때로 수백만 년이 넘게—신화적인 계산들을 하였다.[40] 자신의 이름을 따서 7월(July)의 이름을 지은 율리우스 카이사르도 알고 있었던 것과 같이 달력은 권력이다. 고대의 마야 서적들 중 단 세 가지만 남아 있지만, 그것은 카이사르의 달력이 태양과는 열흘이 맞지 않고 되는 대로 흘러갔던 유럽의 르네상스 시대까지는 가장 정확한 천문학

---

38) 이집트의 글쓰기는 수메르의 그것과는 사뭇 다르지만, 글쓰기의 *아이디어*는 수메르에서 유래했는지도 모른다. 동일한 이야기가 지금도 해독되지 않고 있는 인더스 강 유역의 문자에도 적용될 수도 있을 것이다. 자극은 받았지만 복제한 것은 아닌 글쓰기의 재미있고 잘 기록된 한 사례가 19세기 초의 세쿼이어(Sequoyah)에 의해 발명된 체로키 음절문자이다. 마야 문자의 판독에 관해서는 다음을 보라. Michael D. Coe, *Breaking the Maya Code*(London: Thames and Hudson, 1992).

39) 트리거는 전적으로 스스로 글쓰기를 발명한 문명들은 그 여정 가운데 매우 일찍 그렇게 했다고 지적한다(ibid., p.8ff).

40) 마야의 천문학에 대한 훌륭한 요약에 관해서는 다음을 보라. Robert J. Sharer, ibid. 달력의 사용방법과 일부 유별나게 먼 시간적 계산의 사례들에 대한 기술(記述)에 관해서는 다음을 보라. Ronald Wright, *Time Along the Maya*(London: Bodley Head, 1989). 다음 책들은 비록 글쓰기에 관한 연구는 이제는 낡았지만 여전히 달력에 관해서는 최상의 자원들에 속한다. Eric Thompson, *Maya Hieroglyphic Writing*(Norman: University of Oklahoma Press, 1971); David H. Kelley, *Deciphering the Maya Script*(Austin: University of Texas, 1976).

을 보여 주는 데 충분하다.

시간이 멈춘 문명의 시계

마야의 왕들과 백성들 사이의 사회적 접촉은 특수한 지식과 의식(儀式)을 통해서 통치자들이 좋은 수확과 번영을 보증하면서 땅을 하늘에 조화시키는 것이었을 것이다. 그들은 성공적으로 매우 잘했다. 서기 9세기 후기 고전시대의 절정기에 농촌의 인구는 산업사회 이전의 동남아시아만큼이나 밀집되어 있었다.[41] 티칼 왕국 하나만 놓고 보더라도 그 경계를 어떻게 규정짓는지에 따라 다르겠지만, 주민 50만 명을 보유했을지도 모른다.[42] 다른 국가들—12개의 중요한 국가들과 아마도 50개 이상의 국가들—은 훨씬 작았으며, 현대 국가들과 다소 유사하게 변화하는 동맹관계 속에서 배열되었던 것으로 보인다.

마야 인들 대부분은 땅에 의존해서 살았다. 도시에서 멀리 떨

---

41) Robert J. Sharer, ibid., p.471.

42) 다음을 보라. ibid., pp.467~476. 멕시코의 도시들과는 달리 마야의 도시들 대부분은 격자형으로 배치되지 않았다. 도시 지역은 주변의 시골로 점진적으로 스며들었다. 티칼의 '경계'는 약 120평방 킬로미터의 중심 거주지를 에워싸고 있는 토루(土壘)들과 분지들이었다. 일부 마야 연구자들은 현대의 국민국가와 다소 유사하게 변화하는 권력 위계 속에 배열되기는 하겠지만, 명목적으로는 독립적인 다수의 도시국가 체계를 주창한다. 다른 연구자들은 보다 큰 도시 일부가 그리스에서 아테네가 그랬듯이 단명한 제국을 설립했다고 믿는다.

어져서도 그들은 좋은 토양에서 1평방 킬로미터당 200명에 이르렀다.[43] 화전(나무를 벌채하여 태우는 것)에 의해 경작되어 온 것으로 믿어진 열대 우림의 부서지기 쉬운 생태가 어떻게 그러한 밀도들을 유지할 수 있었는지는 하나의 미스터리가 되기도 했다. 마야인들이 우기에는 땅에서 물을 배수시키고 건기에는 물을 공급하기 위한 운하와 도랑의 망들을 터놓음으로써, 융기된 밭이라 불리는 방법에 의해 늪지에서 집약적 농업을 실시했다는 것은 이제는 잘 알려져 있다. 물고기는 이러한 운하에서 길렀으며, 운하를 준설해서 나온 찌꺼기는 퇴비나 하수(下水) 비료와 함께 비료로 사용되었다. 인도에 살던 빅토리아 여왕 시대의 사람들이 쑥스럽게 표현했듯이, 마야의 밭들은 "스스로 거름을 주었다".[44]

---

43) 다음을 보라. ibid., p.471.; T. Patrick Culbert and Don S. Rice, eds., *Precolumbian Population History in the Maya Lowlands*(Albuquerque: University of New Mexico Press, 1990). 인구 문제에 대한 개관을 위해서는 다음을 보라. David Webster, ibid., pp.173~174. 그러나 나는 웹스터가 집약적 농업의 정도를 과소평가한다고 생각하며, 단지 '왕의 중심들'로서 마야 도시들에 대한 기술은 오랫동안 불신받아 온 의식 중심(ceremonial-centre) 모델을 반복하는 것처럼 보인다. 다른 측면에서 그의 책은 마야의 붕괴 과정에 대한 가장 최신과 최상의 요약으로 활용할 수 있다.

44) 멕시코시티 주위의 얕은 호수에서 유사한 체계를 갖고 있었던 아스텍 인들은 1년에 4번의 수확고를 올렸다. 마야 인들은 언덕이 많은 시골에서는 때때로 흙을 유지하기 위해 계단형의 테라스를 만들기도 했지만, 아시아나 안데스 산지에서와 같은 규모로 하지는 않았다. 볼리비아의 안데스 산지 고지에 있었던 티와나쿠 시의 주민들 역시 티티카카 호수 주위에 융기시킨 밭들을 만들었는데, 거기에서는 감자를 비롯하여 우유코(olluco), 키노아(quinoa)와 같은 여타 고지 농작물들만 자랐을 것이다. 이 경우에 운하는 탈열기(脫熱機)와 같은 구실을 해서 서리를 물리치기도 했다. 일부 지역에서 운하를 복원하자 산출이 크게 증대했다. 트리거는 아스텍과 여타 고대의 식량 생산 양식들을 개략적으로 설명한다(ibid., pp.28~34).

대부분의 소규모 사회들과 마찬가지로 마야의 성읍들은 처음에는 공동체주의였다. 그러나 돌로 된 피라미드들과 함께 익숙한 사회적 피라미드가 솟아올랐다. 물론 자연은 이 모든 것을 지탱하지 않으면 안 되었다. 고대의 꽃가루에 대한 연구들을 보면 도시들이 성장함에 따라 정글은 돌도끼에 의해서 죽어 갔다는 것을 확실히 알 수 있다. 곡물밭이 확산되고 나무가 점차 줄어들게 됨에 따라 그에 상응하여 사냥감이 줄어들게 되었다. 이러한 사냥감은 물고기와 칠면조와 이따금씩 잡히는 털 없는 개를 제외하고 마야인들의 주된 단백질 원천이었다. 고전시대의 중간 무렵에는 보다 큰 국가의 상층 계급만이 고기를 충분히 먹고 있었다.

각 도시는 자체의 특유한 양식을 갖고 있었다. 코판(Copan)은 복잡한 조각과 질서와 세련미를 발산하는 왕의 조상(彫像)들—올더스 헉슬리(Aldous Huxley)가 중국의 상아 조각과 비교한—을 만들어냈다.[45] 팔렝케(Palenque)의 왕궁들은 밝고 상상력이 풍부하며, 얕은 돋을새김을 한 판벽널(panel)과 훌륭하게 입체감을 준 치장 벽토로 아름답게 꾸며져 있었다. 티칼은 육중하고 수직적인 장소로 19세기 후반까지—아트 데코 타워(art deco towers)들로 이루어진 맨하턴이 생기기 전까지—아메리카 대륙에서 가장 높은 중심 건물들이 있었다(그 유사성은 공상적인 것이 아니다. 마야의 건

45) 올더스 헉슬리의 《멕시코 만을 넘어서*Beyond the Mexique Bay*》는 지금은 매우 낡았지만, 마야의 고고학에 관한 기발하면서도 1930년대의 그 지역에 관해서는 여전히 재미있는 책이다.

축은 현대의 양식들에 영향을 주었고, 특히 초기의 마천루 형식과 프랭크 로이드 라이트[Frank Lloyd Wright]의 작품에 영향을 주었다).[46)]

이제는 마야의 비명(碑銘)들을 읽을 수 있게 되었으므로 그것이 고전시대의 삶을 고상하고 고요한 것으로 그리던 낡은 관념들을 없애버리게 되었다. 우주적 시간에 대한 거대한 탐구들에도 공적 텍스트들은 출생과 즉위, 죽음과 승리, *쿠데타*를 찬양하는 왕의 선전이기도 하다. 8세기에 골칫거리가 끓기 시작함에 따라 이러한 진술들은 움츠러 드는 세계 속에서 권력과 자원에 대한 쟁탈전을 드러내게 되면서 더욱 귀에 거슬리게 된다. 군국주의가 뿌리내리고, 오랜 동맹이 깨지고, 왕조가 불안정하게 되고, 지배계급은 터무니없는 건축물들로 스스로 찬양한다. 티칼은 1,500년 이상 걸려 건설되었지만, 지금도 숲을 굽어보고 있는 높은 탑들은 모두 그 도시의 마지막 세기에 세워진 것들로 시들기 직전의 값비싼 꽃들이다.[47)]

거대한 도시들이 비틀거리자, 펠로폰네소스 전쟁 동안에 그리

46) 마야 건축물의 인상적인 복제품들은 1893년 시카고 세계 박람회에 출시되었다. 콜럼버스 이전 시대가 현대의 예술과 건축에 미친 영향에 대한 매혹적인 연구에 관해서는 다음을 보라. Barbara Braun, *Pre-Columbian Art and the Post-Columbian World: Ancient American Sources of Modern Art*(New York: Abrams, 1993).

47) 이 건축물들은 티칼이 695년에 최고 경쟁자인 칼락물에 승리한 것과 810년 또는 그 이전에 제3사원을 완성한 것 사이의 115년 동안 세워졌다(David Webster, ibid., Chap.8). 모든 건축물이 공적 공간에 대한 왕의 전유(專有)로서 중미에서는 새로운 것인 왕의 무덤으로 설계된 것처럼 보인다. 왕과 귀족은 전에는 기존의 사원 제단에 매장되었다. 가장 인상적인 지하실은 팔렝케에 있는 파칼(Pacal)의 무덤인데, 회랑과 계단을 따라 학살된 종자(從者)들을 완비한 채 발견되었다.

스에서 그랬던 것처럼 벼락부자들이 주제넘게 나서기 시작했다. 8세기 중엽에 권력을 얻으려고 헛된 노력을 한 도스 필라스(Dos Pilas)의 마야 성읍에서는 발굴을 통해 마지막 날의 모습을 일별할 수 있게 되었다. 사람들이 중앙 광장에 떼지어 몰려서는 바리케이드를 급하게 쌓기 위해 사원의 돌을 떼어 갔다. 보남파크(Bonampak)의 조그만 도시에 있는 성벽의 그림들도 똑같이 비참한데, 이 도시는 790년대[48]의 한 위대한 승리를 기록하기 위해 프레스코 세트를 주문했다. 거장에 의해 그려진 전투 장면은 고대 예술 중에서 가장 생생하고 기교 있는 것이다. 나중에 죄수들이 사원의 계단에서 피를 흘리는 모습으로 표현되고, 음악 행렬과 함께 왕가의 여자들이 왕국에 한 후계자를 바치는 광경이 그려진다. 그것은 모두 참으로 *벼락부자*이다. 그리고 참으로 잠시간의 일이다. 그림은 완성되지 않았고, 서기는 영광스런 이야기들을 쓰지 않았으며, 표제(caption) 석재들은 채워지지 않은 채로 남았으며, 그것들이 말했을 법한 그 무엇보다도 침묵만이 진실이 되었다.

810년에 티칼은 그 마지막 날들을 기록하였다.[49] 909년 1월 18일(마야 인에게는 10.4.0.0.0)까지 도시들이 아무런 기념비도 새기지 않은 채 하나씩 고요하게 쓰러져 갔다. 그리고 (토니나[Toniná]에) 마지막 날짜가 조각되고 롱 카운트 달력의 거대한 기계장치가

48) 또는 790년과 792년 사이. 이러한 연대에 관한 기록은 잘 보존되지 않았다.
49) 그러나 869년에 비현실적이게도 회생의 움직임이 있었다.

회전을 멈추었다.[50)]

멸망의 원인

무엇이 잘못된 것일까? 로마에서처럼 모든 통상적인 용의자들—전쟁, 가뭄, 질병, 땅의 고갈, 침입, 무역 붕괴, 농민 반란—이 의심을 받았다. 이것들 중 일부는 너무도 갑작스러워서 1세기 이상에 걸쳐서 진행된 붕괴를 설명할 수가 없었다. 그러나 이러한 것들 중 다수가 생태적 침체에서 일어났을 것이다. 다시 침전물에 대한 연구을 통해서 광범위한 침식을 알 수 있다. 이 경우에는 책임을 돌릴 염소가 없지만, 해마다 작은 유실들이 점차 합쳐져서 파산에 이르렀다. 돌도끼는 쇠도끼보다는 느리고 괭이는 쟁기보다 부드럽지만, 결국에는 똑같은 일을 하기에 충분하다.

다우림(多雨林)의 비옥함은 주로 나무에 달려 있다. 현대에 와서 아마존 강 유역의 삼림 벌채는 열대의 양토(壤土)가 몇 년 안에

---

50) 일부 전문가들은 롱 카운트 달력과 우리의 달력 사이의 상관관계에 대해 지금도 논쟁하고 있지만, 전문가들 대부분은 단지 이틀만 차이나는 달력 중 하나에서 굿맨-마르티네즈-톰슨 상관관계(the Goodman-Martinez-Thompson correlation)를 수용하고 있다. 비록 고전시대 이후의 마야 인들은 롱 카운트를 쓰지 않았지만, 그들은 그것을 기억하였고 쇼트 카운트(Short Count)라고 불리는 연관된 달력이 스페인 통치 시대에도 계속 사용되었다. 이 체계의 일부는 오늘날까지도 여전히 과테말라의 점성술사들이 보존하고 있다. 최근에는 이러한 달력 사제들(calendar-priests)이 롱 카운트를 다시 사용하기 시작했고, 책력(almanacs)을 인쇄하고 있다.

파괴될 수 있다는 것을 보여 준다. 마야 인들은 자신들의 토양을 이해했으며 오늘날의 휴대용 동력 사슬톱을 가진 정착자들보다 더욱 잘 보존했지만, 결국에는 수요가 공급을 추월하였다. 몇몇 주요한 거주지들을 발굴하고 마야의 멸망에 관해 최근에 책을 쓴 데이비드 웹스터는 가장 커다란 도시국가들에 관해 다음과 같이 말한다. "티칼 왕국의 붕괴에 대해 우리가 할 수 있는 가장 설득력 있는 설명은 부수되는 정치적 결과들과 함께 인구 과잉과 농업 실패라고 할 수 있다."[51)]

그의 결론은 중앙 저지(低地)의 대부분에 적용할 수 있다. 화려한 마야의 도시인 코판은 가파른 언덕들로 둘러싸인 온두라스의 계곡에 서 있었는데, 공통의 함정—오늘날 전 세계에 걸쳐서 몇백 만 헥타르가 드는—에 빠졌다. 그 도시는 강가의 좋은 저지대에서 작은 마을로 출발했는데, 처음에는 합리적이고 무해한 정착 유형을 보였다. 그러나 그 도시가 성장함에 따라 최상의 땅을 점점 더 많이 포장했다. 농부들은 흙을 고정시키는 목재들이 벌채된 산허리의 부서지기 쉬운 땅으로 내몰렸다. 도시가 죽음에 따라 매우 많은 침적토가 씻겨 내려와서 모든 가옥과 도로가 파묻혔다.[52)]

고전시대의 거주지에서 나온 인간의 뼈들은 부자와 빈자의 분

---

51) David Webster, ibid., pp.273~274.

52) ibid., p.312.

리가 늘어나고 있었음을 보여 준다. 부자들은 키가 더 커지고 몸무게도 더 늘어난 반면 농부들은 왜소해졌다. 종말이 가까워 오자, 모든 계급들이 건강과 기대수명에서 일반적인 감소를 겪은 것처럼 보였다. 만일 우리가 마야의 미라들을 점검한다면, 아마도 고대의 이집트 인들처럼 그들이 온통 기생충과 영양실조로 인한 질병들로 시달렸음을 알게 될 것이다. 웹스터는 코판의 장려(壯麗)함이 절정에 이르렀을 때, 즉 약스 파사이(Yax Pasaj) 왕의 긴 치세 기간 동안 "기대수명은 짧고, 사망률은 높으며, 사람들은 자주 병들고 영양실조에 걸리고 쇠약해 보였다."[53]고 믿고 있다.

가옥 유적들은 1세기 반 만에 코판의 인구가 5천 명에서 2만 8천 명으로 급증하여 서기 800년에 절정을 이루었다는 것을 보여 준다. 1세기 동안 높은 수준을 유지했지만, 그 다음 50년 동안에 절반 수준으로 그러고 나선 서기 1200년경에는 전무 수준으로 떨어졌다. 우리는 이러한 수치들을 대량의 인구 유입이나 유출 탓으로 돌릴 수 없는데, 그것은 마야의 영역 전체에 걸쳐서 매우 유사한 유형이 나타나기 때문이다. 웹스터는 그래프가 "야생 동물의 개체수와 …… 연관된 '벼락경기와 불경기(boom and bust)'의 종류와 밀접하게 닮은 모양이다."[54]고 말한다. 그는 그것을 보다 직접적인 무엇과 비교할 수도 있었을 것이다. 단 1세기 반 만에 코

53) ibid., p.317.
54) ibid., p.309.

판의 인구가 5배로 급증한 것은 현대 세계가 1850년의 12억 명에서 2000년의 60억 명으로 급증한 것과 정확히 똑같은 증대율이다.

일부 학자들은 멸망의 원인을 9세기 초반의 극심한 가뭄, 즉 마야의 농업공황에 돌리고 있다. 그러나 몇몇 지역의 붕괴는 그 무렵에 이미 시작되고 있었다.[55] 8세기의 절정기에 마야의 중심지에 있던 커다란 도시들은 한계에 도달하고 있었다. 그 도시들은 자신들의 자연 자본을 다 써버렸다. 숲은 벌채되고, 밭은 지력이 쇠진해졌고, 인구는 너무 많았다. 그리고 건축물이 더 많은 땅과 목재를 앗아감으로써 사태를 악화시켰다. 그 도시들의 상황은 불안정해져서 자연 체계에서 어떠한 침체에도 취약하게 되었다. 가뭄—그것이 비록 이전에 마야가 겪었던 다른 가뭄들보다 심하지

---

55) 가뭄이 주요 원인이었다면, 우리는 가장 좋은 시기에도 건조한 유카탄이 가장 많은 고통을 겪었을 것이라고 기대할 수 있을 것이다. 메리다(Mérida)의 평균 강수량은 94센티미터로 티칼의 절반가량이다(ibid., p.244). 유카탄 대부분의 지역은 강이나 호수가 없고 자연적인 석회암 천연우물(cenote, 마야 어의 dzonot에서 온 말이다. 카르스트 지형의 구멍)과 인공수조에서 나오는 지하수밖에 없었다. 강우에 대한 갈망이 항상 높았으며, 유카탄의 고대 건물들 중 다수는 비와 물의 신인 차크(Chac)의 조각된 얼굴로 덮여 있었다. 그러나 마야는 그 중심지대인 페텐(Peten) 정글에서 가장 끔찍하게 멸망했다. 북쪽으로는 유카탄과 남쪽으로는 고지대에서 문명이 지속되었고, 성읍을 건설하고 그 오랜 지식을 옮겨쓰면서 스페인 통치 시대로 무난히 넘어갔다. 일부 유카텍(Yucatec) 마야 인들은 18세기 초까지는 여전히 고대의 문자를 읽고 쓸 수 있었다. 소수의 마야 성읍들이 정글에서 살아남은 것도 사실인데, 그 중에서도 페텐 이트자(Peten Itza) 호수 위의 타야살(Tayasal)과 벨리즈(Belize)의 라마나이(Lamanai)와 티푸(Tipu)가 대표적이다. 그러나 이러한 사례들은 별로 많지 않았다. 스페인 사람들이 도착했을 때 정글의 인구는 고전시대 수준의 10분의 1까지라도 회복했는지 의심스럽다. 그 후에는 유럽과 아프리카의 질병들 때문에 빅토리아여왕 시대 이전의 어떠한 유의미한 회복도 불가능하게 되었다. 그러나 1697년의 타야살의 정복 때까지 인구는 스페인 영토에서 도망온 자들로 인해 때때로 팽창하였다.

않다고 하더라도—이 한 번이라도 닥치면 그것은 하나의 원인이라기보다는 결정타가 되었을 것이다.[56)]

위기가 겹치자 통치자들은 새로운 진로를 모색하는 것, 즉 왕가의 지출과 군사적 지출을 줄이는 것, 계단형 밭 만들기를 통해 땅의 개간에 힘쓰는 것, 출산을 통제(마야 인들은 이 방법을 알고 있었을지도 모른다)하는 것 등의 반응을 보이지 않았다. 그들은 자신의 고집을 굽히지 않고 해오던 것을 계속해서 했으며, 더욱더 그렇게 했을 따름이다. 그들의 해결책은 더 높은 피라미드를 세우는 것, 왕에게 더 많은 권력을 주는 것, 대중에게 더 많은 노동을 시키는 것, 외국과의 전쟁을 더 많이 하는 것이었다. 현대적으로 표현하면, 마야의 엘리트들은 자연과 인간에게서 이윤의 마지막 방울들까지 짜냄으로써 극단론자나 초(超)보수주의자가 되었다.

문명의 연속성

지금까지 우리가 살펴본 네 가지 사례 가운데 두 가지—이스터 섬과 수메르—는 자신들의 생태계가 재생될 수 없었기 때문에 회복하는 데 실패했다. 나머지 둘, 즉 로마와 마야는 생태적 수요가

---

56) 마야 문명은 이전에도 두 번이나 비틀거렸던 것처럼 보인다. 고전 이전 시대의 말기(서기 200년경)와 고전시대 중기(6세기)에 그랬다. 격심한 가뭄은 전쟁과 전복을 야기하지만, 총체적 붕괴는 가져오지 않는 하나의 요인이 충분히 되었을 것이다.

최고조에 달한 중심지대에서 육중하게 붕괴하였지만, 후손들이 현대까지 내려오는 잔존 사회를 남겼다. 인구가 적었던 천 년 동안에 두 나라의 땅은 그럭저럭 —화산재와 전국적 유행병의 도움을 받아서—회복할 수 있었다.[57] 이탈리아는 이스터 섬이 아니고, 과테말라는 수메르가 아니다.[58]

여기에 수수께끼가 있다. 만일 문명들이 그렇게 자주 자기 자신을 파괴한다면 왜 문명의 전체적인 실험이 성공해 왔는가? 만일 로마가 결국은 스스로 먹여 살릴 수 없었다면, 로마시대에 지구에 살고 있던 모든 사람들에 비해 30배나 많은 사람들이 오늘날 여기에 살고 있는 일이 어떻게 가능한가?

첫번째 이것은 자연적 재생과 인간의 이동으로 어느 정도까지 설명이 가능하다. 고대의 문명들은 특정의 생태계에 기반을 두고 먹고 살면서 지역에 국한되어 있었다. 하나가 멸망하면, 다른 어딘가에서 문명이 발흥하고 있었다. 지구의 커다란 구역들이 여전

57) 14세기 중반의 흑사병은 유럽에서 토지 압력을 경감시키는 한편, 그로 인한 노동력 부족은 혁신과 사회 이동을 촉진시켰다. 마야는 스페인 사람들이 들여온 천연두와 여타의 새로운 전염병들에 의해서 회복되지 못했다.

58) 비페르노 계곡은 로마 제국 시대에 심하게 침식되었는데, 15세기까지 더는 강도 높은 개척과 침식은 나타나지 않았다(Charles Redman, ibid., p.116). 마야의 도시 코판에서 꽃가루 연구를 통해서 보면 서기 1250년에 숲이 다시 살아나기 시작했다는 것을 알 수 있다. 웹스터는 폐허들 가운데서 현대의 곡물밭의 층위학(stratigraphy)에 관해 기술한다(ibid., pp.312~314). 이 지역과 정글에서 재개된 농업은 주로 최근의 일이다. 19세기 중엽에는 존 스테펜스(John L. Stephens)와 프레더릭 캐서우드(Frederick Catherwood)와 같은 탐험가들이 이 지역에서 거의 아무것도 발견할 수 없었다. 로마령이었던 북아프리카는 앞에서도 지적했듯이 회복되지 않았고 지금은 대부분 사막이다.

히 인구가 매우 희박한 상태로 유지되고 있었다. 우주에서부터 지구를 고속 촬영하면 한 지역에서 다른 지역으로 넘어가는 산불처럼 문명들이 돌발하는 것을 보게 된다. 일부 문명은 고립되고 자발적인 반면, 다른 문명은 여러 세기를 가로질러 이곳에서 저곳으로 전달되었는데 마치 문화적 바람에 실린 불꽃 같았다. 소수의 문명만이 긴 휴경 후에 좋은 곳에서 오래된 석탄으로 불을 붙이는 것처럼 다시 타올랐다.

두 번째는 문명들 대부분이 자연적 한계를 넘어서서 천 년 정도 이내에 붕괴되었지만 모두 그런 것은 아니라는 사실이다. 이집트와 중국은 자신들의 자연적 연료를 다 써버리지 않고서 3천 년 이상 계속 불타 오를 수 있었다. 무엇이 그 문명들을 다르게 만들었는가?

헤로도토스가 썼듯이 이집트는 '나일 강의 선물'이었는데, 그 밭들은 물을 공급받았고 그 땅들은 범람이 가져온 침적토의 층에 의해 매년 기름지게 되었다. 강을 양쪽에서 둘러싸고 있는 사막 언덕들은 처음부터 경작의 한계가 무엇인지를 보여 주었고, 잠깐 동안의 비옥한 토양에 기대어 인구가 넘치는 숲이 우거진 비탈이나 정글도 없었다.[59] 나일 강과 그 삼각주는 3만 9천 평방 킬로미터의 농경지만을 제공했는데, 그것은 네덜란드가 바다와 맞닿은

59) 언덕들은 빙하시대가 끝난 다음에 잠시 동안 숲이 우거졌지만, 이집트 문명이 시작될 무렵에는 대부분 사막이었다.

채로 연꽃 모양으로 끌어낸 규모의 면적이었다. 이집트의 농경 방법은 단순했고—그 문화 자체만큼이나 보수적이었다—자연의 물 순환 주기에 거슬리지 않고 그에 순응해서 작동했다.[60] 나일 강 유역이 협소했고 배수로가 잘 조성되어 있어서 수메르를 못쓰게 만들었던 소금의 축적을 더디게 하였다. 또한 마야 인과 우리들과는 달리 대체로 고대 이집트 인들은 농토 위에 건축을 할 정도로 어리석지는 않았다.[61]

이집트의 인구 성장은 유별나게 느렸다. 파라오 시대와 로마 제국 시대, 아랍 시대를 통틀어서 이집트는 세계 평균 이하를 유지했다. 구왕조(舊王朝)에서 클레오파트라 시대까지 2백만 명 미만에서 6백만 명에 이르는 데 3천 년이 걸렸으며, 현대의 관개가 시작된 19세기까지 더는 늘어나지 않았다.[62] 이것은 600만 명 또는 1평방 킬로미터 당 150명이 나일 강 유역 농경지의 수용량이었

---

60) 3천 년 동안 거의 유일한 주요 혁신들은 기원전 1300년경의 *샤더프*(shadduf, 물통과 장대) 관개의 도입과 기원전 300년경의 *사기야*(sagiya) 양수차의 도입이었다. 부싯돌로 만든 낫이나 칼과 같은 석기들은 중왕조(中王朝) 시대에도 여전히 널리 보급되었다.

61) 이집트의 생태계는 1950년대에 아스완 하이 댐을 건설한 이래 크게 변화하였다. 침적토의 대부분이 더는 들판에 들어오지 않았고, 거름과 화학 비료가 침적토를 대신하게 되었으며, 농경지에 소금이 배어들고 농경지가 물에 잠기는 것이 매우 심각한 문제가 되었다. 윌슨은 이집트를 '도시 없는 문명'이라고 불렀는데, 그것은 이집트 사람들 대부분이 강변의 밭들 뒤에 있는 건조한 땅 위에 지은 작은 촌락에서 살았기 때문이다(J. A. Wilson, "Egypt through the New Kingdom: Civilization without Cities", in *City Invincible*, eds. C. H. Kraeling and Robert McCormick Adams[Chicago: University of Chicago Press, 1960]).

62) 기원전 3000년부터 서기 1500년까지 세계의 평균 인구성장률은 거의 0.1퍼센트였는데(Clive Ponting, ibid., pp.89~90), 약 800년마다 인구가 두 배로 된 셈이다. 이집트 구왕

고, 강의 활동이 약해질 때는 기근과 심한 수인성 질병에 의해서 강요된 냉혹한 한계였다는 것을 우리에게 말해 준다.[63] 자연은 이집트를 그 수입의 범위 내에서 살게 만들었다. 그러나 이집트의 수입은 본국의 송금으로 외국에서 사는 게으른 사람의 수입—에티오피아의 고지에 있는 상류에서 농사를 짓는 다른 사람들의 희생으로 나일 강에 의해 매년 가득 채워지는—이었다.

중국 역시 표토(表土)를 정당한 몫 이상으로 받았는데, 그것은 매년 주는 수당보다는 한꺼번에 주는 퇴적물로 왔다. 농경이 시작되기 오래전에 유라시아 대륙을 가로질러 부는 건조한 바람이 빙하가 물러남에 따라 노출된 표토를 실어서는 황토, 즉 강에 황허라는 이름을 부여한 사자털 색깔의 흙으로 중국에 떨어뜨려 주었다. 비옥한 고원에 수십 미터 두께로 펼쳐져 있던 퇴적물들이 여

조의 인구는 120만 명에서 200만 명 사이이고, 중왕조는 200만 명에서 300만 명 사이였던 것으로 생각된다. 아마도 프톨레마이오스 시대가 시작될 무렵에는 600만 명에서 700만 명 정도의 절정기가 있었겠지만, 이것은 로마 제국 시대에 다소 감소했다. 1882년에 전체 인구가 여전히 670만 명이었는데, 이것은 파라오 시대 이래 2천 년 이상 동안 전체적으로 늘어난 것이 전혀 없다는 것을 보여 준다(Alfred Crosby, *The Columbian Exchange: Biological and Cultural Consequences of 1492*[Westport, CN: Greenwood Press, 1972], p.190). 1964년경에는 인구가 2,980만 명으로 늘어났는데, 크로즈비는 이러한 인구증대의 많은 부분을 옥수수의 도입에 원인을 돌리고 있다. 1964년 이래 인구는 다시 두 배가 되었지만, 이집트 사람들은 주로 수입된 밀을 먹고 옥수수는 가축에게 먹였다(Timothy Mitchell, "The Object of Development : America's Egypt", in Jonathan Crush, ed., *The Power of Development*[London: Routledge, 1995]).

63) 이집트의 미라에 대한 연구에 의해서 우리는 상층 계급들도 건강이 나빴다는 것을 알 수 있다. 밀집된 주거에 의해 확산된 기생충 감염과 안전하지 못한 물은 일반적인 것이었고, 심하게 착취당하던 하층 계급들은 영양실조에 걸리기까지 했다.

기저기서 깎여서는 가파른 골짜기로 흘러들어 가거나 저지대의 충적 평원으로 퍼져 나간다. 이 땅은 거의 무한하게 관대한데, 그것은 침식이 좋은 토양의 새로운 층들을 노출시키는 결과를 가져올 뿐이기 때문이다.[64] 중국에서 문명은 이집트보다 천 년 이상 뒤에 시작되었지만, 규모 면에서 금방 따라잡고 다른 기후 지대로 확산되었다. 한(漢) 제국의 전성기에 중국은 몽골에서부터 베트남까지 5천만 명의 사람들을 통치했다. 이것은 중국과 동시대에 존재한 원거리 무역 파트너인 로마의 그것과 같은 수이다.[65]

서기 3세기에 한 왕조가 멸망한 것은 생태적인 원인보다는 정치적인 원인에 의한 것이었다. 중국은 인도에서 온 새로운 사상과 남쪽 지방의 쌀 농사에 의해서 곧 생기를 회복했는데, 이 쌀 농사는 지금까지 고안된 가장 생산적인 농업 체계였다.

비록 그렇다고 하더라도, 만일 우리가 이집트와 중국을 보다 정밀하게 조사할 수 있다면, 우리는 멀리서 보았을 때 그래 보이는 것보다는 그 문명들이 덜 견고하다는 것을 발견할 수 있을 것이다. 예를 들면, 기원전 2000년경에 나일 강 유역 저지대의 일련의 범람은 기근과 반란을 점화시켜서는 구왕조를 넘어뜨렸다. 중

---

64) 기원전 1300년경에 밀이 출현할 때까지는 주요 농작물은 기장이었다. 대륙의 먼 저쪽에서 밀이 길들여진 뒤에 중국에 도착하는 데는 6천 년이 걸렸는데, 다이어몬드(Jared Diamond, ibid.)가 주장한 구세계에서 테크놀로지의 급속한 이동과는 거리가 멀다.

65) 주요 무역 품목은 비단이었는데, 비단은 실크로드를 따라서 중국에서 로마로 간접적으로 흘러들어 갔다. 두 제국은 서로의 존재에 대해 흐릿하게만 알고 있었다.

국에서도 굶주린 농민들이 억압적인 엘리트들에게 대항해서 반란을 일으켰다. 사회적 아이러니로 가득찬 한 사건에서는 농민들이 황제의 무덤을 파헤치고 들어가 테라코타로 만든 황제 군대의 손에서 무기를 탈취해서 진(秦) 왕조를 전복하는 데 사용하였다.

그러한 반복되는 전복과 기근과 질병들에도 이집트와 중국의 관대한 생태계는 문화가 그 전진 속도를 잃어버리기 전에 재생할 수 있도록 해주었다.[66]

오든(W. H. Auden)은 "문화는 그 숲이나 다름없다." 고 말했다. 문명은 땅이 더 많은 식량을 생산하도록 하기 위한 많은 기법들을 개발하였다. 일부는 지속 가능하지만, 다른 것들은 그렇지 않았다. 내가 과거에서 읽은 교훈은 다음과 같다. 땅과 물의—그리고 물을 지키는 존재인 숲의—건강은 한 문명의 생존과 성공을 위한 유일한 영속적인 기초일 수 있다.

결국 멸망한 도시국가들 사이의 완충지대에 남겨진 삼림지 조각들에서 마야의 정글은 원래 상태를 회복했다. 티칼의 텅빈 왕궁에 불법으로 정착한 한 가족—멸망 직후에 일부가 그렇게 했듯이—은 오래된 벌판을 채우고 있는 가시와 묘목을 보았을 것이고, 도로를 향해 천천히 뻗어나가는 덤불을 보았을 것이며, 돌아오는 야생동물의 조심스러운 소리를 들었을 것이다. 비옥함이 천천히

66) 중국의 기록들은 기원전 108년부터 1910년까지 적어도 한 지역에서는 매년 거의 한 차례의 기근이 있었다는 것을 보여 준다(Clive Ponting, ibid., p.105).

회복되는 것, 그것이 가져다 줄 약속을 곰곰이 생각하면서 그들은 프란츠 카프카(Franz Kafka)의 "희망이 있다, 비록 우리를 위한 것은 아닐지라도"라는 말에 동의했을지도 모른다.

제5장

도구들의 반란

나는 냉소적인 벽 낙서를 무척 좋아한다. 진보의 위험들과 관련된 것 중 하나는 다음과 같다. "매번 역사는 반복되는데, 그 대가는 비싸진다." 지구상 최초의 문명인 수메르 문명의 붕괴는 단 50만 명의 사람들에게만 영향을 미쳤고, 로마의 멸망은 1천만 명에게 영향을 미쳤다. 만일 우리의 문명이 실패한다면 그것은 말할 것도 없이 수십억 명에게 대재앙을 가져올 것이다.

지금까지 우리는 네 개의 고대 사회—수메르, 로마, 마야, 이스터 섬—를 살펴보았는데, 이 사회들은 각기 천 년 정도 안에 자연이 그들에게 준 특권을 다 써버리고 붕괴되었다. 나는 또 두 가지의 예외, 즉 이집트와 중국에 대해서도 언급했는데, 두 문명은 3천 년 이상 지속되었다.

조지프 테인터는 과거의 붕괴들에 관한 자신의 책에서 세 가지 종류의 골칫거리에 폭주 열차, 공룡, 카드로 만든 집이라는 별명을 붙였다. 이것들은 대개 함께 작동한다.[1] 수메르 인들의 관개는 확실히 폭주 열차였고, 그들이 벗어날 수 없는 비참한 경로였다. 통치자들이 그 문제를 다루는 데 실패했기 때문에 그들은 공룡으로 간주되며, 문명의 급속하고도 돌이킬 수 없는 멸망은 그것이 카드로 만든 집이었음을 보여 준다.

다른 실패들에 대해서도 매우 유사한 얘기를 할 수 있다. 우리는 특정 시점이나 특정 장소에서 어떤 실수들보다 깊은 무엇을 대면하고 있다. 농업의 발명은 광대하게 팽창된 인구를 낳지만, 두 가지 불가피한(또는 거의 불가피한) 결과들 때문에 식량 문제를 좀처럼 해결하지 못하는 그 자체로 폭주 열차이다. 첫 번째 결과는 생물학적인 것으로 인구가 식량 공급의 경계에 이를 때까지 증대한다는 것이다. 두 번째는 사회적인 것으로 모든 문명은 위계서열적이 되며, 부가 상층부로 집중한다는 것은 결코 그것이 모든 이에게 골고루 돌아가지 못한다는 점을 확실하게 한다. 경제학자인 토머스 맬서스(Thomas Malthus)는 첫 번째 딜레마를 탐구했고, 예수 그리스도부터 마르크스까지 사상가들은 두 번째 딜레마를 다루었다. 중국 속담이 말하고 있듯이 "농부는 구운 오리가 날아들어 올 때까지 자신의 입을 벌린 채 산허리에 오랫동안 서 있지 않으면 안 된다".

---

1) Joseph A. Tainter, ibid., p.59.

문명은 하나의 실험이고, 인간의 여정에서 매우 최근의 생활양식이다. 그리고 내가 진보의 함정이라고 부르는 것으로 걸어들어가는 하나의 습관이다. 강가에 있는 좋은 땅에 세운 작은 촌락은 좋은 아이디어이지만, 그 촌락이 도시로 성장하고 좋은 땅을 포장한다면 그것은 나쁜 아이디어가 된다. 예방은 쉬운 것이었는지도 모르지만, 치료는 불가능할지도 모른다. 즉, 도시는 쉽게 옮겨지지 않는다. 장기적인 결과들을 예측할—또는 미래를 경계할—수 없는 인간의 이러한 속성은 우리가 수렵과 채취를 통해 간신히 생계를 유지하던 수백만 년 동안에 조형된 인류에게 고유한 것인지도 모른다. 그것은 또한 사회적 피라미드의 형태에 의해서 조장된 관성, 탐욕, 어리석음의 혼합과 거의 다를 바가 없을지도 모른다. 대규모 사회의 상층부에 권력이 집중되면 엘리트는 현상 유지에 대한 기득권적인 관심을 갖게 된다. 그들은 환경이 파괴되고 일반 대중이 고통을 겪기 시작한 후에도 어두워져 가는 시대 속에서 오랫동안 계속 번영을 누린다.

그러나 과거 문명들의 난파에도 문명이라는 전체 실험은 계속해서 확산되고 성장해 왔다. 인구 수는(그것이 측정될 수 있는 한에서) 다음과 같이 봇물 터지듯이 늘어났다. 로마의 전성기인 서기 2세기에 세계 인구는 약 2억 명이었는데, 유럽 인들이 아메리카 대륙에 당도한 1500년경에는 약 4억 명이 되었다.[2] 석탄 시대가

2) 유럽, 북아프리카, 구세계의 여타 지역들은 14세기 중엽의 흑사병으로 인구의 약 3분

시작된 1825년경에는 10억 명이 되었으며, 석유 시대가 시작된 1925년에는 20억 명이 되었고, 2000년경에는 60억 명이 되었다. 성장보다 훨씬 더 놀라운 것은 가속화이다. 로마 시대 이후 2억 명이 늘어나는 데 13세기가 걸렸지만, 마지막 2억 명이 늘어나는 데는 단 3년이 걸렸다.[3)]

신세계를 정복한 세균

우리는 우리 시대를 예외적인 것으로 간주하는 경향이 있고, 많은 측면에서 그렇기도 하다. 그러나 현재의 편협한 지방주의—우리 눈이 게임이 아니라 공을 따라가는 방식—는 위험하다. 현재에 정신이 팔려서 우리가 시간을 통과하여 나아가는 여정을 놓치고 폴 고갱의 마지막 질문, 즉 "우리는 어디로 가고 있는가?"라는

의 1을 잃었다. 유럽에서는 흑사병이 낡은 위계질서를 무너뜨리고 물방앗간이나 여타 간단한 기계류의 사용을 촉진하였다. 이슬람 세계에서는 노동자들의 대량 상실이 관개공사에 타격을 입히고 경제를 쇠퇴시켰으며, 이는 기독교도들의 스페인 탈환에 기여했다. 1500년에는 유럽의 유행병이 아직 신세계의 주민들을 덮치지는 않았는데, 이때 신세계의 주민은 아마도 8천 만 명에서 1억 명—세계 전체 인구의 5분의 1 또는 4분의 1— 정도였을 것이다. 1600년경에는 중미와 안데스 산지, 북미의 남동지방과 같이 인구가 밀집된 지역에서는 주민 수가 90퍼센트 이상 줄어 들었다. 16세기에 신세계에서 전체적으로 적어도 5천 만 명이 사망했다는 것이 조심스런 추측이다. 사망자 수는 처음 인구 수의 합계에 따라 7천 5백만 명 수준으로 높거나 그보다 많을 수도 있었을 것이다.

3) 세계의 인구는 현재 연간 7천만 명을 갓 넘는 수준으로 증가하고 있는데, 이것은 1980년대의 연간 9천만 명보다 줄어든 것이다.

질문을 스스로 묻는 것을 잊고 있다. 만일 그렇게 많은 이전 세대가 자연적 한계들과 충돌해서 파괴되었다면, 우리의 폭주 열차(만일 그것이 본질이라면)는 어떻게 속도를 점점 늘릴 수 있었는가?

나는 앞서서 중국과 이집트 문명은 예외적으로 오래 존속되었는데, 그것은 자연이 그들에게 다른 어딘가에서 온 바람과 물이 실어다 준 가외의 표토(表土)라는 풍부한 보조금을 주었기 때문이라고 시사한 바 있다. 그러나 인간의 독창력에도 일단의 공로를 돌리지 않으면 안 된다. 1헥타르의 땅이 지원할 수 있는 사람의 수와 1헥타르의 땅이 그들을 계속해서 지원할 수 있는 시간은 대지의 비옥함에만 달려 있는 것은 아니다. 문명은 진전하는 가운데 농업은 점점 개선되었다. 경작된 땅에 동물과 인간의 배설물을 활용하는 혼합 농장은 북유럽 점토질의 양토(壤土)에서 무한히 지속 가능한 것으로 판명되었다. 농작물의 윤작과 '녹비(綠肥, 질소를 고정하는 식물들을 갈아서 파묻은 것)'의 이용은 현대의 초기에 수확을 상당한 정도로 증대시켰다. 아시아에서 수도작(手稻作)의 발전은 고도로 생산적이었고, 정확하고 평평하게 고른 논들은 산허리의 지속 가능한 경작을 촉진하였다.

스페인의 이슬람 문명은 고전시대의 교훈을 중세 후기의 유럽에 전해 주었을 뿐만 아니라 계단식의 올리브 밭과 개선된 관개 구조를 건설함으로써 로마 제국이 남긴 잔해를 보수하기도 했다. 안데스 산지에서는 잉카 인들과 잉카 이전의 사람들이 돌로 쌓은 계단에 빙하 녹은 물로 급수하고 건조한 해안의 섬들에 있는 바닷새의 서식처에서 채굴한 조분석(鳥糞石)으로 비옥하게 한 효율적인 산악 농업 시설을 건설했다. 과거 1,500년 동안 이용된 안데스 산지의 계단식 밭을 연구해 보면 비옥함을 전혀 잃지 않았다는 것을 알 수 있다.[4)]

꾸준한 농경법의 개선은 인구의 증가는 설명할 수 있지만, 과거 몇 세기 동안의 대단히 급격한 증가는 설명하지 못한다. 기계화와 공중위생은 인구의 급격한 증대의 보다 나중 단계들은 설명할 수 있을지 모르지만, 농기계와 공중보건의 도입보다 시간적으로 앞서는 단계들은 설명하지 못한다. 도약 시점은 콜럼버스보다 약 한 세기 이후였다. 이때는 스페인의 정복으로 생겨난 이상한 과실들이 소화되기 시작한 때였다. 유럽은 완전히 발전되었지만 거의 보호되지 않은 지구의 절반이 갑자기 수중에 떨어지면서 받을 수 있는 모든 보조금 가운데 최고의 보조금을 받았다.

만일 아메리카 대륙이 황무지였다면 침입자들은 오랫동안 많은 것을 얻지는 못했을 것이다. 모든 벌판은 숲에서 가꿔내지 않으면 안 되었을 것이고, 모든 농작물을 수입하거나 적응시켜야 했

---

4) Charles Redman, ibid., p.124. 예를 들면, 콜카 계곡(Colca, qollqa는 '곡물창고'를 의미한다)은 잉카 시대까지는 거의 모두 계단식으로 개간되었으며, 아직도 이용하고 있는 계단식 밭들은 쿠스코(Cusco) 부근의 우루밤바(Urubamba) 계곡을 따라 찾아볼 수 있다. 조분석은 배를 타는 친차 상인들에 의해 채굴되어 포장된 도로를 따라 라마 행렬에 의해 산악으로 꾸러미로 운반되었다. 잉카가 조분석을 이용한 것은 펠리컨의 똥의 퇴적률을 앞지르지 않는다면 무한히 지속 가능한 것이었다. 이집트와 중국과 같이 페루는 자연의 보조금을 받았다. 퇴적물의 가치는 재발견되었고 빅토리아여왕 중기 시대의 악명 높은 '조분석 붐' 속에서 모조리 채굴되었다. 주 23도 참고하라.

을 것이다. 모든 광산은 새롭게 발견해야 했을 것이고, 모든 도로는 길 없는 사막과 산맥을 가로질러야 했을 것이다. 그러나 이 알려지지 않은 세계는 그 자체의 신석기 혁명을 겪었고, 풍부한 농업적 기반 위에 일련의 문명들을 건설했다.

세 개의 아메리카 대륙은 아시아와 매우 유사한 복합적인 세계를 형성했는데, 거기에는 8천만 명에서 1억 명의 사람들—인류의 5분의 1에서 4분의 1 사이—로 가득 찼다. 1500년에 가장 강력한 정치체들은 멕시코로 알려진 집합도시에 의해 다스려진 도시국가 체제인 아스텍 제국, 안데스 산지의 대간(大幹)과 태평양의 해안을 따라 약 5천 킬로미터나 뻗어 내린 잉카 제국 또는 타완틴수유(Tawantin-suyu)[5]였다. 이 두 제국은 각기 2천만 명 정도의 주민—고대 이집트와 로마 제국의 중간쯤에 해당하는 규모—[6]을 보유했다. 시민 25만 명을 보유했던 아스텍 제국의 수도는 당시에 아메리카 대륙에서 가장 큰 도시였고, 세계에서는 큰 도시 6개 중의 하나였다. 잉카 제국은 덜 도시적이지만 단단히 조직되어 있었고,

---

5) 그 이름은 대략적으로 '통합된 네 개의 지역(United Four Quarters)'을 의미했다.

6) 아스텍 제국은 잉카 제국보다 다소간 많은 인구를 보유했는지도 모르는데, 잉카 제국은 훨씬 더 크지만 덜 도시화되었다. 추정치는 잉카 제국의 경우 6백만 명에서 3천2백만 명까지, 아스텍 제국의 경우 1천2백만 명에서 2천5백만 명 사이에서 왔다갔다하지만, 더 높은 수치도 인정되고 있다. 진짜 수치가 어떻게 되든 간에, 중미(마야, 아스텍의 통제에 있던 여타 주민들을 포함하여)와 타완틴수유(잉카 제국)를 합치면 적어도 신세계 인구의 절반은 차지했다고 가정하는 것이 안전하다. 오래되었지만 여전히 유용한 세계 인구의 추정치와 출처에 대한 논의는 다음을 보라. Fernand Braudel, "Weight of Numbers", in *The Structures of Everyday Life*(New York: Harper and Row, 1981).

2만 2천5백 킬로미터의 포장된 도로, 중앙 통제경제, 노예제가 아니라 노동세 체계에 의해 건설된 광범위한 계단식 밭과 관개 계획 등을 갖고 있었다. 비록 도저히 노동자의 천국이라고는 할 수 없었지만, 그것은 스페인 통치에서 생존자들에게는 곧 그러한 것으로 보이기 시작했다.[7] 두 제국은 모두 그리 오래 되지 않았고 다른 제국들의 계승자였으며, 외부자가 도착하지 않았다면 몇 세기를 더 지속되었을지도 모른다.[8] 그러나 그들은 익은 과일로 가득

---

7) 중앙 통제경제는 주로 제국적 수준에서 기능했다. 지방 주민들은 일정한 한계 내에서 자신들의 일을 영위한 것으로 보인다. 예를 들면 친차는 배를 이용한 상인들로서 중요한 역할을 했는데, 파나마와 사치품을 거래했고 어쩌면 서(西)멕시코와도 거래했을 것이다. 초기의 스페인 자료와 토착 자료는 삶의 기본적 욕구들—음식, 주거, 의복—은 결핍의 시대에도 잉카 국가에 의해 충족되었다는 점을 확증해 준다. 분명히, 비록 안데스 지역의 거칠고 다양한 환경에 비해 인구가 많았지만 식량생산은 수요를 충족시켰다. '잉카의 시대'로 알려진 황금시대에 대한 향수가 3세기 동안 스페인에 대항하는 반란의 통일적 특징이 되었다. 스페인에서 태어났지만 17세기에 아르헨티나에서 활동했던 어떤 사람을 포함해서 반란 지도자들은 잉카 국왕의 이름과 직명을 채용했다. 다음을 보라. Luis Millones, "The Time of the Inca: The Colonial Indians, Quest", *Antiquity*, no. 66(1992), pp.204~216. 인디언의 가장 커다란 봉기는 잉카 투파 아마루 2세(Inca Tupa Amaru II)가 1780년에 일으킨 반란이었는데, 그는 잉카 왕실의 진정한 후손이었고, 이 반란은 페루에서 스페인을 거의 내쫓을 뻔했다. 크리올료(criollo, 백인 식민자)의 반란보다 불과 40년 전에 라틴 아메리카 공화국을 건설했다. 멕시코에서는 콜럼버스 이전 세계의 요소들이 멕시코의 민족주의에 영감을 주기는 했지만, 아스텍의 지배를 회복하려는 그것에 필적한 만한 노력들이 없었다.

8) 콘래드와 드마레스트는 이 제국들의 팽창의 정치적 동학이 제국들을 본래부터 불안정하게 만들었다고 주장한다(Geoffrey W. Conrad and Arthur A. Demarest, *Religion and Empire*[Cambridge: Cambridge University Press, 1984]). 나는 비교 가능한 단계에 있었던 다른 제국들(예를 들면 율리우스 카이사르 시절의 로마 제국)도 마찬가지라고 생각하지만, 이 주장이 사실일지도 모른다. 아스텍의 헤게모니는 매우 착취적이었고 따라서 광범위한 미움을 샀기 때문에 둘 중에서는 아마도 더 불안정했을 것이다. 두 제국이 장기적인 안정성을 확보하고 스스로 개혁하려고 노력한 증거 또한 존재한다. 프란시스코 피사로가 페루에서 목격한 내전과 분열은 전적으로 천연두와 구세계의 여타 전염병들의 결

한 과수원처럼 침입자들을 기다렸다.

환경사학자인 알프레드 크로즈비와 윌리엄 맥닐(William Mc-Neill)은 1970년대에 신세계의 진정한 정복자는 세균들이었다는 것을 보여 주었다. 즉, 천연두, 선(腺) 페스트, 인플루엔자, 홍역 등과 같은 대량 살상자들이 그것이다. 이것은 유럽 인들(그것에 저항력을 가진 사람들)과 함께 처음으로 도착해서는 첫 파동에서 멕시코와 페루의 통치자들과 적어도 주민 절반을 죽임으로써 생물학적 무기처럼 작용하였다.[9] 크로즈비는 정복자들의 "기적적인 승리들은 대체로 (천연두) 바이러스의 승리이다."[10]고 썼다. 스페인 사람들은 자신들의 총과 말이 있었지만 천연두가 휩쓸고 지나간 다음까지는 본토에 대한 어떠한 주요한 정복도 이루지 못했다. 그 이전에는 마야 인과 아스텍 인, 잉카 인과 플로리다 사람들 모두 첫 번째 침입자들을 격퇴시켰다.[11]

과라는 점을 기억하는 것이 중요하다.

9) 전형적으로 천연두는 '처녀지'의 유행병 중 50퍼센트에서 70퍼센트를 없앤다. 마야의 연대기는 한 왕국의 왕가에 대한 그 전염병의 최초 효과에 대한 스냅사진을 제공한다. 이름이 언급된 네 명의 칵치켈(Cakchiquel) 통치자들 중에서 세 명이 동시에 죽었다. 몬테수마(Moctezuma)가 죽임을 당한 뒤 멕시코에서 왕위를 계승한 쿠이틀라우악(Cui-tlahuac)와 마찬가지로 페루의 우아이나 카파크(Huayna Capac, 아타우알파의 아버지)와 그가 지명한 후계자도 죽었다. 이런 모든 유행병들은 구세계 특히 아시아에서 인간과 가축 사이의 상호작용에서 발생한 것으로 생각된다. 신세계의 농업은 식물에 더욱 많이 의존하고 있었고, 길들여진 아메리카 대륙의 동물들은 인간에게 전염시킬 가능성이 있는 질병들을 몸 속에 키우고 있지 않았던 것으로 보인다.

10) Alfred Crosby, ibid., 1986, p.200.

11) 1517년과 1518년에 프란치스코 에르난데스(Francisco Hernandez)와 후앙 데 그리할바(Juan de Grijalva)는 유카탄과 멕시코 만의 해안을 따라 살고 있던 마야 인들과 전쟁을

인류는 석유를 먹고 산다

몇 년 전에 미 국방성은 중성자탄이라 불리는 전면 핵전쟁 추진론자(Strangelovian)의 무기를 제안한 바 있는데, 이것은 러시아 도시 상공에 높이 발사되어 방사선의 뜨거운 폭발을 일으켜서는 사람은 모두 죽이되 자산은 손상을 입히지 않게 하는 폭탄이었다.[12] 아메리카 대륙에 침입한 유럽 인들에게는 질병에서 정확히 이러한 효과를 내는 무기가 있었다. 신세계가 단 한 번의 전쟁도 없이 패배했다고 어느 누구도 말해서는 안 된다. 멕시코와 쿠스코에서 벌어진 전투들은 역사상 가장 격렬한 전투에 속한다.[13]

치렀지만 패배했다. 또다른 스페인 사람인 알레호 가르시아(Alejo García)는 1520년대에 파라과이에서 잉카 제국을 침입했는데 역시 패퇴했다. 1521년에 후안 폰체 데 레온(Juan Ponce de León)은 플로리다에서 사살되었고 그의 군대는 철수했다. 토착인들이 거둔 가장 큰 승리는 멕시코 시티에서의 노체 트리스테(Noche Triste), 즉 슬픈 밤(Sad Night)이었다. 약 1,200명의 스페인 사람들(첫 번째 정복 전쟁 가운데서는 가장 큰 규모의 유럽 군대) 중에서 거의 900명이 죽었다. 현장에 있던 베르날 디아스(Bernal Díaz)는 오툼바(Otumba)에서 죽은 일부를 포함해서 860명이 죽었다고 말했다. 69기의 말들 중에서 아스텍 인들은 46기를 죽이거나 포획했다. 코르테스는 퇴각하였고 쿠바에서 지원군을 받았지만, 몇 달 뒤에 멕시코의 수도에서 천연두가 발발할 때까지는 다시 공격하지 않았다. 다음을 보라. Ronald Wright, ibid., 1992, p.43.

12) 기억이 맞다면, 지미 카터 대통령이 공중의 항의 이후에 그 계획을 중지시켰다.

13) 멕시코 정복은 천연두가 발발할 때까지는 아스텍 인들이 이기고 있었던 2년에 걸친 전쟁이었다. 페루에서는 격렬한 전투가 아타우알파에 대한 사법 살인이 있은 후에 시작되었는데, 이때 잉카 국왕의 의붓형제인 망코(Manco)가 쿠스코(수도)를 포위하고 스페인 사람들을 태워버리려고 하였다. 망코와 그의 아들들은 후에 잉카 자유국을 세우고 근 40년 동안 게릴라 전쟁을 수행했다. 1980년대의 페루와 과테말라, 1990년대의 치아파스에서 벌어진 현대의 내전들, 1990년 캐나다의 오카(Oka) 위기는 모두 백인과 아메리카 인디언 사이의 끝나지 않은 싸움에 의해 점화되었다. 그러나 페루에서 거사를 일으킨 '빛나는 길(Shining Path, 페루의 좌익 게릴라 조직)'은 페루 원주민주의의 착취자들이었

그러나 일단 유행병이 퍼지자 사람들이 너무도 적어져서 그들의 조상들이 1만 년 동안 건설한 것들을 지켜낼 수가 없었다. 멕시코에 있던 한 탁발수도승은 "그들은 빈대처럼 무더기로 죽었다."고 썼다.[14)]

대평원과 추운 지역을 제외하고 북미까지도 1500년에는 야생의 땅이 아니었다. 할리우드는 '전형적인' 인디언은 들소 사냥꾼이라고 우리를 설득해 왔다. 그러나 남서부에서 남동부까지, 북으로는 미주리 주 · 오하이오 주 · 오대호에 이르기까지 미국의 모든 온화한 지대에는 농사를 짓는 사람들이 밀집하여 정착하고 있었다. 청교도들이 매사추세츠 주에 도착했을 때, 인디언들이 근래에 죽어 없어졌기 때문에 백인들은 빈 오두막과 겨울 옥수수, 그들이 사용할 수 있도록 말끔히 비어진 밭들을 발견했다. 이것은 대륙 전체를 가로지르는 이주민들의 기생적인 전진의 전조였다. 미국 역사가인 프랜시스 제닝스(Francis Jennings)는 "유럽 인들은 여기에서 황무지를 발견한 것이 아니라, 그들 스스로 황무지를 만들었다."고 쓴 바 있다.[15)]

지 투사들이 아니었다.

14) 그는 프라이 모톨리니아(Fray Motolinía)이다. 다음에서 인용하였다. Alfred Crosby, ibid., 1972, p.52.

15) Francis Jennings, *The Invasion of America: Indians, Colonialism, and the Cant of Conquest*(New York: Norton, 1976), p.30. 이것은 북미와 열대 저지의 일부에서 특히 그러한데, 거기에서는 구 주민의 붕괴와 새 주민의 도착 사이에 1세기 또는 그 이상의 시차가 있었다. 마야의 정글과 마찬가지로 북미 동부의 '처녀림'의 많은 부분이 인디언의 옥수수밭, 성읍, 공원과 같은 사냥터에서 이차적으로 성장한 것이었다. 제닝스(내 견해로

스페인 사람들에게 질병은 중성자탄보다 좋은 무기였는데, 그것은 매우 충분한 수의 아메리카 인디언들이 광산에서 일할 수 있도록 살아남았기 때문이다.[16] 아스텍과 잉카의 보물들은 여러 세기에 걸쳐 대서양을 가로질러 흘러간 모든 금과 은에 대한 계약금일 뿐이었다.[17] 산업혁명은 재정적으로 아타우알파의 금에서 시작되었다는 사실을 안 최초의 경제학자 중의 한 사람이 카를 마르크스였다. 그는 1847년에 "제조 산업의 설립을 위한 필수불가결한 조건은 아메리카 대륙의 발견과 그 대륙의 귀금속 수입에 의해 촉진된 자본의 축적이었다."고 말했다.[18] 스페인 제국에 대해 재정보증을 한 제노바 사람들과 독일의 은행가들은 무언가 역할을 하기를 기대하는 금 덩어리로 충만해 있었다. 선박 건조, 대포 주조, 여타 제국주의적 모험들에 재정 지원을 하는 등 많은 금이 북유럽에서 그 길을 찾았다. 또한 그것이 유럽의 전쟁들에 쓰였다.

는 필독서이다)는 북미가 처녀가 아니었고 과부였다는 점을 덧붙이고 있다.

16) 1600년경에 페루와 멕시코의 인구는 각각 100만 명 정도로 줄어들었는데, 인구의 95퍼센트 정도를 잃은 것이다. 두 지역의 인구는 18세기에 약간씩 회복되기 시작했다. 볼리비아 포토시(Potosí)의 3세기에 걸친 채굴작업에서 안데스 인디언 100만 명 이상이 작업 도중 죽었다. 그들은 구 잉카 제국의 노동세의 확산에 따라 징발되었지만 그 보상을 전혀 받지 못했다.

17) 카하마르카(Cajamarca)에서 유출된 금은 7톤가량이었으며, 나머지 3톤은 쿠스코에서 약탈되었다. 코르테스는 몬테수마에서 약 1톤을 취했다. 현대 유럽에서 그 금속이 지니는 진정한 가치는 오늘날 그 무게가 시사하는 것보다 훨씬 컸다.

18) 《철학의 빈곤*La Misère de la philosophie, Poverty of Philosophy*》. 다음에 발췌되어 있다. T. B. Bottomore and Maximilien Rubel, eds., *Karl Marx: Selected Writings in Sociology and Social Philosophy*(Harmondsworth: Pelican, 1961), p.138.

그리고 동료들 사이의 전쟁은 발명의 어머니이다. 마오쩌둥[毛澤東]이 의도하지 않은 방식으로 권력은 진정 총구에서 나오기도 했다. 즉, 대포의 '연기 나는 포신'이 증기기관과 가솔린기관의 실린더로 이어졌다.

금과 은은 약탈품과 토지와 노동력과 함께 대서양을 횡단하는 삼각형의 한 측면을 구성했다. 신세계의 과부가 된 토지—그리고 무엇보다도 그 농작물—는 긴 안목에서 보면 그 금속보다 훨씬 가치 있는 것으로 판명되었을 것이다. 독실한 미국인들은 추수감사절 저녁식사에서 '황무지'에서 자신들을 먹여 살린 것에 대해 그들의 하나님에게 감사한다. 그리고 그들은 칠면조, 옥수수, 콩, 호박, 감자 등으로 차려진 거대한 식사를 게걸스럽게 먹어치운다. 이 음식들은 신세계 문명에 의해서 수천 년에 걸쳐서 개발된 것이다. 또한 칠레고추 없는 카레, 토마토 없는 이탈리아 음식, 초콜릿 없는 스위스와 벨기에 음식, 파인애플 없는 하와이 음식, 카사바 없는 아프리카 음식, 물고기는 있지만 감자튀김이 없는 영국 음식은 상상하기 어렵다.

식단 효과는 별개로 치더라도 새로운 농작물들은 산출에서 극적인 증산—유럽뿐만 아니라 아프리카와 아시아에서도—을 가져왔다. 옥수수와 감자는 밀과 보리보다 2배가량 생산력이 높으며, 동일한 식량을 생산하는 데 단 절반의 땅과 노동력만이 필요했다.[19] 인구가 늘어나고 많은 수의 사람들이 농장을 떠났으며, 영국에서부터 황금 해안에 이르기까지 노동력이 남아 돌았다.[20] 북쪽지방에서는 이 사람들이 결국 제작소와 공장으로 간 반면에, 아프리카에서는 제조된 상품 특히 총포와 교환되어 해외로 팔려 갔다.[21)]

유럽 인들은 아메리카 원주민을 대체하기 위해 대서양을 가로질러서 아프리카 인들을 배로 날랐으며, 또한 아프리카 인들에게 유럽의 도시들을 위해서 설탕, 목화, 커피를 재배하게 하였다.[22)] 후에 유럽 역시 잉여 노동력—밀과 보리를 재배하기에 이상적인 곳으로 판명된 대초원과 팜파스를 채우기 위해—을 수출하기 시작했다. 농기계의 발명과 함께 구세계의 곡물들은 덜 노동집약적

---

19) 1991년에 스미스소니언 박물관은 '변화의 씨앗들(Seeds of Change)'이라 불린 중요한 전시회를 개최했다. 전시회의 공식 책자인 다음을 보라. Viola and Margolis, *Seeds of Change*. 여기에는 알프레드 크로즈비, 윌리엄 H. 맥닐, 여타 사람들의 논문이 실려 있다. 감자는 추운 기후에서도 잘 자라고 전쟁시기에 강탈하거나 파괴하기 어렵다는 추가적인 장점이 있었다. 북유럽에서 감자는 0.4헥타르의 호밀보다 4배의 칼로리를 주었다. 다음을 보라. William H. McNeill, "American Food Crops in the Old World", in ibid., p.45. 맥닐은 서아프리카에서 매우 중요한 카사바가 1600년 이전에 아메리카 대륙에서 도입되었다는 사실을 언급하는 것을 잊고 있다. 아메리카 산(産)의 달콤한 감자는 중국을 포함한 동남아시아 전체에 확산되었고, 태평양 산 옥수수는 일부 약점을 갖고 있는데 밀보다 많은 물이 필요하고 콩과 함께 먹지 않으면 균형된 식단을 제공할 수 없다는 점이 그것이다. 그럼에도 20세기 후반에는 전 세계적으로 생산된 옥수수와 감자의 톤수는 밀과 쌀의 그것에 육박하였다(ibid., pp.43~44).

20) 유럽은 인구가 너무 많았고 중세의 많은 기간 동안(흑사병 이후에 토지 소유열이 몇 세대 동안 줄어든 시기를 제외하고) 기근에 시달렸지만, 사람들 대부분은 여전히 토지에 묶여 있었다. 감자는 독일과 러시아에서 인구성장과 산업화에 특히 중요했다.

21) 스페인과 영국의 노예제 초창기, 즉 아프리카 노예 무역이 뿌리내리기 전에는 아메리카 인디언 원주민들이 아메리카*에서* 유럽으로 끌려 왔다. 그러나 그들 중 너무도 많은 사람들이 죽었기 때문에 그 사업은 할 만한 가치가 없었다.

22) 이것 또한 일반 독자들을 위해서 다음 책에 잘 설명되어 있다. Viola and Margolis, ibid.

으로 되었다. 그리고 조분석—잉카 농업의 또다른 선물—의 재발견과 그것의 범세계적 사용과 더불어 농작물의 산출이 급상승하였다.[23] 조분석 퇴적물들과 다른 자연 비료들이 고갈되었을 때, 상업적 영농은 거의 전적으로 석유나 가스에서 만든 화학비료에 의존하게 되었다. 화석 에너지는 현대 세계에 동력을 공급할 뿐만 아니라 먹여 살리기도 한다. 우리는 문자 그대로 석유를 먹고 있다.[24]

1991년에 윌리엄 맥닐은 "현대의 인구 폭발은 대부분 새로운 곡물들에 의해 유지되고 있는데, 격렬하고 예측할 수 없는 생태적 결과들을 초래하면서 현재도 진행된다."[25]고 결론지었다. 그가 그렇게 쓴 지 13년 만에 10억 명 이상의 인구—1825년에 기계화가 시작되던 시점의 전체 인구와 동일한 규모—가 지구상에 출현

---

23) 조분석(guano)은 해안에서 떨어진 사막 같은 섬에 매우 두껍게 쌓인 바닷새의 마른 배설물이었다('guano'라는 단어는 케추아 어 *와누*[wanu]에서 왔는데, 똥 또는 거름을 의미한다). 19세기에 퇴적물들이 급격하게 고갈되었는데, 주로 영국의 업자들에 의해서 그렇게 되었다. 광부들은 죄수와 노예였는데 여기에는 이스터 섬에서 납치된 수백 명도 포함되었다(제3장의 주들을 참고하라). 20세기 초에 유사한 퇴적물이 미크로네시아에서 발견되었고, 바나바(Banaba)와 나우루(Nauru)에서도 발견되었다. 이제는 이것들이 소진되고 있으며 아마도 더는 다른 곳에 없을 것이다. 화학비료를 만들기 위한 하버-보슈(Haber-Bosch)의 일반적인 공정은 공기에서 뽑아낸 질소를 자연의 가스나 석유에서 뽑은 수소와 결합한다.

24) 현대 농업의 숨겨진 비용들에 대한 놀라운 분석에 관해서는 다음을 보라. Richard Manning, "The Oil We Eat". 산업사회 이전의 문명에서는 사람들 중 80퍼센트에서 90퍼센트가 농민이었다. 오늘날 북미에서는 단 2퍼센트만이 땅에서 일한다. 그러나 농업과 관련된 기계, 석유, 석유화학 제품, 운송 산업 등에 고용된 사람들을 모두 포함시킨다면 식량생산에 관계된 사람들의 진짜 수는 훨씬 높아질 것이다. 다음 책은 화석 에너지로 인한 곤경에 대한 훌륭한 개관을 제공한다. Tim Appenzeller, "The End of Cheap Oil", *National Geographic*, June 2004, pp.80~109.

25) William H. McNeill, "American Food Cropsin the old World", p.59.

하였다. 10억 명은 만일 산업문명이 실패했다면 사람들이 노동력에 의해 막연히 스스로 먹어 살릴 수 있었을 수와 가까운지도 모른다.

기계들의 반란

우리는 만일 아메리카 대륙이 존재하지 않았다면 산업혁명이 언제, 어디에서 일어났을지, 심지어는 산업혁명이 실제로 일어났을지 아닐지까지도 결코 알 수 없을 것이다. 내 추측으로는 —더 나중에, 더 천천히, 다른 방식으로—일어났을 것이다. 산업혁명은 유럽보다는 중국에서 시작되었을지도 모르며, 아니면 양쪽에서 시작되었을지도 모른다.[26] 그러나 그것은 역사에 대한 "만일 그랬다면 어떻게 되었을까" 학파를 위한 것이다. 우리가 말할 수 있는 모든 것은 사태가 좀더 천천히 움직였을 것이고 매우 상이했을 거라는 것이다. 우리가 오늘날 살고 있는 세계는 신세계의 선물이다.

26) 고전 세계는 광산의 펌프를 비롯한 몇몇 종류의 기계들을 개발했다. 알렉산드리아의 영웅은 프톨레마이오스 시대에 초보적인 증기 원동기를 발명했지만, 비록 그것이 만들어졌다고 하더라도, 그것은 중미의 바퀴 달린 장난감이나 레오나르도 다빈치의 발명들처럼 단지 호기심거리로 남았을 것이다. 중국은 기원전 첫 천년에 석탄 송풍 아궁이에서 무쇠를 만들고 있었다. 그리고 유럽의 중세 역시 일반적으로 인식되고 있는 것보다 발명력이 있었다. 이러한 테크놀로지 중에서 어떤 것도 1492년이 지나기 전까지는 어디에서도 '비약적으로 발전하지' 못했다.

그렇다면 신세계는 진정으로 엘도라도였다. 또한 그것은 유토피아였다. 아마존 사회에 대한 초기 보고들은 1516년에 출간된 토머스 모어(Thomas More) 경의《유토피아》에 영향을 주었다. 한 세기 뒤에 가르실라소 데 라 베가(Garcilaso de la Vega)라는 베스트셀러 작가는 반쪽이 잉카 왕족이었는데, 자신의 어머니 제국을 이상적인 국가로 격상시켰다.[27] 북미에서 그 영향력은 더욱 직접적이었는데, 매일매일의 모범이 되었다. 초기 국경지방의 문화는 혼성이었는데, 그곳에서는 인디언들이 과수원을 경영하고 백인들이 그들을 착취하고 있었다. 이주민들은 사회적인 평등, 평의회에서 자유로운 토론, 합의를 통한 지배를 실천하고 있던 토착민들과 싸우고 거래하고 통혼했다.

제임스 아데어(James Adair)는 1775년에 체로키 인디언에 대해서 "그들의 전체 헌법에는 자유만이 숨쉬고 있다!" 고 썼다. 벤저민 프랭클린(Benjamin Franklin)은 이로쿼이 족 연합에 대해 유사한 관찰을 했는데, 그는 동부 13개 주의 영국 식민지가 그들을 모방할 것을 역설했다.[28] 백인들은 반대 의견을 가진 사람들이 자기 민족을 쉽게 떠나서 독립적인 집단을 형성하는 방식을 보고 특히

27) 그의 베스트셀러인《잉카의 왕실 주석*Royal Commentaries of the Incas*》은 1609년에 스페인 어, 1688년에는 영어로 출판되었으며 몇몇 다른 언어로도 출판되었다. 그의 어머니는 아타우알파의 아버지인 우아이나 카파크(Huayna Capac) 황제의 딸이었다. 잉카 가르실라소는 1616년에 죽었는데, 셰익스피어와 세르반테스도 이 해에 죽었다.

28) 아데어의 인용문과 체로키와 이로쿼이에 대해 더 알고 싶으면 다음 책을 참고하라. Ronald Wright, ibid., 1992, 제4장과 제5장. 프랭클린보다 1세기 뒤에 프리드리히 엥겔스

깊은 인상을 받았다. 여기에—멀리 있는 왕에 분개하고 있는 식민지 이주자들의 눈앞에 펼쳐진—자유, 민주주의, 탈퇴의 권리가 있는 것이다.

이 토착 민주주의는 대체로 콜럼버스 이후에 발전된 것이다. 그것은 1500년대의 대규모 사망에 의해 남겨진 그 속에서 꽃피웠다는 사실은 잘 알려지지 않았고 지금도 마찬가지이다. 동부의 농경 '부족들' 대부분은 한때 강력한 추장체제의 자취들이다. 만일 인구의 대규모 붕괴가 있기 전에 영국인들이 아메리카에 왔다면, 그들은 좀더 친숙한 사회구조를 발견했을 것이다. 즉, 30미터 높이의 흙으로 만든 피라미드 꼭대기의 커다란 집에 살고 있는 군주가 가마 위에 실려 다니고, 노예와 후궁들과 함께 매장되는 것을 보았을 것이다.[29] 천연두 균은 아스텍 제국과 잉카 제국과 나란히 그러한 사회들을 전복시킴으로써 미국 혁명에서 선구적인 역할을 수행했다. 대부분의 봉기는 결핍에 의해 촉발되지만, 미국의 반란은 풍요에 의해서 영감—인디언의 땅과 이상들에 의해서—을 받은 것이다. 여러 가지 의미로 프랭클린의 동포들은 그가 그

는 이로쿼이 족에 똑같이 감명을 받았는데, 무엇보다도 남녀 사이의 권력 균형을 주목하였다(ibid., p.117).

29) 이런 유형의 사회는 남동부 전체에 걸쳐서 에르난도 데 소토(Hernando de Soto) 치하에서 스페인 사람들이 목격했고, 프랑스 사람들도 미시시피 강을 따라서 똑같이 발전된 위계제를 발견했다. 흙으로 만든 인상적인 피라미드들은 현대의 세인트루이스 근처의 카오키아(Cahokia), 애틀란타 부근의 에토와(Etowah), 다른 동부 주거지의 몇몇 군데에서 지금도 볼 수 있다.

들을 그렇게 부른 것처럼, '백인 야만인'이 되었다.

미국 혁명이 다음에는 프랑스 혁명에 영향을 주었고, 프랑스 혁명은 공포시대로 알려진 그 자체의 백인 야만상태를 경험하였다. 정부들은 동일한 일을 더는 겪지 않도록 하는 데 열중하여 다음 세기 전체에 걸쳐서 참정권을 확대하기 시작했다. 참여가 마지못해 사회적 피라미드의 아래로 확산된 반면, 새로운 산업 경제는 성장하는 중간 계급을 양성했다.[30)]

서구의 운 좋은 나라들에 살고 있는 우리는 이제 두 세기 동안의 자유와 풍요의 거품을 정상적이고 불가피한 것으로 간주하고 있지만, 그것은 시간적 의미와 목적론적 의미에서 역사의 '종언'이라고까지 불렸다.[31)] 그러나 이 새로운 질서는 변칙으로 문명이 성장함에 따라 통상적으로 일어나는 것과 반대되는 것이다. 우리 시대는 지구의 절반을 장악함으로써 자금을 공급받고 있고, 남아 있는 나머지 반의 대부분을 접수함으로써 확장되었으며, 새로운 형태의 자연 자본 특히 화석 연료들을 써버림으로써 유지되어 왔다. 신세계에서 서구는 모든 시대를 통틀어 가장 큰 노다지를 찾아냈다. 그리고 그와 같은 것은 더는 없을 것이다. 웰스의 《우주전쟁*War of the Worlds*》[32)]에서 그들을 망쳤던 우리의 세균들에 취약성을 지닌 그런 문명화된 화성인들을 우리가 발견하지 않는 한

30) 영국을 포함하는 유럽 국가들은 천 년 이전의 초라한 출범 이래로 어떤 시대보다도 더욱 민주적으로 되었다. 국내에서는 그랬지만, 민주주의는 제국을 위한 것이 아니었다.

31) 다음을 보라. Francis Fukuyama, ibid.

없을 것이다.

문명이란 실험에 대해 오랫동안 의심하는 사람들이 있어 왔으며, 심지어 변동이 너무도 천천히 일어나서 사람들 대부분이 감지하지 못하는 시대에서도 그러했다. 이카루스와 프로메테우스, 판도라의 이야기 들은 지나치게 영리한 사람들이 겪는 위험들을 예증하고 있으며, 이 주제는 창세기에서도 알려져 있다.[33] 아마도 이런 종류의 고대 이야기 중에서 가장 통찰력 있는 것—붕괴를 경험한 한 문명에서 나왔기 때문에 특히—은 마야의 창조에 관한 서사시 《포폴 부*Popol Vuh*》[34]에 나오는 '도구들의 반란(Rebellion of the Tools)'인데, 거기에서 인간들은 자신의 농장과 가정의 도구에 의해 전복당한다.

> 그리고 모든 (그러한 것들)은 말하기 시작했다. …… "당신은 …… 우리의 힘을 느끼게 될 것이다. 우리는 당신의 살을 갈고

---

32) 1898년에 출간되었다. 웰스는 풍자적으로 그 이야기를 썼는데, 여기에서 위대한 식민주의자들(제국의 절정기 시절의 영국인들)은 우주여행을 하는 정복자들이 자신들보다 뛰어나다는 것을 갑작스럽게 발견하게 된다. 그는 그 이야기에 해피엔딩을 부여하기로 결정했는데, 이 경우에는 질병이 침입자 편이 아니라 침입자들에 대항해서 작용한다.

33) 뱀은 "너의 눈들이 열리게 되고, 너는 신들처럼 될 것이다." 고 하면서 이브에게 지혜(또는 생명)의 나무 열매를 먹도록 설득한다.

34) 《포폴 부》 텍스트는 로마 알파벳을 사용하는 키체(Quiché) 어로 쓰였는데, 16세기 과테말라 고지대에서 나온 것이지만 고전시대에서 내려온 신화도 포함하고 있다. 그 중 일부는 콜럼버스 이전의 상형문자로 된 텍스트를 옮겨쓴 것일지도 모른다. 경고성 교훈을 담고 있는 이 '도구들의 반란' 우화는 9세기 고전시대의 멸망의 메아리라고 생각해 보고 싶어지게 한다.

찢어서 산산조각 낼 것이다."라고 맷돌이 말했다. …… 동시에 그들의 프라이팬과 냄비는 "당신이 우리에게 가져다 준 고통과 괴로움 …… 당신은 우리가 아무런 고통을 느끼지 못하는 것인 양 우리를 태웠다. 이제 당신은 그것을 느끼게 될 것이고, 우리는 당신을 태울 것이다."고 말했다.[35)]

쿠바의 작가 알레호 카르펜티에르(Alejo Carpentier)가 지적했듯이, 이것은 기계 속에 있는 위협에 대한 우리의 첫 번째 명시적 경고이다. 그것은 19세기에 평범한 것이었는데, 이때는 이제껏 처음으로 급작스러운 기술적 변동과 사회적 변동이 한 사람의 삶에서 느껴지게 되었다. 1800년에는 도시가 작았고 공기와 물은 상대적으로 깨끗했다. 그것은 콜레라는 생겨나도 암은 생기지 않았다는 말이다. 바람을 이용하거나 팔다리를 움직여서 하는 것보다 빨리 움직이는 것은 없었다. 기계 소리는 거의 들리지 않았다. 어떤 사람이 1600년에서 1800년으로 옮겨졌다고 하더라도 그는 매우 쉽게 여기저기 잘 돌아다닐 수 있었을 것이다. 그러나 1900년경에는 길 위에 자동차가 있고 길 밑에 전차가 있으며, 영화가 스크린 위에서 깜빡거리고 있었다. 그리고 지구의 나이는 몇 백만 년 단

35) Delia Goetz, Sylvanus Morley, and Adrián Recinos, trans., *Popol Vuh: The Sacred Book of the Ancient Quiché Maya*(Norman: University of Oklahoma, 1950), pp.91~92. 다른 좋은 번역본으로는 다음을 보라. Dennis Tedlock, *Popol Vuh*(New York: Simon and Schuster, 1985).

위로 계산되고, 아인슈타인이 특수상대성 이론을 쓰고 있었다.

19세기 초에 메리 셸리(Mary Shelley)는 《프랑켄슈타인》으로 새로운 과학에 대해 숙고하였다. 그리고 찰스 디킨스는 《어려운 시절》에서 산업의 사회적 비용에 대해 통렬하고 선견지명이 있는 비판을 하면서, "선한 사마리아 인은 나쁜 경제학자였는" 지를 묻고, 손익계산의 새로운 종교를 예견하였다. 그는 1854년에 "인류의 모든 순간은 출생에서 죽음까지 계산대를 가로지르는 거래로 예정되어 있다." 고 썼다.[36)]

새뮤얼 버틀러(Samuel Butler)는 1872년에 쓴 소설 《에레혼 *Erewhon*》('nowhere' 의 철자를 거꾸로 쓴 것)에서 유럽보다 오래전에 산업화되었지만, 진보의 효과들이 기계파괴 혁명을 촉발시킨 멀리 떨어진 한 문명을 창조했다. 에레혼의 한 급진주의자는 커다란 위험은 현존하는 기계가 아니라 그것이 진화하는 속도라고 썼다. 만일 때맞추어 멈추지 않는다면 기계들은 언어를 개발하고 스스로 복제하고 인류를 복종시킬지도 모른다는 것이다. 여기에서

---

36) 《어려운 시절》([1854] 1969, p.65)에 나오는 '코크타운' 에 대한 디킨스의 다음과 같은 묘사에서 가져 왔다. "그것은 기계와 높은 굴뚝의 도시였는데, 거기서부터 끝없는 뱀 같은 연기가 언제까지나 길게 나부꼈고, 결코 풀리지 않았다. 그 도시에는 검은 운하가 있었고, 도시를 흐르는 강은 악취나는 염료로 자줏빛으로 물들었다. 온종일 덜컥거리고 떨리는 창문들로 가득찬 광대한 빌딩숲이 있었고, 증기기관의 피스톤이 마치 우울증으로 인한 광기에 빠진 코끼리의 머리가 그러하듯 단조롭게 위아래로 움직였다. 그 도시에는 서로 매우 비슷한 몇몇 커다란 거리들이 있었고, 작은 거리들은 더욱더 비슷했다. 거기에는 동일한 시간에 집에 들어가고 나오며 동일한 포장도로를 동일한 소리를 내면서 걷고 동일한 일을 하며, 매일이 어제와 내일과 똑같은 그런 비슷한 사람들이 살고 있다."

버틀러는 진화론을 조롱하고 있지만, 증기시대의 헐떡거리는 괴물들이 불러일으킨 근심은 충분히 실제적이었다. 수상이 되기 몇 해 전에 젊은 벤저민 디즈레일리(Benjamin Disraeli)는 자신의 소설 《코닝스비*Coningsby*》에서 에레혼의 공포를 미리 알아챘다. 그는 "미스터리들 중의 미스터리는 기계를 만드는 기계를 바라보는 것으로 이것은 진기하고 심지어 무시무시한 사색으로 마음을 채우는 장관이다."[37]고 썼다.

빅토리아 여왕 시대가 진행되면서 많은 작가들은 "우리는 어디로 가고 있는가?"를 묻기 시작했다. 만일 너무도 많은 것이 그들의 세기에 그렇게 급속하게 일어난다면, 다음 세기에는 무엇이 일어날 것인가? 버틀러와 웰스와 윌리엄 모리스(William Morris)와 리처드 제프리스(Richard Jefferies) 등 많은 사람들은 환상과 풍자와 알레고리를 섞어서 과학소설이라는 장르를 창조했다.

웰스는 1895년의 《타임머신》에서 인류가 엘로이(Eloi)와 모록스(Morlocks)라는 두 종으로 분리되어 있는 먼 미래에 한 여행자를 보냈다. 엘로이는 모록스의 산업적 노동력에 기대어 어리석게 살고 있는 사치스러운 상류계급으로 이 지하의 하등인간들—겉보기에는 그들의 노예 같지만—이 사실은 고기를 얻기 위해 그들을 기르고 있다는 사실을 결코 짐작하지 못했다.

윌리엄 모리스는 자신의 소설 《유토피아 소식*News from No-*

37) 1844년에 출간된 《코닝스비》에서 인용했다.

where》에서 탈산업적인 새로운 시대—정직한 기술과 좋은 디자인, 자유로운 사랑이 있는 라파엘 전파주의적 유토피아—를 만들어 냈다. 그것을 통해서 그는 세계화의 첫 번째 거대한 물결, 즉 증기선과 전신과 대영제국에 의해 지배되는 세계시장을 비난했다.

> 작업을 하는 노동자의 행복, 즉 그의 가장 기초적인 안락과 최소한의 건강 …… 은 대부분 전혀 생산할 가치가 없는 물건들의 '값싼 생산'이라는 절박한 필요에 견주어 보았을 때 모래 한 알만큼의 무게도 나가지 않았다. …… 전체 공동체는 이 탐욕스러운 괴물, 즉 세계시장의 입 속으로 던져졌다.

문명의 대가

우리는 과거에서 배울 수 있을지도 모르는 반면, 우리가 많은 것을 배우고 있는 것 같지는 않다. 제1차 세계대전 이전의 마지막 세대—젊은 아인슈타인과 오스카 와일드, 조셉 콘래드의 테러리즘 소설《비밀 요원》의 시대—는 많은 측면에서 우리 세대와 닮았다. 낡은 세기는 지쳤고, 새로운 세기는 도덕성과 확실성이 시들고 있었으며, 폭격기가 그림자 속에 숨어 있었다. 기업가들은 자신의 대저택에서 족쇄 풀린 자유 기업이 모든 사람들에게 새로운 예루살렘을 가져다 줄 것이라고 열변을 토하고 있었다.

보다 사려 깊은 관찰자들은 변동이 통제를 벗어나고 있다는 것을 알아차렸고, 산업의 힘에 의해서 인류가 자살할 수 있는 수단을 발견했다는 사실을 두려워하기 시작했다. 그들은 감정주의적으로 애국주의적인 국민국가들이 군비 경쟁에 몰두하고 있는 것을 보았다. 그들은 사회적 착취와 광범위한 도시 빈민가, 오염된 공기와 물, 기관총의 총신들을 통해서 '야만인들'에게 넘겨진 '문명'을 보았다.[38]

만일 그러한 총들이 줄루 족(Zulus)이나 수 족(Sioux)이 아니라 다른 유럽 인들을 향한 것이었더라면 어떻게 되었을까? 빈민가의 퇴락이 인류의 퇴락을 야기했다면 어떻게 되었을까? 만일 그렇게 많은 사람들에게 그것이 뿌리뽑힘과 비참함과 불결함을 의미했다면, 이런 모든 경제적 생산의 *목적*은 정확히 무엇이었을까? 웰스의 시간 여행자는 여행 말미에서 문명을 "종국에는 그것을 만든 사람들을 불가피하게 …… 파괴하고야 마는 어리석은 쌓아올림에 불과한 것"으로 간주한다.

의심의 여지 없이 많은 사람들은 그러한 우울한 빅토리아 시대의 사람들이 틀렸다는 것을 증명하면서 우리가 여기 서 있다고 말

38) 유럽 강대국들이 연간 무기에 쓰는 돈은 1890년에 1억 5천8백만 파운드였고, 1910년에는 2억 8천8백만 파운드였으며, 1914년에는 3억 9천7백만 파운드였다(다음을 보라. Eric Hobsbawm, *The Age of Empire, 1875~1914*[New York: Random House, 1987], p.350). 입센(Ibsen)의 《민중의 적*An Enemy of the People*》은 오염된 물과 부패한 시민의 관행들에 관해 1882년에 쓴 희곡인데, 최초의 환경주의적 작품들 중의 하나이다. 다음을 보라. Ibsen [1882] 1979.

할 것이다. 그러나 우리는 그렇게 하고 있는가? 그들은 우리 시대에 대해 그들이 상상한 세부적 항목들에서는 틀렸는지는 몰라도, 문젯거리를 예측하는 데서는 옳았다. 바로 앞에 제1차 세계대전과 1천2백 만 명의 사망자,[39] 러시아 혁명과 대공황이 놓여 있었다. 그리고 히틀러, 죽음의 수용소, 제2차 세계대전(5천만 명의 사망자와 함께), 핵폭탄으로 이어졌다. 또한 이것은 다시 한국전쟁, 냉전시대, 거의 치명적인 쿠바 미사일 위기, 베트남, 캄보디아, 르완다로 이어졌다. 가장 비관주의적인 빅토리아 시대의 사람이라도 20세기가 그 전쟁에서 1억 명 이상—로마 제국의 전체 인구의 2배—을 학살할 것이라는 것을 알았다면 깜짝 놀랐을 것이다.[40] 역사의 대가는 참으로 비싸진다.

빅토리아 시대의 과학소설은 두 개의 현대적 계승자를 낳았는데, 그것은 주류 공상과학소설과 악몽의 미래를 향한 심원한 사회적 풍자이다. 후자는 지난 세기의 매우 중요한 책 몇몇을 포함한다. 올더스 헉슬리의 《멋진 신세계*Brave New World*》, 조지 오웰(George Orwell)의 《1984년*Nineteen Eighty-four*》, 쿳시의 《야만인을 기다리며》, 러셀 호번(Russell Hoban)의 《리들리 워커*Riddley Walker*》를 대표작으로 하는 핵전쟁 이후의 폐허를 묘사한 책들이

39) 일부 사람들은 제1차 세계대전에서 사망한 사람을 1천5백만 명에서 2천만 명으로 추정한다. 참호와 야전 병원에서 배양된 거대한 인플루엔자 유행병은 세계적으로 2천만 명에서 4천만 명까지를 더 죽였다.

40) 두 번의 세계대전의 사망자 수는 기근과 대량 학살과 박해를 포함해서 1억 8천7백만 명이나 될 정도로 높다. 다음을 보라. Martin Rees, ibid., p.25.

그것이다.

핵의 위협이 (아마도) 희미해짐에 따라 현대의 묵시록적인 소설들은 히로시마 이전에 처음 제기된 관심들을 다시 다루게 되었다. 특히 새로운 테크놀로지의 위험들을, 그리고 어떻게 해서 우리의 종(種)이 개미 같은 질서에 우리의 인간성을 맡기지 않고서 생존할 수 있을 것인지를(《멋진 신세계》의 아마도 가장 불안하게 하는 측면은 헉슬리가 질서의 악마에 대해 펼친 강력한 사례, 1932년보다 지금 답하기가 더욱 어려운 사례일 것이다). 에레혼의 절거덕거리는 괴물들은 전체 생물권을 위협하는 보다 미묘한 형태를 취하게 되었는데, 기후 교란, 유독성 폐기물, 새로운 병원균, 나노테크놀로지, 인공두뇌학, 유전공학 등이 그것이다.

반(反)유토피아적 풍자소설을 쓸 때의 위험들 중 하나는 당신이 그것을 바로 짚었을 때 그것이 우리를 얼마나 낙담시키는가 하는 점이다. 나는 내 소설 제목을 '과학적 로맨스A Scientific Romance'라고 선택한 것은 내가 빅토리아 시대의 사람들을 인정하기 원하고, 내 주제가 과학에 대한 우리의 *광적인 사랑*이기 때문이었다. 풍자적인 목적들 때문에 나는 뉴스 속의 사건에서 거친 외삽(外揷)들이라고 생각되는 것을 만들었다. 그리고 광우병 때문에 죽는 한 인물을 등장시켰는데, 아마도 마지막 초고에서 덜 부자연스런 무언가로 그녀를 죽이지 않으면 안 될 것이라고 생각했기 때문이다. 1997년에 그 책이 출간될 즈음에 다수의 사람들이 실제로 광우병으로 죽었다.[41] 풍자문학의 다른 요소들—겨울 같은 런던을 열대의 늪지로 바꿔버리는 기후 변화, 유전자적으로 변형된 생존자들의 인종, 공공장소에서 자기 제한적 속성을 갖고 있기 때문에 베어줄 필요가 없는 GM 잔디—은 좀체로 내가 그 얘기를 시작했을 때와 같은 일그러진 거울처럼 보이지 않는다. 몇 달 전에 훨씬 특정한 무언가가 나를 사로잡았다. 밀림으로 변한 런던의 폐허 속에서 나의 주인공은 차단된 길과 콘크리트로 요새화한 건물을 발견한다. 그는 포진한 영국 정부가 2030년대에 그 마지막 날을 바로 여기에서 틀림없이 보냈음을 추론한다.[42] 나는 토니 블레어 정부가 의회를 4.5미터의 콘크리트 벽과 면도칼 같은 철선으로 둘러쌀 계획을 세우고 있다는 신문기사를 읽은 적이 있다.[43]

나는 예언가가 되고 싶지 않고, 예언가라고 주장하는 것은 확실히 아니다. 위기의 시대에 벽—비록 가장 두꺼운 벽은 마음속에 있지만—이 더욱 높아진다는 것을 예측하기 위해 노스트라다무

41) 광우병은 전문용어로 '소과의 스펀지 형태의 뇌질환(bovine spongiform encephalopathy)' 또는 BSE이다. 그것은 사람에게 통상 크로이츠펠트야코브병(Creutzfeldt-Jakob disease) 또는 CJD라고 불린다. 사람들은 감염된 고기를 먹었을 때, 특히 그것이 햄버거와 고기파이를 차지게 하는 재료로 종종 쓰이는 뇌 조직이나 척수 조직을 함유하고 있을 때 광우병에 걸린 소와 같은 형태를 띨 수 있다는 것이 분명해졌다. 양의 스크래피(scrapie)와 의식적인 식인풍습을 행하는 뉴기니 인들의 *쿠루병*(kuru)을 포함하는 이 질병 복합체는 바이러스성도 아니고 박테리아에 의한 것도 아니며 정상적인 소독 절차들을 통해 파괴될 수도 없다. 아직도 완전하게 이해되지 않은 채로 그것은 프라이온(prion)이라는 이름의 자기복제 단백질에 의해 발병하는 것으로 생각된다. 인간에게 잠복 기간은 몇 년에서 많게는 30년까지 장기적인 것으로 생각되고 있다.

42) Ronald Wright, ibid., 1977, chap. 4.

43) 〈글로브 앤드 메일Globe and Mail〉지 2004년 3월 24일자에 실린 AFP(Agence France Press) 통신 기사에서 인용했다.

스를 끌어올 필요는 없다. 진짜 광우병 재난의 현저한 특징은 영국 정부가 최상의 결과가 오리라는 낙관적인 희망을 제외하고는 얼마나 오랫동안 아무것도 하지 않았는가 하는 점이다. 마거릿 애트우드(Margaret Atwood) 역시 생명공학의 문제에 집중하고 있는 자신의 최근 반유토피아 소설 《큰 영양과 뜸부기*Oryx and Crake*》에서 가까운 미래에 벌어질 문명 붕괴를 묘사한다. 그녀의 소설에 나오는 등장인물 중 하나는, "그렇다면, 하나의 종(種)으로서 우리는 희망에 의해 운명지어져 있는가?"라고 묻는다.[44] *희망*에 의해서? 과연 그렇다. 희망은 우리를 낡은 혼란들에 대한 해결법을 발명하도록 몰아가며, 그것은 다시 훨씬 더 위험한 혼란들을 만들어낸다. 희망은 가장 커다란 공허한 약속을 하는 정치인을 선출하며, 주식중개인이나 복권판매자들이 알고 있듯이, 우리들 대부분은 신중하고 예측 가능한 절약에 대해서는 아주 빈약한 희망을 가지는 경향이 있다. 희망은 탐욕과 마찬가지로 자본주의 엔진에 연료를 공급한다.

존 스타인벡(John Steinbeck)은 한때 사회주의는 미국에서 결코 뿌리를 내리지 못했는데 그것은 가난한 사람들이 자신들을 착취당하는 프롤레타리아로 보지 않고 일시적으로 쪼들리는 백만장자로 보고 있기 때문이라고 말한 적이 있다. 이 말은 왜 미국 문화가 한계라는 개념에 그렇게 적대적인지, 왜 에너지 위기 때 유권

44) Margaret Atwood, *Oryx and Crake*(Toronto: McClelland and Stewart, 2003), chap. 6.

자들이 스웨터를 입은 지미 카터를 거부하고, 에너지 보존을 비웃고 그들에게 "미국은 아직 아침이다."고 말한 로널드 레이건을 뽑았는지를 설명하는 데 도움을 준다.[45] 그 어디에서도 진보의 신화는 미국인보다 열렬한 신도들을 볼 수 없다.

마르크스가 거의 감탄하여 자본주의를 "한계를 파괴하기 위한 기계"라고 불렀을 때 확실히 옳았다. 공산주의와 자본주의는 모두 지상의 낙원에 대한 경쟁적인 설명을 제공하는 유물론적 유토피아이다. 그 실행에서 공산주의는 자연 환경에 대해 결코 더 관대하지 않다. 그러나 적어도 공산주의는 재화를 공유하는 것을 제안한다. 자본주의는 경제는 무한하여 공유하는 것은 부적절하다고 주장하면서 그레이하운드 앞에 있는 기계 토끼처럼 우리를 앞으로 꾀어낸다. 꼭 필요한 만큼의 그레이하운드들이 다른 그레이하운드는 지쳐 쓰러질 때까지 달리게 하면서 때때로 진짜 토끼를 잡는다. 과거에는 이 게임에서 진 사람들은 가난한 사람들뿐이었지만, 이제는 지구 자체가 패자이다.[46]

45) 미국인들은 비록 조지 부시(George W. Bush)를 *선출한* 것에 대해서는 정확히 책임질 수는 없지만, 적어도 한 세대에 한 번은 그런 사람을 선출하는 것처럼 보인다. 부시가 교토의정서에 서명하지 않은 것처럼 레이건은 '해양조약에 관한 국제법'에 서명하기를 거부했다. 그리하여 세계를 수십 년 이상 안전하지 못한 유조선, 유독물질 투기(投棄), 물고기 남획, 라이베리아와 같은 편의의 깃발 아래 등록된 배들에서 이루어지는 선원의 착취와 같은 것들에 시달리게 하였다.

46) 1945년 이래 두 체제에 의한 최악의 환경 파괴들 중 많은 부분은 군비 경쟁에 의해 야기되었다. 그것이 없었다면, 두 체제는 자신들의 환경에 대해서 좀더 관대했을지도 모른

인류의 생존 가능성

젊었을 때 여행을 했다가 20~30년 후에 고향으로 다시 돌아온 사람들은 농장을 주택에, 정글을 소 방목장에, 강을 댐에, 맹그로브(mangrove) 숲을 새우양식장에, 산을 시멘트 채석장에, 산호초를 콘도미니엄에 빼긴 것이든, 진보의 육중한 맹습(猛襲)을 놓치지 않고 잘 관찰할 수 있다.

우리는 여전히 상이한 문화와 정치 체계를 가지고 있지만, 경제적 수준에서는 현재 단 하나의 거대한 문명이 존재하는데, 그것은 지구 전체의 자연 자본을 먹고 산다. 우리는 모든 곳에서 나무를 베어내고, 물고기를 잡으며, 관개를 하고, 건물을 짓는데, 그리하여 생명권의 어느 구석도 우리의 낭비를 감당하지 못한다.[47] 1970년대 이래 세계 무역 규모가 20배나 성장했다는 사실은 거의 어느 곳도 자급자족을 할 수 없다는 것을 의미한다. 모든 엘도라도는 약탈당했고, 모든 지상 낙원은 유흥지로 가득 채워져 있다. 조지프 테인터는 "만일 붕괴가 다시 온다면 그리고 붕괴가 다시

다(그리고 자신들의 통제 아래 있는 민중들에게 좀더 친절했을지도 모른다). "토지 생산력은 자본, 노동, 과학의 적용에 의해 무한히 증대될 수 있다"(다음에서 인용했다. Clive Ponting, ibid., p.158)는 엥겔스의 견해를 어떤 대자본가가 쉽게 말했을지도 모른다. 19세기의 그러한 낙관주의는 자연 세계가 여전히 광대하고 인간의 충격이 지금의 15분의 1보다 적었던 시절에 생겨났는데, 현재 우리가 처해 있는 곤경의 뿌리를 이루고 있다.

47) 로키산맥 호수의 살충제 오염은 화학물질이 살포된 대초원에서보다 큰 것으로 밝혀졌다. 이러한 동일한 얘기가 극지방에도 적용된다. 오염물질은 대기에 스며들어서 추운, '자연 그대로의' 장소에서는 응결된다.

올 때 그것은 전지구적일 것이다. …… 세계 문명은 전체로서 해체될 것이다."고 경고하면서 이 상호의존성을 지적했다.[48)]

일정 범위 분야의 전문가들이 똑같은 기회의 문이 닫히는 것을 보기 시작했고, 요즈음의 몇 년이 문명이 경계(警戒)와 보존과 사회정의를 향해 나아갈 수 있는 부와 정치적 응집력을 여전히 갖고 있는 마지막 시기가 될 거라고 경고하기 시작했다. 기후 변화에 대한 교토의정서를 이끌어낸 리우 환경 정상회의 직전에 노벨상 수상자의 절반 이상이 우리는 우리의 체계를 지속 가능하게 만들기 위한 시간을 단 10년 남짓밖에 없을지도 모른다고 경고했다. 현재 부시 행정부가 쉬쉬했지만 드러나고만 한 보고서에서 미 국방성은 '한 세대 이내에' 전 세계적인 기근, 무정부 상태, 전쟁이 일어나서 기후 변동이 훨씬 더 가혹한 예측들을 실현시킬 것이라고 예견했다.[49)] 왕립 천문대장이자 영국 과학진흥협회 전 회장인 캠브리지 대학의 마틴 리스(Martin Rees)는 2003년에 쓴

---

48) Joseph A. Tainter, ibid., p.214. 테인터는 고고학자이다. 어떤 사람은 그의 눈이 과거에 너무 견고하게 고정되었다고 하면서 그의 의견에 반대할지도 모른다. 이것은 진보 나팔수들이 말하는 것인데, 왜냐하면 현대의 예외론(exceptionalism)—낡은 규칙들은 우리에게 적용되지 않는다—에 대한 믿음은 한계들이 존재한다는 것에 대한 그들의 불신의 쐐기돌과 같은 것이기 때문이다. 그러나 점점 더 많은 '자연' 과학자들이 고고학자, 생태학자, 풍자소설가 들과 관심을 공유하기 시작했다.

49) 언론에 따르면 이 보고서는 장기간 미 국방성의 고문이었던 앤드루 마셜(Andrew Marshall)에 의해 의뢰된 것이라고 한다(〈글로브 앤드 메일〉 2004년 2월 24일자, 〈옵저버Observer〉지와 〈포춘Fortune〉지의 이야기들을 참조하고 있다). 리우 정상회의 이래 1990년대는 기록상 가장 따뜻한 10년간인 1980년대를 뛰어넘었고 2003년 유럽의 여름은 기상이 기록된 이후 가장 더웠다.

《우리의 마지막 세기*Our Final Century*》라는 책에서 "모든 나라들이 현재의 테크놀로지를 기초로 하는 위험이 낮고 지속 가능한 정책들을 채택하지 않는다면 …… 우리의 현재 문명이 …… 금세기의 마지막까지 생존할 가능성은 50 대 50을 넘지 못한다."고 결론짓는다.[50)]

회의론자들은 현실로 나타나지 않은 재난에 대한 초기의 예언들을 지적한다. 그러나 그것은 바보들의 낙원이다. 우리의 탈출들—하나의 예를 들면, 핵전쟁에서—중 일부는 판단에 의한 것보다는 운에 의한 것이었으며, 최종적인 것이 아니다.[51)] 다른 문제들이 옆으로 비껴 있지만 해결되지 않았다. 예를 들면 식량 위기는 토양의 건강과 식물 다양성에 관련된 엄청난 대가를 치르면서 잡종 씨앗과 화학 영농으로 전환함으로써 유보되었을 뿐이다.[52)]

---

50) Martin Rees, ibid., pp.8 · 24. 그는 "우리의 선택과 행위가 삶의 영원한 미래를 보증할 수 있을 것이다. …… 또는 대조적으로 악의 있는 의도에 의해서 또는 불운에 의해서 21세기의 테크놀로지가 삶의 잠재력을 위태롭게 할 수도 있을 것이다."고 덧붙인다. 리스는 생명공학, 나노테크놀로지, 인공두뇌학, 물리학의 경계에서 특정한 '최후의 심판일(doomsday)' 실험들과 같은 잠재적으로 악당이 될 가능성이 있는 테크놀로지들을 걱정했다. 천문대장으로서 그는 만일 사태가 잘못될 경우에 지적인 삶에 두 번째 기회를 주기 위해서 가능한 한 빨리 우주에 작은 인간의 식민지를 설립할 것을 주창하고 있다. 그러나 우리가 지구를 파멸시킨다면 과연 우리는 지적인가? 그리고 왜 우리는 또 다른 기회를 받을 만하다고 생각해야 하는가?

51) 1962년 쿠바 미사일 위기에 관한 미국과 소련의 비밀해제된 자료와 거기에 연루된 사람들의 진술을 보면 세계는 생각한 것보다 핵전쟁에 훨씬 더 가까이 갔던 것을 알 수 있다. 당시 미국 국방성 장관인 로버트 맥나마라(Robert McNamara)는 "우리는 그것을 깨닫지 못한 채 간발의 차이로 접근해 있었다."고 썼다. 다음을 보라. ibid., pp.25~28.

52) 미국에서 논쟁적인 법적 판정 이후에, 생명공학 회사들과 농업 관련 사업을 하는 회사들은 자신들이 '발명했다'고 주장하는 농작물(그리고 심지어 동물들까지)에 대한 특

문명의 빛과 그림자

2001년 9월 11일의 사건이 있은 후 세계 매체와 정치인들은 테러리즘에 초점을 맞추었는데, 그것은 이해할 만하다. 그러나 여기에서 두 가지가 지적될 필요가 있다.

첫째, 테러리즘은 기아, 질병, 기후 변동에 비교하면 작은 위협이다.[53] 그날 미국에서 3천 명이 죽었지만, 오염된 물 하나만으로도 세계에서 *매일* 2만 5천 명이 죽어 간다. 매년 2천만 명의 아이들이 영양실조에 의해서 정신적으로 손상을 입는다.[54] 매년 침식과 도시의 불규칙한 확산 때문에 스코틀랜드보다 큰 농토가 상실되며, 아시아에서 특히 그러하다.

허를 취득했다. 사실 선사시대 이래로 야생의 식물에서 식량으로 쓸 수 있는 단 *하나의* 새로운 주요 산물도 개발되지 않았다. 우리의 농작물 과학의 모든 것—선택적인 교배든 유전자 조작이든—은 단순히 고대 문명들의 작업에 목말을 탄 것일 뿐이다. 적절한 연구는 보상받아 마땅하지만, 고대의 식량 산물에 대한 사적인 재산권을 인정하는 데까지 나간다면 로열티는 마땅히 진정한 발명가들의 상속인들, 즉 몬산토(Monsanto, 세계적인 생명공학 기업)보다 훨씬 더 현금이 필요한 고생하는 농부들이 대부분인 사람들에게 지급되어야 한다. 부유한 나라들이 농업의 오랜 중심지대에서 여전히 존재하고 있는 농작물의 다양성을 오염시키고 파괴할 위험이 있는 잡종의 산물들과 가공 보존된 산물들을 공격적으로 판매촉진하는 동기에 대해 가난한 나라들이 의심을 보이고 있는 것은 별로 이상한 일이 아니다.

53) 미국 국무성 장관인 콜린 파월(Colin Powell)은 에이즈가 테러리즘보다 훨씬 커다란 위협이라고 말했다.

54) 임신 기간 동안 엄마의 요오드 결핍 때문이다(이 수치는 캐나다 오타와의 미량 영양소 재단[Micronutrient Initiative]에서 나온 것이다. 다음 글에도 소개되어 있다. André Picard, "'Hidden Hunger' Weakens Physical, Economic Health", *Globe and Mail*, March 25, 2004). 물로 인한 사망자 통계는 다음에서 나온 것이다. Clive Ponting, ibid., p.351.

둘째, 테러리즘은 원인을 무시하고 징후만을 처리해서는 중단시킬 수 없다. 폭력은 부정의, 가난, 불평등, 다른 폭력 속에서 생겨난다. 이 교훈은 20세기 전반에 8천만 명의 생명을 희생하고서 매우 고통스럽게 배운 것이다.[55] 물론 포만감과 공청회는 광신자를 제어하지는 못하지만, 광신자가 *되는* 사람들을 크게 줄일 수 있다.

제2차 세계대전이 끝난 후에 국제적 기구들과 케인즈 경제학파와 미국의 뉴딜 정책을 기초로 하는 민주주의적으로 관리되는 형태의 자본주의를 만들어서 폭력의 뿌리를 뽑자는 합의가 생겨났다. 이 정책은 비록 완벽한 것과는 거리가 멀지만 유럽과 일본, 제3세계의 일부에서 눈부시게 성공했다[56](우리가 언제 '테러에 대한 전쟁'이 아니라 '결핍에 대한 전쟁'을 말한 적이 있는지를 기억해 보라).

전후의 합의를 훼손하고 과거의 낡은 정치 형태로 돌아가는 것은 피비린내 나는 과거로 되돌아가는 것이다. 그러나 낡은 관념들

---

55) 두 차례의 세계대전과 러시아혁명에서 죽임을 당한 사람들을 계산한 것이다.

56) 이러한 정책들 중 다수는 존 메이너드 케인스(John Maynard Keynes)의 영향 하에 맺어진 브레턴 우즈 협정(Bretton Woods Agreements)에 의해 개발되었다. 사회 안전망의 초기 형태들은 이미 자리잡고 있었고, 특히 프랭클린 루스벨트의 뉴딜 정책이 대표적인 것이었다. 1950년대에서 1970년대까지 전후 시기는 역사학자 에릭 홉스봄(Eric Hobsbawm)이 20세기에 관한 책에서 '황금 시대(Golden Age)'로 부른 바 있다. *The Age of Extremes: A History of the World 1914-1991*(London: Michael Joseph, 1994). 마거릿 맥밀런(Margaret MacMillan)은 전후에 마셜 플랜을 신속하게 실행한 것은 "단일하고 명백한 적 …… 소련"의 위협에 의해 자극받은 것이었다고 지적했다(*Paris 1919: Six Months That Changes the World*[New York: Random House, 2001], p.61).

을 새롭게 재포장하고, 선출된 정부에서 선출되지 않은 단체로 권력을 옮기는 데 그것을 사용함으로써 1970년대 후반 이래 신우파(New Right)가 성취한 것이 바로 그것이다. 매체에서 활동하는 우파의 대변자들에 의해 '감세(減稅)'와 '탈규제'로 선전된 프로젝트로 캐나다가 확실히 한몫을 하고 있다. 자유방임 경제학의 기발한 착상—만일 당신이 말에게 귀리를 게걸스럽게 충분히 먹게 한다면, 참새들을 위한 무언가를 다 써버리게 될 것이다[57]—은 여러 차례 시도되고 실패했으며, 폐허와 사회적 잔해를 남겼다.[58]

재분배에 대한 반란은 문명을 파괴하여 빈민가를 다우림으로 만드는 것이다.[59] 대부분의 나라들에서 세금은 사실상 낮춰지지 않았으며, 단순히 소득 피라미드를 따라 옮겨졌을 뿐이다. 그리고 원조와 사회 복지 프로그램들에서 군사적 프로그램과 기업 프로

---

57) 존 케네스 갤브레이스(John Kenneth Galbraith)가 1994년에 토론토의 하버드 클럽에서 행한 연설이다.

58) 1929년의 월 스트리트 폭락 이래로 특히 그랬다. 뒤이은 대공황 속에서 조건들이 어떠했는지를 최상으로 묘사한 것 중의 하나가 다음 책에 들어 있다. James Agee and Walker Evans, *Let Us Now Praise Famous Men*(New York: Ballantine, 1966). 더러운 1930년대(미국의 농업공황)의 조건들을 종종 가뭄의 탓으로 돌리지만, 그 혹독함과 침식된 거대한 땅들은 주로 부적합한 환경의 나쁜 농경 관행들에서 기인한다. 건조한 평원은 들소들에게 최상으로 남겨졌고, 들소는 야생이나 반야생의 짐승 무리들이 효율적으로 관리된다면 우리가 농경에서 얻는 것만큼 많은 식량을 우리에게 제공해줄 수 있을 것이다. 예를 들면 다음을 보라. Richard Manning, "The Oil We Eat".

59) 1950년부터 1970년대 후반까지 제1세계에서는 거지와 노숙자가 거의 알려지지 않았다. 탈규제의 실제적 결과는 사회 진화론(Social Darwinism)으로 회귀하는 것이었다. 그러나 이것은 가난한 사람은 열등하기 때문에 가난한 것이고 인류의 진보를 위한 최상의 조치는 그들을 거리에서 죽게 하는 것이라고 주장하는 후기 빅토리아조의 진화론적 사고를 남용한 것이다.

그램으로 전용되었다. 미국의 위대한 법관인 올리버 웬들 홈스(Oliver Wendell Holmes)는 한때 "나는 세금을 지불하는 것을 신경 쓰지 않는다. 세금은 나에게 문명을 사다 준다." 고 말한 바 있다. 기초적인 사회 안전망에 대한 공적 확신은 가난한 나라들에서 출산율을 떨어뜨리고 모든 나라들에서 너그러운 사회를 만드는 데 필수적이다. 그러나 지금은 그러한 확신이 없이 지구를 벌거벗기고 있는 누구나 자유롭게 참가하는 난투가 촉발되었다.

내가 이 책의 앞부분에서 지적한 것처럼 20세기 동안에 세계 인구는 4배로 증가하고 경제는 40배 이상으로 증대하였다. 만일 현대성의 약속이 공평하게 서서 헤엄치기라면—다른 말로 하면, 부자와 빈자 사이의 격차가 빅토리아 여왕이 죽었을 때와 비례하게 동일하게 머물렀다면—모든 인간은 10배는 더 잘 살게 되었을 것이다. 그러나 오늘날 극빈 상태에 처한 사람들의 수는 1901년의 전체 인류만큼이나 많다.[60)]

20세기 말에 세계에서 가장 부유한 세 사람(이들은 모두 미국인

---

60) 1900년에 세계에는 여전히 사람의 발길이 닿지 않은 삼림과 어장, 개발되지 않은 유전, 이용되지 않은 수력발전 잠재력, 최상의 조건을 가진 광대한 면적의 농토가 있었다. 1인당 농토 면적은 과거 10년 동안 20퍼센트 감소하였다. 생산은 수경법(水耕法)과 마찬가지로 적은 화학비료로 땅을 다루는 산업적 기법들에 의해 유지되었다. 지하수는 오염되거나 고갈되고 있다. 클라이브 폰팅은 1991년에 출간된 자신의 책에서 르완다의 평균 소득이 미국의 평균 소득의 100분의 1이라는 사실을 지적하면서 르완다를 제1세계와 제3세계 사이의 격차의 한 사례로 골라내었다. 3년 뒤에 1백만 명에 가까운 르완다 인들이 제2차 세계대전 이래 최악의 대량 학살로 죽었다. 인구비율로 죽은 사람을 계산해 보면, 이것은 미국에서 3천5백만 명을 학살한 것에 맞먹는다. 21세기는 뉴욕이 아니라 르완다에서 시작됐는지도 모른다.

들이었다)의 부를 합하면 가장 가난한 48개국의 부 전체보다 많았다.[61] 1998년에 미국은 미국 달러로 400억 달러를 신중히게 쓰면 지구상의 가장 가난한 사람들에게 깨끗한 물, 위생설비, 여타 기초적으로 필요한 것들을 제공할 수 있다고 계산하였다.[62] 그 수치는 낙관적인 평가일지도 모르고 과거 6년 동안 늘어났을지도 모른다. 그러나 작동하지도 않고 필요하지도 않지만 새로운 군비경쟁과 우주의 군사화를 촉발할 수도 있는 미사일 방패라는 지겹게도 낭비적인 환상을 위해 이미 챙겨놓은 기금들보다는 여전히 상당히 적을 것이다.

---

61) 1998년 9월 9일에 발표된 〈미국 인간 개발 보고서United Nations Human Development Report〉. 이 보고서의 요약은 〈데일리 텔레그래프Daily Telegraph〉지 1998년 9월 10일자를 보라. 그 세 사람은 빌 게이츠(Bill Gates, 마이크로소프트), 헬렌 월턴(Helen Walton, 월마트), 워런 버핏(Warren Buffett, 투자가)이었는데, 각기 미국 달러로 510억 달러, 480억 달러, 330억 달러를 보유하고 있었다. 그 보고서는 미국, 영국, 프랑스에서 태어난 한 아이가 평생 동안 가난한 나라의 50명의 아이보다 많이 소비하고 오염시킨다고 추정하고 있다. 또한 1998년에 400억 달러만 있으면 세계에서 가장 가난한 시민들에게 기초적인 건강, 교육, 깨끗한 물, 위생설비를 제공할 수 있다고 추정한다. 게이츠 혼자서도 그것을 제공할 여유가 있으며, 그러고도 그는 여전히 110억 달러가 남는다. 그는 또한 가장 가난한 1억 명의 미국인의 부를 모두 합한 것보다 많이 소유하고 있다. 다른 출처들은 미국 내에서 CEO와 공장 근로자의 월급 비는 1970년대 후반에 39:1이었는데, 오늘날에는 약 1,000:1이라는 점을 지적한다. 다음을 보라. John Ralston Saul, "The Collapse of Globalism", *Harper's Magazine*, March 2004, p.38; *The Unconcious Civilization*(Toronto: Anansi, 1995), p.14.

62) 〈미국 인간 개발 보고서〉.

인간과 문명의 공존은 가능한가

조지프 테인터가 말한 붕괴의 세 측면, 즉 폭주 열차와 공룡과 카드로 만든 집을 다시 생각해 보자. 인구와 오염의 증대, 테크놀로지의 가속화, 부와 권력의 집중은 폭주 열차이고 대부분 서로 연결되어 있다. 인구 성장은 완화되고 있지만 2050년에는 지구상에 30억 명이 더 존재하게 될 것이다. 우리는 단기적으로 그 많은 인구를 먹여 살릴 수 있을지도 모르지만, 고기(1파운드의 식량을 생산하기 위해서 10파운드의 식량이 필요한)를 덜 생산하거나 그 음식을 여기저기에 산재시키지 않으면 안 될 것이다. 지금 우리가 하는 대로 계속 소비하거나 오염시킬 수는 없다. 우리는 인도나 중국 같은 나라들이 우리의 실수를 반복하지 않고 산업화하는 것을 도와줄 수 있었을 것이다. 그러나 그러는 대신에 무역협정에서 환경과 관련된 기준들을 배제하였다. 비이성적인 욕망에 빠진 섹스 관광객들처럼 우리는 가난한 사람들 가운데서 우리의 가장 더러운 일을 하고 있다.

만일 문명이 살아남으려고 한다면, 자연이 가져다 주는 이익을 먹고 살아야지 원천이 되는 자연 자본을 먹고 살아서는 안 된다. 생태 관찰자들은 1960년대 초에 인간은 자연의 연간 산출의 70퍼센트 가까이를 이용하고 있었고, 1980년대 초에는 100퍼센트에 도달했으며, 1999년에는 125퍼센트에 이르렀다고 시사하고 있다.[63] 그런 수치들은 부정확할지는 모르지만, 그 추세는 명확하다. 그 수치들은 파산으로 이르는 길을 나타낸다.

붕괴된 문명의 난파 잔해물에서 비행 기록장치를 읽고 나면 이러한 일들 중 어느 것도 우리를 놀라게 할 수 없을 것이다. 우리의 현재 행동은 실패한 사회들이 그 탐욕과 오만의 정점에서 전형적으로 나타내는 것이다. 이것은 공룡 요인이다. 즉, 기득권에서 나오는 변동에 대한 적대감과 모든 사회적 수준의 관성(慣性)이 그것이다.[64] 새로운 형태의 외환 투기자인 조지 소로스(George Soros)는 경제적 공룡들을 '시장 근본주의자들'이라고 부른다. 나는 이 용어가 편하지 않는데, 그것은 그들 중 너무도 적은 수가 자유 시장에 대한 진정한 신봉자들*이기* 때문이다. 그들은 독점과 카르텔과 정부 계약을 선호한다.[65] 그러나 그의 요점은 잘 채택된 것이다. 세계가 증권 시장에 의해 틀림없이 작동된다는 생각은 이슬람이든 기독교든 마르크스주의든 다른 어떤 근본주의적 망상만큼이나 미친 것이다.

이스터 섬의 경우에 조상(彫像) 숭배는 자기 파괴적인 광기, 이

63) 때때로 '좋은' 환경 정책은 반대의 결과를 가져올 수도 있다. 브라질의 과학자들은 2003년에만 2만 4천 평방 킬로미터의 아마존 열대우림이 상실되었다고 보고하였다. 이 중 많은 부분은 유전자 조작 농산물을 사용하지 않는 음식에 대한 폭발적인(주로 유럽의) 수요에 맞춘 소고기와 콩을 재배하기 위한 새로운 땅을 조성하는 과정에서 야기된 것이다(BBC 월드뉴스, 2004년 4월 8일).

64) 엄청날 정도로 소비자를 겨냥한 광고의 포르노그래피에 의해 유지된 사태이다.

65) 조지 부시(George W. Bush) 행정부의 천문학적인 적자는 군사 부문을 제외한 모든 부문에서 미국 정부를 무능력하게 만들기 위해 고안된 것처럼 보인다. 이것이 계속 진행된다면 결과적으로 미국은 종종 군대가 유일하게 효과적인 공적 제도인 라틴 아메리카와 더욱 유사하게 될 것이다.

데올로기적 병리가 되었다. 미국에서는 (사람들이 순수하게 유물론자이고 이성적으로 사리사욕에 솔직하다고 기대할지도 모르는) 시장 극단주의가 형이상학적 근거에서 지성적인 정책과 싸우기 위해 복음주의적 메시아주의와 이종교배하였다. 주류 기독교는 이타주의적 신앙이지만, 이 분파는 공공선에 대해 적극적으로 적대적이다. 또한 다윈을 미워하는 사람들에 의한 사회진화론의 한 종류를 형성하고 있다. 레이건 대통령의 국내 담당 비서는 환경에 대해 걱정하지 말라고 말했는데, 그것은 그의 말을 빌리면, "주님이 재림하실 때까지 우리가 얼마나 많은 미래 세대들을 기대할 수 있는지 나는 알지 못하기" 때문이다.[66] 조지 W. 부시는 유사한 생각을 가진 사람들에 둘러싸여서 기후변화에 대한 교토협약에서 탈퇴했다.[67]

아돌프 히틀러는 한때 기분이 대단히 좋은 상태에서 "대중들이 생각을 하지 않는다는 것은 통치자들에게 얼마나 행운인가!" 라고 외쳤다. 통치자들이 생각을 하지 않을 때 우리는 무엇을 할 수 있는가?

문명은 종종 아주 갑자기 붕괴되는데—카드로 만든 집 효과—

---

66) 제임스 와트(James Watt)가 1981년에 한 말이다. 앞에서 지적했듯이 사회진화론은 가난한 자는 열등하다고 주장하고, 인류의 진보를 위한 최선의 조처는 그들을 죽게 하는 것이다.

67) 부시 행정부의 법무장관인 존 애슈크로프트(John Ashcroft)는 "미국에서는 예수 이외에 왕은 없다."고 말했다. 다음을 보라. Lewis Lapham, "Reading the Mail", *Harper's Magazine*, November 2003, p.9.

그것은 그 문명이 자신의 생태에 대한 최대한의 수요에 도달함에 따라 자연의 변동에 대해 고도로 취약해지기 때문이다. 기후변화에 의해서 제기된 가장 즉각적인 위험은 세계의 곡창지대들에서 일련의 흉작을 불러오는 날씨의 불안정성이다. 가뭄, 홍수, 화재, 허리케인은 그 빈도와 혹독성이 증가하고 있다. 이런 것들에 의한—그리고 전쟁에 의한—오염의 급증은 파괴의 회전력을 더해 준다. 의학 전문가들은 자연이 우리를 질병으로 내리칠지도 모른다고 걱정한다. 초만원을 이룬 수십 억의 영장류와 아프고 영양실조에 걸리고 비행기 여행에 의해 연결된 영장류는 민첩한 세균을 기다리고 있는 서비스용 점심이다. 알프레드 크로즈비는 "어머니 자연은 항상 인구과잉 …… 으로 고통받는 사회를 구출하지만, 자연의 원조는 결코 친절하지 않다."[68]고 냉소적으로 말한 바 있다.

내가 시도한 개혁을 위한 논거는 이타주의나 자연 그 자체를 구출하기 위한 것을 기초로 한 것도 아니다. 나는 이것들이 도덕적 의무라고 믿지만, 그런 주장들은 인간 욕망의 본성에 맞지 않는다. 우리의 체계를 개혁해야 할 가장 어쩔 수 없는 이유는 그 체계가 어느 누구의 이해(利害)에도 맞지 않는다는 점이다. 그것은 자살 기계이다. 우리는 우리 내부에 일정한 공룡 관성을 갖고 있지만, 나는 정직하게 말하면 행동주의자 '공룡들'—거대 석유업

68) Alfred Crosby, ibid., 1986, p.92. 잠재적인 의학적 대재앙에 대한 탐구에 관해서는 다음을 보라. Laurie Garrett, *The Coming Plague: Newly Emerging Diseases in a World Out of Balance*(New York: Penguin, 1994).

계와 극우파의 열렬한 남녀들—이 자신들이 무엇을 하고 있는지 모른다고 생각한다. 그들에게는 안전한 음식과 깨끗한 공기와 물이 필요하고 살아 있는 대양과 숲을 보기를 원하게 될 아이들과 손자들이 있다. 부(富)로는 오염에서 살 수 있는 피난처를 결코 살 수 없다. 중국에 뿌려진 살충제가 남극의 빙하들과 로키 산맥의 호수들에 응축된다. 그리고 부는 단두대에서 굴러 떨어진 오만한 얼굴에 나타난 경악이 명백히 보여 주었듯이 혼돈의 위험에서 보호막이 되지 못한다.

아르헨티나에는 하나님이 매일 밤 아르헨티나 인들이 낮 동안에 만든 혼란을 깨끗이 치워준다는 속담이 있다. 우리 지도자들이 의존하고 있는 것이 바로 이것처럼 보인다. 그러나 그런 일은 결코 일어나지 않는다. 사물들이 너무도 빨리 움직이고 있어서 아무것도 하지 않는 것 그 자체가 가장 큰 실수가 될 정도이다. 정주(定住) 생활 1만 년 동안의 실험은 우리가 지금 하고 있는 것과 하고 있지 않은 것에 의해서 유지되거나 붕괴될 것이다. 필요한 개혁은 반자본주의적인 것도 아니고, 반미국적인 것도 아니며, 심지어 심원한 환경주의적인 것도 아니다. 그것은 단순히 단기적인 사고에서 장기적인 사고로 옮기는 것이다. 그리고 무모함과 지나침에서 절제와 예방으로 옮기는 것이다.

우리의 커다란 장점과 우리가 과거 사회의 운명을 피할 수 있는 최상의 기회는 우리가 과거를 알고 있다는 사실이다. 우리는 과거가 어떻게 해서 그리고 왜 잘못되었는지를 알 수 있다. 호모

*사피엔스*는 자신이 무엇인지에 관해 스스로 알 수 있는 정보를 갖고 있다. 즉, 빙하시대의 한 사냥꾼은 단지 절반만 진화했는데, 그는 영리하기는 하지만 좀처럼 현명하지는 않다.

우리는 지금 이스터 섬 사람들이 무의미한 벌목과 조각을 아직도 중지할 수 있었고, 마지막 나무들의 씨앗을 모아서 쥐들의 발길이 닿지 않는 곳에 심을 수 있었던 그런 단계에 서 있다. 우리는 자원을 공유하고, 오염을 해소하며, 기초적인 건강 관리와 출산 통제를 시행하고, 자연의 한계에 맞춰서 경제적 한계를 설정할 수 있는 도구와 수단을 가지고 있다. 만일 우리가 번영을 누리고 있을 때 이런 일들을 하지 않는다면, 우리는 어려운 시절이 닥쳤을 때 그것을 결코 할 수 없게 될 것이다. 우리의 운명은 우리의 손아귀에서 비틀어 빠져나갈 것이다. 그리고 이 새로운 세기는 과거의 모든 어두운 시대들을 작아 보이게 만들 혼돈과 붕괴의 시대로 들어가기까지 그리 오래 지속되지 않을 것이다. 지금이 우리의 미래를 바르게 할 수 있는, 우리에게는 마지막 기회이다.

참고문헌

Adams, Robert McCormick. *The Evolution of Urban Society: Early Mesopotamia and Prehispanic Mexico*. London: Weidenfeld and Nicholson, 1966.

____. *Heartland of Cities: Surveys of Ancient Settlement and Land Use on the Central Floodplain of the Euphrates*. Chicago: University of Chicago Press, 1981.

Agee, James, and Walker Evans. *Let Us Now Praise Famous Men*. New York: Ballantine, 1966. First published in 1939.

Allchin, Bridget, and Raymond Allchin. *The Birth of Indian Civilization*. Harmondsworth, UK: Pelican, 1968.

Alley, Richard. *The Two-Mile Time Machine: Ice Cores, Abrupt Climate Change, and Our Future*. Princeton, NJ: Princeton University Press, 2000.

Appenzeller, Tim. "The End of Cheap Oil-il." *National Geographic*, June 2004, 80-109.

Arens, W. *The Man-Eating Myth: Anthropology and Anthropophagy*. New York: Oxford University Press, I979.

Atwood, Margaret. *The Handmaid's Tale*. Toronto: McClelland and Stewart, 1985.

———. *Oryx and Crake*. Toronto: McClelland and Stewart, 2003.

Bahn, Paul, and John Flenley. *Easter Island, Earth Island*. London: Thames and Hudson, 1992.

Bolin, Inge. "Our Apus Are Dying!: Glacial Retreat and Its Consequences for Life in the Andes." Paper presented at the American Anthropological Association meetings, Chicago, Illinois, November 19, 2003.

Bottomore, T. B., and Maximilien Rubel, eds. *Karl Marx: Selected Writings in Sociology and Social Philosophy*. Harmondsworth, UK: Pelican, 1961.

Braudel, Fernand. *The Structures of Everyday Life*. New York: Harper and Row, 1981.

———. *The Wheels of Commerce: Civilization and Capitalism 15th-18th Century*. New York: Harper and Row, 1982.

Braun, Barbara. *Pre-Columbian Art and the Post-Columbian World: Ancient American Sources of Modern Art*. New York: Abrams, 1993.

Brody, Hugh. *The other Side of Eden: Hunters, Farmers and the Shaping of the World*. Vancouver: Douglas and McIntyre, 2000.

Brotherson, Gordon. *Book of the Fourth World: Reading the Native Americas through Their Literature*. Cambridge: Cambridge University Press, 1992.

Butler, Samuel. *Erewhon*. 1872. Reprint, Harmondsworth, UK: Penguin, 1970.

Chang Kwang-Chih. *Early Chinese Civilization: Anthropological Perspectives*. Cambridge, MA: Harvard University Press, 1976.

Childe, Gordon. *New Light on the Most Ancient East*. London: Routledge and Kegan Paul, 1954.

———. *What Happened in History*. Harmondsworth, UK: Pelican, 1964.

Chua, Amy. *World on Fire: How Exporting Free Market Democracy Breeds Ethnic Hatred and Global Instability*. New York: Anchor, 2004.

Clarke, Peter. *Hope and Glory: Britain 1900-1990*. London: Penguin, 1996.

Clendinnen, Inga. *Aztecs: An Interpretation*. Cambridge: Cambridge University Press, 1991.

____. *Reading the Holocaust*. Melbourne: Text, 1998.

Coe, Michael D. *The Maya*. London: Thames and Hudson, 1987.

____. *Breaking the Maya Code*. *London*: Thames and Hudson, 1992.

Coetzee, J. M. *Waiting for the Barbarians*. London: Penguin, 1982.

Cohen, Mark Nathan. *The Food Crisis in Prehistory: Overpopulation and the Origins of Agriculture*. New Haven, CN: Yale University Press, 1977.

Conrad, Geoffrey W., and Arthur A. Demarest. *Religion and Empire*. Cambridge: Cambridge University Press, 1984.

Conrad, Joseph. *The Secret Agent*. Harmondsworth. UK: Penguin, 1936. Originally published in 1907.

Crosby, Alfred. *The Columbian Exchange: Biological and Cultural Consequences of 1492*. Westport, CN: Greenwood Press, 1972.

____. *Ecological Imperialism: The Biological Expansion of Europe 900-1900*. Cambridge: Cambridge University Press, 1986.

Culbert, T. Patrick, and Don S. Rice, eds. *Precolumbian Population History in the Maya Lowlands*. Albuquerque: University of New Mexico Press, 1990.

Daniel, Glyn. *The Idea of Prehistory*. Harmondsworth, UK: Pelican, 1962.

Davis, Wade. *One River: Explorations and Discoveries in the Amazon Rain Forest*. New York: Simon & Schuster, 1996.

Daws, Gavan. *A Dream of Islands*. Honolulu: Mutual Publishing, 1980.
Denevan, William. "The Pristine Myth: The Landscape of the Americas in 1492." In *The Americas Before and After Columbus*. Edited by Karl Butzer. Oxford: Blackwell, 1992.
Diamond, Jared. *Guns, Germs, and Steel: The Fates of Human Societies*. New York: W. W. Norton, 1997.
Dickens, Charles. *Hard Times*. Harmondsworth, UK: Penguin, 1969. Originally published in 1854.
Dillehay, Tom D,. ed. *Monte Verde: A Late Pleistocene Settlement in Chile*. Washington, DC: Smithsonian Books, 1989.
Edwards, Clinton R. "Possibilities of Pre-Columbian Maritime Contacts among New World Civilizations." In *Pre-Columbian Contact within Nuclear America*. Edited by J. C. Kelley and C. L. Riley. Carbondale: University Southern Illinois University Press, 1969.
Eiseley, Loren. *The Invisible Pyramid*. New York: Scribner' s, 1970.
——. *The Star Thrower*. New York: Harcourt Brace Jovanovich, 1978.
Fisher, W. B. *The Middle East: A Physical, Social and Regional Geography*. London: Methuen, 1978.
Flannery, Tim. *The Future Eaters: An Ecological History of the Australasian Lands and People*. New York: Braziller, 1995.
Fowler, Melvin. "A Pre-Columbian Urban Center on the Mississippi." *Scientfic American* 23, no. 2 (August 1975): 92-101.
Frye, Northrop. "Humanities in a New World." In *Three Lectures* by Northrop Frye, Clyde Kluckhohn, and V. B. Wigglesworth. Toronto: University of Toronto Press, 1958.
FukuYama, Francis. *The End of History and the Last Man*. New York: Free Press, 1992.

Galeano, Eduardo. "Did Histoy Lie When It Promised Peace and Progress?" In *Guatemala in Rebellion: Unfinished History*. Edited by Jonathan Fried et al. New York: Grove, 1983.

Garrett, Laurie. *The Coming Plague: Newly Emerging Diseases in a World Out of Balance*. New York: Penguin, 1994.

Gibbon, Edward. *The History of the Decline and Fall of the Roman Empire*. London: Folio Society, 1995. Originally published in 1776.

Goetz, Delia, Sylvanus Morley, and Adrián Recinos, trans. *Popol Vuh: The Sacred Book of the Ancient Quiché Maya*. Norman: University of Oklahoma, 1950.

Golding, William. *The Inheritors*. London: Faber and Faber, 1955.

____. *Pincher Martin*. London: Faber and Faber, 1956.

Gorst, Martin. Measuring Eternity: *The Search for the Beginning of Time*. New York: Broadway Books, 2001.

Goudie, Andrew. *The Human Impact on the Natural Environment*. Oxford: Blackwell, 2000.

Grady, Wayne. *The Quiet Limit of the World: A Journey to the North Pole to Investigate Global Warming*. Toronto: Macfarlane Walter and Ross, 1997.

Harlan, Iack R. *Crops and Man*. Madison, WI: American Society of Agronomy: Crop Science Society of America, 1992.

Harth, Erich. *Dawn of a Millennium: Beyond Evolution and Culture*. London: Penguin, 1990.

Heintzman, Andrew, and Evan Solomon, eds. *Fueling the Future: How the Battle Over Energy Is Changing Everything*. Toronto: Anansi, 2003.

Hemming, John. *The Conquest of the Incas*. Harmondsworth, UK: Penguin, 1983.

Henry, Donald, et al. "Human Behavioral Organization in the Middle Paleolithic: Were Neanderthals Different?" *American Anthropologist* 106, no. 1 (March 2004): 17-31.

Heyerdahl, Thor. "Guara Navigation: Indigenous Sailing off the Andean Coast." *Southwestern Journal of Anthropology* 13, no. 2 (1957).

——. *Sea Routes to Polynesia*. London: Allen and Unwin, 1968.

Heyerdahl, Thor, and Arne Skjolsvold. "Archaeological Evidence of Pre-Spanish Visits to the Galápagos Islands." *Memoirs of the Society for American Archaeology*, no. 12*(1956)*.

Hoban, Russell. *Riddley Walker*. London: Jonathan Cape, 1980.

Hobsbawm, Eric. *The Age of Empire, 1875-1914*. New York: Random House, 1987.

——. *The Age of Extremes: A History of the World 1914-1991*. London: Michael Joseph, 1994.

Homer-Dixon, Thomas. *The Ingenuity Gap: How Can We Solve the Problems of the Future?* Toronto: knopf, 2000.

Hosler, Dorothy. "Ancient West Mexican Metallurgy: South and Central American Origins and West Mexican Transformations." *American Anthropologist* 90, no. 4 (1988): 832-855.

Howells, William. *Mankind in the Making: The Story of Human Evolution*. London: Secker and Warburg, 1960.

Huxley, Aldous. *Brave New World*. London: Chatto and Windus, 1932.

——. *Beyond the Mexique Bay*. London: Paladin, 1984. Originally published in 1934.

Ibsen, Henrik. *An Enemy of the People*. Translated by Arthur Miller. New York: Penguin Books, 1979. Originally published in 1882.

Jacobs, Jane. *The Economy of Cities*. New York: Random House, 1969.

——. *Dark Age Ahead*. Toronto: Random House, 2004.

Jay, Nancy. *Throughout Your Generations Forever: Sacrifice, Religion, and Paternity*. Chicago: University of Chicago Press, 1992.

Jennings, Francis. *The Invasion of America: Indians, Colonialism, and the Cant of Conquest.* New York: W. W. Norton, 1976.
Kelley, David H. *Deciphering the Maya Script.* Austin: University of Texas, 1976.
Kolata, Alan. *Tiwanaku and Its Hinterland: Archaeology and Paleoecology of an Andean Civilization.* Washington, DC: Smithsonian Books, 1996.
Lanning, Edward. *Peru before the Incas.* Englewood Cliffs, NJ: Prentice-Hall 1967.
Lapham, Lewis. "Reading the Mail." *Harper' s*, November 2003, 9-11.
Leakey, Richard, and Roger Lewin. *Origins Reconsidered: In Search of What Makes us Human.* New York: Doubleday, 1992.
Lee, Richard. *The Dobe !Kung.* New York: Holt Rinehart and Winston, 1984.
Leslie, John. *The End of the World: The Science and Ethics of Human Extinction.* London: Routledge, 1998.
Limerick, Patricia Nelson. *Something in the Soil: Legacies and Reckonings in the New West.* New York: W. W. Norton, 2000.
Lindqvist, Sven. *Exterminate All the Brutes.* Translated by Joan Tate. London: Granta Books, 1996.
Livingston, John A. *Rogue Primate: An Exploration of Human Domestication.* Toronto: Key Porter, 1994.
Lovell, W. George. *Conquest and Survival in Colonial Guatemala: A Historical Geography of the Cuchumatán Highlands 1500-1821,* 2nd ed. Montreal: McGill-Queen' s University Press, 1992.
____. *A Beauty That Hurts: Life and Death in Guatemala.* Austin: University of Texas Press, 2000.
Lovell, W. George, and Christopher H. Lutz. *Demography and Empire: A Guide to the Population History of Spanish Central America, 1500-1821.* Boulder, CO: Westview, 1995.

Lovell, W. George, and David Cook Noble, eds. *Secret Iudgments of God: Old World Disease in Colonial Spanish America*. Norman: University of Oklahoma Press, I992.

Lynas, Mark. *High Tide: News from a Warming World*. London: Flamingo, 2004.

MacMillan, Margaret. *Paris I919: Six Months That Changed the World*. New York: Random House, 2001.

Mallowan, M. E. L. *EarIy Mesopotamia and Iran*. London: Thames and Hudson, 1965.

Malthus, Thomas. *An Essay on the Principle of Population*. Edited by Anthony Flew. London: Penguin, 1970. Originally published in 1798 and 1830 (revised).

Mann, Charles. "1491." *Atlantic Monthly*, March 2002, 41-53.

Manning, Richard. "The Oil We Eat." *Harper' s*, February 2004, 37-45.

Martin, Paul S. "Prehistoric Overkill: The Global Model." In *Quaternary Extinctions ; A Prehistoric Revolution*. Edited by Paul S. Martin and Richard G. Klein. Tucson: University of Arizona Press, 1984.

Marx, Karl. *Karl Marx: Selected Writings in Sociology and Social Philosophy*. Edited by T. B. Bottomore and Maximilien Rubel. Harmondsworth. UK: Pelican, 1961.

McKibben, Bill. *The End of Nature*. New York: Random House, 1989.

McNeill, William H. *Plagues and Peoples*. New York: Anchor, 1976.

Mellaart, James. *Earliest Civiliations of the Near East*. London: Thames and Hudson, 1965.

____. *Çatal Hüyük: A Neolithic Town in Anatolia*. London: Thames and Hudson, 1967.

Menchú, Rigoberta. *I, Rigoberta Menchú: An Indian Woman in Guatemala*. Translated by Ann Wright. London: Verso, 1984.

Millones, Luis. "The Time of the Inca: The Colonial Indians' Quest." *Antiquity* no. 66 (1992): 204-216.

Mitchell, Alanna. *Dancing at the Dead Sea: Tracking the World's Environmental Hotspots*. Toronto: Key Porter, 2004.

Mitchell, Timothy "The Object of Development: America's Egypt." In Jonathan Crush, ed., *The Power of Development*. London: Routledge, 1995.

Mittelstaedt, Martin. "Some Like It Hot." *Globe and Mail*, April 17, 2004.

____. "The Larder Is Almost Bare." *Globe and Mail*, May 22, 2004.

Moseley, Michael E. *The Incas and Their Ancestors: The Archaeology of Peru*. London: Thames and Hudson, 1992.

Mowat, Farley. *Sea of Slaughter*. Toronto: McClelland and Stewart, 1984.

National Research Council. *Lost Crops of the Incas*. Washington, DC: National Academy Press, 1989.

Newhouse, Iohn. *Imperial America: The Bush Assault on the World Order*. New York: Knopf, 2003.

Nikiforuk, Andrew. *The Fourth Horseman: A Short History of Epidemics, Plagues, Famine, and Other Scourges*. Toronto: Viking, 1991.

Oppenheim, A. Leo. *Ancient Mesopotamia: Portrait of a Dead Civiliation*. Rev. ed. Chicago: University of Chicago Press, 1977.

Orliac, Catherine, and Michel Orliac. *Easter Island: Mystery of the Stone Giants*. Translated by Paul G. Bahn. New York: Abrams, 1995.

Orwell, George. *Nineteen Eighty-four*. London: Secker and Warburg, 1949.

Ovid (Publius Ovidius Naso). *Amores*. Translated by Guy Lee. London: John Murray, 1968. Republished in 2000 as *Ovid in Love*.

Pardo, Luis A., ed. *Saqsaywaman* no. 1 (July 1970): 144.

Pizarro, Pedro. *Relación del Descubrimiento y Conquista de los Reinos del Perú*. Edited by Guillermo Lohamann Villena. Lima: Universidad Católica, 1986. Originally written in 1571.

Pollard, Sidney. *The Idea of Progress: History and Society*. London: C. A. Watts, 1968.

Ponting, Clive. *A Green History of the World: The Environment and the Collapse of Great Civilizations*. London: Sinclair-Stevenson, 1991.

Redman, Charles. *Human Impact on Ancient Environments*. Tucson: University of Arizona Press, 1999.

Rees, Martin. *Our Final Century*. London: William Heinemann/Random House, 2003. Published in North America as *Our Final Hour*.

Roggeveen, Jacob. *The Journal of Jacob Roggeveen*. Translated and edited by Andrew Sharp. Oxford: Clarendon Press, 1970.

Routledge, Katherine S. *The Mystery of Easter Island*. London: Sifton, Praed and Co., 1919.

Safdie, Moshe. *The City After the Automobile: An Architect's Vision*. Toronto: Stoddart, 1997.

Safina, Carl. *Song for the Blue Ocean: Encounters Along the World's Coasts and Beneath the Seas*. New York: Henry Holt/John Macrae, 1997.

Sahlins, Marshall David. *Stone Age Economics*. London: Tavistock Publications, 1972.

Sandars, N. K., trans. *The Epic of Gilgamesh*. Hamondsworth, UK: Penguin, 1972.

Saul, John Ralston. *The Unconscious Civilization*. Toronto: Anansi, 1995.

———. "The Collapse of Globalism." *Harper's* March 2004, 33-43.

Scarre, Chris. *Past Worlds: The Times Atlas of Archaeology*. London: Times Books, 1988.

Schele, Linda, and David Freidel. *A Forest of Kings: The Untold Story of the Ancient Maya.* New York: Morrow, 1990.

Schumacher, E. F. *Small Is Beautiful: A Study of Economics As If People Mattered.* London: Abacus, 1973.

Sharer, Robert J. *The Ancient Maya.* Stanford, CA: Stanford University Press, 1994.

Stanish, Charles. *Ancient Titicaca: The Evolution of Complex Society in Southern Peru and Northern Bolivia.* Princeton, NJ: Princeton University Press, 2004.

Steadman, David. "Prehistoric Extinctions of Pacific Island Birds." *Science* no. 267 (February 1995): 1123-1131.

Stringer, Christopher, and Robin McKie. *African Exodus: The Origins of Modern Humanity.* New York: Henry Holt/John Macrae, I997.

Tainter, Joseph A. *The Collapse of Complex Societies.* Cambridge: Cambridge University Press, 1988.

Tattersall, Ian. *The Last Neanderthal: The Rise, Success, and Mysterious Extinction of Our Closest Human Relatives.* New York: Westview Press, 1999.

Tedlock, Barbara. *Time and the Highland Maya.* Albuquerque: University of New Mexico Press, 1982.

Thompson, J. Eric S. *The Rise and Fall of Maya Civilization.* London: Pimlico, 1993. Originally published in 1954.

____. Maya *Hieroglyphic Writing. Norman*: University of Oklahoma Press, 1971.

Thoreau, Henry David. *Walden: Or, Life in the Woods.* New York: New American Library/Signet, 1960. Originally published in 1854.

Trigger, Bruce. *Early Civilizations: Ancient Egypt in Context.* Cairo: American University in Cairo Press, 1993.

Trinkaus, Erik, and Pat Shipman. *The Neanderthals: Changing the Image of Mankind.* New York: Knopf, 1993.

Tudge, *Colin. So Shall We Reap.* London: Allen Lane, 2003.

Viola, Herman, and Carolyn Margolis, eds. *Seeds of Change: A Quincentennial Commemoration*. Washington, DC. Smithsonian Institution Press, 1991.

Waldman, Carl. *Atlas of the North American Indian*. New York: Facts on File, 1985.

Watson, William. *China*. London: Thames and Hudson, 1961.

Weatherford, Jack. *Indian Givers: How the Indians of the Americas Transformed the World*. New York: Crown, 1988.

——. *Native Roots: How the Indians Enriched America*. New York: Crown, I991.

Webster, David. *The Fall of the Ancient Maya: Solving the Mystery of the Maya Collapse*. London: Thames and Hudson, 2002.

Wells, H. G. "The Grisly Folk." *Selected Short Stories*. London: Penguin, 1958.

Wells, H. G., Julian S. Huxley, and G. P. Wells. *The Science of Life*. New York: Doubleday, 1929.

Wenke, Robert J. *Patterns in Prehistory*. Oxford: Oxford University Press, 1980.

Wheatley, Paul. *The Pivot of the Four Quarters: A Preliminary Enquiry into the Origins and Character of the Ancient Chinese City*. Edinburgh: Edinburgh University Pressy 1971.

White, Lynn. "The Historical Roots of Our Ecologic Crisis." *Science* 155, no. 3767 (March 1967): 1203-1207.

Wilson, J. A. "Egypt through the New Kingdom: Civilization without Cities." In *City Invincible*. Edited by C. H. Kraeling and Robert McCormick Adams. Chicago: University of Chicago Press, 1960.

Wright, Ronald. *Time Among the Maya*. London: Bodley Head, 1989.

——. *Stolen Continents: Conquest and Resistance in the Americas*. Boston: Houghton Mifflin, 1992.

——. *A Scientific Romance*. London: Anchor, 1997.

———. "Civilization Is a Pyramid Scheme." *Globe and Mail*, August 5, 2000.
———. "All Hooked Up to Monkey Brains." *Times Literary Supplement*, May 16, 2003.
Wyndham, John. *The Day of the Triffids*. London: Michael Joseph, 1951.
———. *The Chrysalids*. London: Michael Joseph, 1955.

찾아보기